AF252787

EXPÉDITION DE CHINE

DE 1900

Le Colonel DE PÉLACOT

DE L'INFANTERIE COLONIALE, BREVETÉ D'ÉTAT-MAJOR

COMMANDEUR DE LA LÉGION D'HONNEUR

Ancien Commandant du corps expéditionnaire de Chine

Expédition de Chine

de 1900

jusqu'à l'arrivée du Général VOYRON

PARIS

Henri CHARLES-LAVAUZELLE

Éditeur

10, Rue Danton, Boulevard Saint-Germain, 118

(MÊME MAISON A LIMOGES)

AVANT-PROPOS

Cet ouvrage n'était pas destiné à la publicité ; je l'avais écrit pendant les loisirs de mon congé de convalescence, à la campagne, pour conserver le souvenir de cette expédition de Chine à laquelle j'ai eu l'honneur de prendre part, comme commandant du corps expéditionnaire, pendant la période si intéressante du siège de Tien-Tsin.

Cette relation devait s'arrêter, dans ma pensée, à l'arrivée au Pcï-tché-li du général Frey.

Beaucoup de mes amis ont insisté pour que je livre ce modeste travail à l'impression et m'ont encouragé à le compléter par le récit de la marche sur Péking et de la délivrance de la capitale de l'empire chinois.

Je n'ai pas su résister à ces sollicitations sympathiques, je suis allé beaucoup plus loin que je ne me l'étais promis et j'ai fait un livre, un gros livre même. Une fois lancé, je n'ai pas su m'arrêter et j'ai pensé que, puisque j'avais la bonne fortune de posséder des documents de premier ordre, je devais en profiter et essayer de rendre ce travail aussi complet et aussi intéressant que possible.

Ai-je réussi? mes lecteurs pourront seuls en juger.

Dans tous les cas, cette relation des événements auxquels j'ai assisté est écrite avec la plus entière bonne foi et avec le désir de laisser à chacun le mérite de ses actes.

Un ouvrage comme celui-ci devait forcément reproduire des documents déjà parus. J'ai tâché de coordonner tous les renseignements que j'ai pu me procurer, de façon à faire un tout homogène, et, pour ne pas être accusé de plagiat, j'ai indiqué à la fin de chacune des parties dont il se compose les sources auxquelles j'ai puisé ces renseignements.

Qu'il me soit permis de remercier ici Mgr Favier, qui a bien voulu m'autoriser à prendre, dans son bel ouvrage intitulé *Péking,* les éléments qui m'ont permis de donner une description intéressante et aussi documentée que possible de la capitale de l'empire chinois et des merveilles qu'elle contient.

Cette relation se compose de six parties :

1re PARTIE : Historique de la révolution Boxeur. — Événements survenus jusqu'au retour de la colonne Seymour. — Prise des forts de Takou.

2e PARTIE : Formation du corps expéditionnaire du Peï-tché-li et arrivée des renforts à Tien Tsin. — Combats autour de Tien-Tsin. — Prise de la cité chinoise de Tien-Tsin.

3e PARTIE : Arrivée du général Frey. — Combats de Peï-Tsang et de Yang-Tsoun. — Marche sur Péking. — Délivrance de Péking.

4e PARTIE : Délivrance du Pé-Tang. — Historique du siège des légations et du siège du Pé-Tang.

5e PARTIE : Péking. — Séjour à Péking. — Retour à Tien-Tsin. — Arrivée des renforts. — Départ pour France.

6e PARTIE : Expédition de 1860. — Comparaison entre l'expédition de 1860 et l'expédition de 1900.

Ire PARTIE

HISTORIQUE DE LA RÉVOLUTION BOXEUR

Evénements survenus jusqu'au retour de la colonne Seymour. — Prise des forts de Takou.

La vaste insurrection qui a éclaté en Chine au mois de juin 1900, et qui a paru étonner le monde entier, a été cependant préparée de longue main, et les personnes clairvoyantes qui vivaient au milieu des Chinois ont pu en suivre le développement et pousser le cri d'alarme.

C'est ainsi que M. Bonin, vice-résident de France, chargé d'une mission dans l'Asie centrale, adressait, le 20 mai 1899, à M. Pichon, ministre de France à Péking, le rapport suivant, dans lequel il signalait des *troubles prochains* et la *destruction des stations catholiques*, qui était annoncée pour l'année courante et l'année prochaine.

Pa-La-Kaï, le 20 mai 1899.

Dans la vaste boucle que le Houang-Ho décrit vers le nord, est enclavé le territoire mongol des Ordos, habité par les sept hordes qui se disent issues des armées de Gengis-Khan. J'avais déjà parcouru ce territoire en allant, en 1896, visiter à Ye-Ke-Etjen-Koro le tombeau du conquérant. Je tenais à revoir le roi de Djoungar, qui a l'hégémonie sur les sept hordes, et près duquel j'avais recueilli les renseignements les plus intéressants, en raison de son esprit éclairé et de la connaissance qu'il a de la littérature et des traditions mongoles. Le roi me reçut avec une cordiale affabilité.

Au moment du départ, le roi me fit savoir, en particulier, qu'en raison des troubles prochains qu'il prévoyait, il lui serait difficile, malgré sa bonne volonté, d'assurer la protection et d'empêcher la destruction des stations catholiques, établies sur son territoire pour cette année et l'an prochain, et qu'il demandait, le cas échéant, à ce qu'on ne l'en rendît pas responsable. Je lui promis de faire parvenir l'avis qu'il me donnait ; je ne le crois pas négligeable, en raison de la situation de celui qui le donne, de ses relations avec la dynastie mandchoue et de la façon dont il est renseigné sur la marche des événements par les journaux de Péking et de Shang-Haï, qu'il reçoit régulièrement, au fond du désert. Cet avertissement coïncide avec les bruits de soulèvement général et prochain contre les Européens et les chrétiens, que j'ai recueillis à l'autre extrémité de la Chine, et dont les troubles du Sse-Tch'ouan, sans parler des attentats personnels que j'ai eu à subir, ont été les prodromes.

(Bonin, *Livre jaune* 1899-1900, page 4.)

M. Pichon s'empressa d'adresser une copie de ce rapport à M. Delcassé, ministre des affaires étrangères, qui, en lui en accusant réception, lui recommande de porter toute son attention sur les avertissements donnés par le roi de Djoungar et d'observer, avec le plus grand soin, tout ce qui serait de nature à l'éclairer sur la portée des informations recueillies par M. Bonin auprès du souverain mongol.

D'autre part, M. Delcassé prévenait M. Decrais, ministre des colonies, à la date du 23 octobre 1899, que M. Bons d'Anty, consul de France à Tchoug-King, venait de lui faire part des appréhensions que lui causaient les sentiments d'hostilité témoignés actuellement, à l'égard des étrangers, par les populations de la partie de la Chine qu'il habitait.

M. Bons d'Anty estimait qu'il y avait lieu de considérer les nombreuses difficultés survenues au Sse-Tch'ouan, entre les indigènes et les missions catholiques, comme se rattachant à un mouvement général contre les chrétiens.

Ce mouvement général contre les étrangers et contre les chrétiens est donc signalé au milieu de l'année 1899. Cette disposition d'esprit, qui existait dans toute la Chine, était entretenue par les sociétés secrètes, qui sont très nombreuses dans le Céleste-Empire et dont le mot d'ordre est : « Sus aux étrangers ! » Ces sociétés, considérées par la cour comme un soutien de la dynastie, étaient secrètement encouragées par elle.

L'aveugle hostilité du gouvernement de l'impératrice contre

tous les étrangers était manifeste. La souveraine s'entourait des mandarins les plus réfractaires aux idées européennes, et parmi eux se trouvait le prince Tuan, qui, après avoir pris une très grande influence sur l'impératrice-mère Tzé-Hsi, réussit à faire proclamer son fils comme héritier présomptif de l'empereur Kwang-Su.

Parmi les sociétés secrètes, celle qui s'agite le plus à ce moment est la société des *Boxeurs*.

Cette société n'est pas nouvelle. C'est l'antique société *Ta Tao-Hvei* (la Grande-Epée), qui n'a fait que changer de nom, comme les sociétés secrètes le font souvent. Elle est composée de tous les gens les plus fanatiques, les plus violents de la Chine. Ces individus, organisés en bandes ou séries, prenaient le nom d'*I-ho-Tsuann*.

I-ho-Tsuann se traduit littéralement par : *i* = justice, *ho* = société, *tsuann* = poing, c'est-à-dire société pour la justice en se servant de la boxe, d'où, en français, le nom de Boxeurs.

Primitivement, la société des Boxeurs semblait avoir un but fort moral. Les membres s'entraînaient aux jeux athlétiques et se protégeaient mutuellement contre les agressions des bandits. Maintenant, ils se livrent au brigandage. Ils pillent, ils incendient, ils massacrent.

L'impératrice douairière, depuis qu'elle a repris le pouvoir, a protégé ouvertement les Boxeurs, avec l'arrière-pensée évidente d'utiliser, un jour, ce groupement en vue d'une action politique. Ce jour est venu, et les Boxeurs se ruent sur les chrétiens aux cris de : « Vive l'impératrice ! Tuons les étrangers ! » L'ancien gouverneur du Chan-Toung, ayant, d'une manière cynique, pactisé avec les émeutiers, a reçu aussitôt de l'impératrice le titre de *fu* (bienheureux), ce qui est un grand honneur en Chine. Les preuves abondent de la complicité de l'impératrice avec les Boxeurs.

Ainsi, l'insurrection actuelle (si l'on peut appeler de ce nom un mouvement favorisé par l'impératrice elle-même) est la suprême résistance opposée par l'ignorance, la superstition et la routine à la pénétration de la science contemporaine.

Les Boxeurs se répandent, comme un flot, de village en village, et ils obligent tous les habitants à se joindre à eux.

Ceux qui refusent sont battus, laissés pour morts. On brûle leurs maisons. Les Boxeurs ont déjà pillé plusieurs dépôts d'armes, et beaucoup de soldats réguliers sont passés dans leurs rangs. Demain, peut-être, ils formeront une agglomération formidable, qui renversera tout sur son passage.

Des chefs arrivés du Chan-Toung se sont répandus dans le Peï-Tché-li et excitent les paysans à s'unir, à s'organiser en séries; il faut protéger la dynastie, disent-ils; l'impératrice l'ordonne, les dieux de l'empire le veulent, etc. Ces Boxeurs ou I-ho-Tsuann ont pour eux 808 esprits; les chrétiens n'en ont qu'un : évidemment la secte I-ho-Tsuann est protégée par le Ciel. En Chine, le paysan est excessivement crédule et superstitieux; aussi, le gros de la foule se prête facilement à cette manœuvre.

Les exercices des Boxeurs se partagent en exercices superstitieux et militaires.

1° Cette secte s'adonne, dès l'abord, à une foule de superstitions; pour n'en citer qu'un exemple, ils boivent de l'eau dans laquelle on a jeté les cendres d'un peu de papier sur lequel on a tracé le caractère *fou* ou « bonheur ».

Après avoir bu de cette eau, les énergumènes se livrent à des actions excentriques; le père fait à ses enfants la grande prostration (ce qui est contre toute règle en Chine); on prédit les événements à venir; tels individus, persuadés d'autre part par les chefs, se croient invulnérables et s'exposent à des expériences qui leur sont funestes. On va même jusqu'à faire croire que la vie sera rendue aux morts; ici, un frère tue son frère sans en avoir conscience; là, les femmes tombent sous le coup d'une excitation étrange; avec elles, l'immoralité s'en mêle, etc., etc.....

Bref, il y a un je ne sais quoi de diabolique et de ridicule qui fait trembler et rire tout à la fois.

Les jeunes gens de 15 à 16 ans tombent généralement assez vite sous ces influences mystérieuses; ils entrent dans un état d'excitation nerveuse, d'hypnotisme dangereux et se ruent ensuite sur les chrétiens et les Européens sans se soucier de la mort; ces jeunes gens furent les adversaires les plus dangereux qu'eurent à combattre les ingénieurs français, dans leur retraite sur Tien-Tsin, lors de la destruction de la ligne Péking - Pao-Ting-Fou.

2° *Exercices militaires*. — Les adeptes s'exercent au maniement de la lance et parviennent à se servir de ces longues piques avec une adresse surprenante.

Aussi les Boxeurs, qui, plus tard, attaquèrent Tien-Tsin, ne craignaient pas les charges des Cosaques; d'autre part, un feu de salve avait rapidement raison d'eux.

Les Boxeurs ont un but et un programme. Leurs pamphlets circulent dans les villages, pleins d'insultes pour les mandarins favorables aux Européens, indiquant les points principaux à atteindre : a) tuer les chrétiens; b) détruire les voies ferrées; c) massacrer l'Européen. Sur les drapeaux boxeurs, on lit généralement quatre caractères : *Mié-iang-pao-tsing* = anéantir l'Européen, protéger la dynastie.

Quelques mots sur la situation politique de la Chine nous paraissent indispensables ici :

On sait que l'impératrice douairière Tzé-Hsi a, par deux coups d'Etat, le 22 septembre 1898 et le 23 janvier 1900, déposé l'empereur et pris la direction des affaires, au nom du parti conservateur.

Il y a, en effet, deux grands partis en Chine. L'un, composé en majeure partie de lettrés, de commerçants, proclame la nécessité de laisser pénétrer en Chine les idées modernes, la culture européenne, de propager les sciences, de créer des voies ferrées, des réseaux télégraphiques, etc., etc.

L'autre, qui compte presque toutes les basses classes, conseillé par les mandarins mécontents, voudrait expulser de Chine tous les étrangers et proscrire jusqu'à l'examen des idées européennes.

Dès sa majorité, il y a une dizaine d'années, l'empereur Kwang-Su s'était nettement prononcé en faveur d'une politique de progrès. Il désirait voir l'instruction se propager, favorisait la création des écoles, voulait qu'on y étudiât plus particulièrement les mathématiques, la géographie, les langues européennes, et (ce qui fut considéré par ses ennemis comme une faute irréparable) permit qu'on construisît des voies ferrées et des lignes télégraphiques.

Les réformes n'allèrent pas sans quelques tiraillements. Il fallut frapper quelquefois à la tête. Un jour, l'empereur apprit qu'il y avait un nombre considérable de mandarins inutiles; au lieu d'en poursuivre la suppression par voie d'extinction, il les révoqua d'un trait de plume. Cette hardiesse lui valut autant d'ennemis qu'il avait fait de victimes, sans compter les familles et les amis des mandarins frappés. Les libéraux eux-mêmes trouvaient que c'était aller trop vite. Si encore Kwang-Su avait eu le tempérament d'un réformateur de race, il aurait peut-être réussi à déjouer les intrigues qui se nouaient dans son entourage; mais il était loin d'en être de la sorte : l'empereur est un être malingre, efféminé, sans prestige, maladif, au caractère inquiet et changeant.

Tous ceux qui avaient à se plaindre des réformes qu'il faisait opérer se liguèrent bientôt et favorisèrent le coup d'Etat de l'impératrice-mère Tzé-Hsi.

Cette impératrice, dont les origines sont tout à fait roturières, est une femme ambitieuse, sans scrupules, qui est devenue le chef des mécontents en épousant leurs griefs, et le peuple, toujours hostile aux étrangers et au progrès, par ignorance, s'est rangé de son côté.

Nous avons décrit l'organisation des Boxeurs. Est-il utile d'ajouter qu'ils n'ont aucun but politique ? Ce sont des révoltés contre la civilisation, que l'impératrice douairière utilise pour se rendre populaire et asseoir son autorité auprès des classes ignorantes, qui forment actuellement la grosse majorité de la population chinoise.

Cet essai de retour à la barbarie est bien curieux à constater chez un peuple qui a reçu, il y a peu de temps, des Japonais, une si rude leçon de civilisation.

Nous avons reproduit, plus haut, le rapport de M. Bonin et le résumé d'une dépêche du ministre des affaires étrangères au ministre des colonies qui démontrent que notre diplomatie ne mérite pas le reproche qui lui a été si souvent adressé, d'avoir été surprise par l'insurrection des Boxeurs, ou plutôt d'avoir négligé les informations qui la représentaient comme imminente.

Les quelques dépêches de notre chargé d'affaires à Péking et de M. Pichon reproduites ci-dessous et extraites du *Livre Jaune* établissent que le corps diplomatique, sur l'initiative de ce dernier, réclamait, dès la première heure, des édits sévères contre les fauteurs de désordre, et que le gouvernement chinois se dérobait, avec sa fourberie ordinaire, à ces invitations.

M. d'Anthouard, chargé d'affaires de France à Péking, à M. Delcassé,
ministre des affaires étrangères.

Péking, le 11 mars 1900.

Le développement pris par les sociétés secrètes en Chine, au Chan-Toug et au Tché-Li principalement, constituant des menaces sérieuses pour les missions religieuses et, éventuellement, pour les étrangers, M. Pichon s'était concerté, à la fin de janvier, avec ses collègues anglais, allemand et américain, dont les nationaux étaient également menacés, pour réclamer la publication d'un décret impérial, prononçant la dissolution et l'interdiction de ces associations. Une lettre identique au Tsong-Li-Yamen fut envoyée, par les quatre ministres, le 27 janvier. Le 1er mars, le Tsong-Li-Yamen nous informa qu'un décret impérial avait ordonné au vice-roi du Tché-Li ou au gouverneur de Chan-Toug de prohiber ces sociétés secrètes et de sévir contre leurs membres, et que le vice-roi du Tché-Li avait fait une proclamation dans ce sens. Ces documents n'étant pas assez explicites et la publication d'un édit impérial n'étant pas suffisante à nos yeux, nous décidâmes d'insister de nouveau pour obtenir sa publication dans la *Gazette de Péking* et la prohibition nominative des sociétés. Une lettre fut rédigée dans ce sens et remise, le 2 mars, au Tsong-Li-Yamen, à la fin d'une audience que nous avions demandée. Avant-hier, le Tsong-Li-Yamen a refusé l'insertion, sous prétexte que le décret a été rendu sous une forme qui ne permettait pas sa publication à la *Gazette de Péking*.

Les sociétés secrètes paraissant redoubler d'activité en ce moment, dans toute la Chine, nous avons décidé, aujourd'hui, de demander qu'un nouveau décret, proscrivant ces sociétés dans tout l'empire, fût promulgué et publié cette fois dans la *Gazette de Péking*.

Nous ajoutons qu'en cas de refus nous informerons nos gouvernements, en leur demandant d'aviser aux moyens propres à garantir la sécurité de nos nationaux. Nous avons décidé, en outre, de proposer à nos gouvernements d'opérer une démonstration navale sur les côtes nord de la Chine si la situation ne s'améliore pas. Quoique n'ayant pas voulu me séparer de mes collègues sur ce point, je pense que cette mesure serait, pour le moment, prématurée. Il ne pourrait s'agir, en ce moment, que d'un échange de vues entre les gouvernements intéressés, si vous le jugiez convenable. J'espère, et j'ai déclaré à mes collègues que le gouvernement chinois, sans paraître céder à notre pression, prendra des mesures effectives pour rétablir l'ordre. Je travaille aussi à amener le corps diplomatique tout entier à se joindre à nous, afin d'appuyer et de donner à notre action protectrice un caractère général.

Signé : D'ANTHOUARD.

Le même au même :

Péking, le 13 mars 1900.

Dans les premiers jours de décembre, le gouvernement chinois, impressionné, sans doute, par les instances des ministres en cause, autant qu'ému par la perspective des conséquences que serait susceptible d'amener la continuation des désordres au Chan-Toug, prenait enfin la détermination d'appeler à Péking le gouverneur de cette province, Yu-Hien, et de le remplacer intérimairement, dans ses fonctions, par S. Exc. Yuan-Che-K'aï, haut mandarin, investi de la confiance de l'impératrice douairière. L'impression causée par cette mesure fut plutôt favorable, et Mgr de Marchi, évêque du Chan-Toug septentrional, par un télégramme du 31 décembre, mandait à la légation qu'il avait vu S. Exc. Yuan-Che-K'aï, dès son arrivée, et que ce dernier agissait.

Toutefois, à peine quelques jours s'étaient-ils écoulés que, le 4 janvier, un décret publié par la *Gazette de Péking* annonçait, d'après un télégramme de S. Exc. Yan, le meurtre d'un missionnaire anglais au Chan-Toug, et prescrivait au gouverneur de cette province de dénoncer immédiatement les mandarins coupables de négligence dans l'exercice de leur devoir de protection, ainsi que de rechercher et châtier les assassins.

Ce décret fut bientôt (11 janvier 1900) suivi d'un autre, visant les malfaiteurs qui se réunissent et fondent des associations dans un but de désordre ou de persécution religieuse.

Mais cet édit, au lieu d'être un élément de pacification, ne tarda pas à devenir, par l'interprétation qui lui fut donnée, une source de nouveaux dangers. Il y était dit, en effet : « Ces temps derniers, de fréquentes affaires de missions se sont produites. On prétend, le plus généralement, que les coupables sont des brigands affiliés à des sociétés, et l'on demande qu'ils soient soigneusement recherchés, arrêtés et punis sévèrement. Cela nous amène à penser que, parmi les sociétés, il y a une distinction à faire. Ceux-là qui, gens agités, vont chercher, dans une association, le groupement qui leur permettra de fomenter des troubles, ceux-là ne peuvent, à la vérité, échapper au châtiment. Ceux qui, gens de bien et respectueux de leur devoir, s'exercent au maniement des armes, afin d'être en mesure de défendre leur personne ou leur famille, ou encore qui groupent plusieurs villages pour leur permettre de défendre mutuellement leurs territoires, n'agissent cependant, à la vérité, que dans une pensée de protection mutuelle. »

Ainsi que le voit Votre Excellence, les termes du décret étaient singulièrement vagues et élastiques ; plus encore, ils étaient à double entente, et nous en eûmes presque aussitôt la preuve par la recrudescence d'audace et d'activité des sociétés secrètes du Chan-Toug. Celles-ci, en effet, dont le but avoué était le maniement des armes, la pratique de la boxe et autres exercices physiques, prirent de suite texte du dernier paragraphe du passage cité plus haut pour se prétendre, non seulement protégées, mais soutenues et encouragées par la cour elle-même. Confinées jusque-là dans le Chan-Toug, elles en vinrent à envahir le Tché-Li, où la mission des jésuites de Ho-Kien-Fou eut la première à subir ses méfaits.

Il devenait dès lors utile de créer, entre les ministres de France, d'Angleterre, d'Allemagne et des Etats-Unis, une entente active, et de réclamer, de S. M. l'empereur, un nouveau décret plus explicite que celui du 11 janvier, ne laissant pas, comme lui, place à des malentendus aussi redoutables.

Le 23 janvier, à la suite d'une démarche faite par M. Pichon auprès de ses trois collègues, le concert fut établi, et une réunion eut lieu le lendemain, au cours de laquelle il fut décidé qu'une dépêche identique serait adressée au Tsong-Li-Yamen par les quatre représentants étrangers.

Cette communication fut faite le 27 janvier; le 21 février, n'ayant pas encore reçu de réponse, nous envoyâmes une lettre de rappel, à laquelle le Yamen répondit qu'un décret impérial du 21 février avait ordonné aux vice-rois et gouverneurs du Tché-Li et du Chan-Toug de publier des proclamations et de prendre des mesures rigoureuses pour faire cesser ces désordres.

En présence de la persistance des troubles et du développement incessant de la propagande des sociétés secrètes, dont on signalait l'action à Tien-Tsin et à Pao-Ting-Fou, dans la région où se poursuivent les travaux de la section nord du chemin de fer de Péking - Han-K'éou, nous ne pouvions nous contenter d'assurances aussi vagues. Il était absolument nécessaire, et ce sentiment était partagé par tous les missionnaires et par nos consuls, qu'un décret impérial proscrivît nommément les sociétés dont il s'agit. Il n'en fallait pas moins pour extirper l'opinion, répandue dans le peuple en province, que la cour encourageait, en secret, ces associations qu'elle considérait comme un soutien de la dynastie et comme un moyen de résistance aux étrangers. Nous décidâmes donc d'insister de nouveau et, pour donner à cette démarche plus de solennité, nous nous rendîmes ensemble, le 2 mars, au Tsong-Li-Yamen, où, après avoir expliqué verbalement les raisons de notre demande, nous remîmes chacun une dépêche identique.

La veille, le Yamen nous avait, il est vrai, envoyé le texte d'une proclamation, lancée par le vice-roi du Tché-Li, contre les associations en question ; mais, outre que ce document n'avait pas encore reçu de publicité, ses termes n'étaient pas assez explicites. Les ministres chinois refusèrent de nous donner satisfaction, sous prétexte qu'un décret ayant déjà été rendu, on ne pouvait en publier un second sur le même objet ; ils objectèrent également, à la publication dans la *Gazette de Péking*, que cela n'était pas usité pour les décrets de cette sorte.

Le 7 mars, le Tsong-Li-Yamen nous répéta, par écrit, les arguments qu'il nous avait opposés dans l'audience du 2 mars, et, le 8, sir Claude Mac-Donald nous réunit de nouveau chez lui.

On décida de demander qu'un nouveau décret, proscrivant dans toute la Chine les sociétés secrètes, en les indiquant par leurs noms, fût rendu et publié à la *Gazette de Péking*, comme l'avait été celui du 11 janvier. J'avais fait remarquer, en effet, que si, à la rigueur, le décret du 21 février pouvait, à la condition d'être appliqué rigoureusement, nous donner satisfaction au Tché-Li et au Chan-Toug, il y avait encore lieu de se préoccuper des autres provinces, où rien n'avait été fait contre les sociétés secrètes.

Enfin, il fut convenu que nous demanderions à nos gouvernements d'opérer une démonstration navale sur la côte Nord, dans le cas où nous n'obtiendrions pas satisfaction.

Comme je l'ai expliqué à Votre Excellence dans mon télégramme du 11 mars, je considère cette mesure comme prématurée. Je crois que nos démarches ont eu pour effet de convaincre le gouvernement chinois de la nécessité d'agir vigoureusement contre les sociétés dont il s'agit, et je me plais à penser qu'il le fera sans attendre d'y être contraint, tout en ayant l'air, pour « sauver la face », comme on dit couramment ici, de résister à notre pression. C'est ainsi que les choses se sont passées au Sse-Tch'ouan, tout récemment encore.

Hier et aujourd'hui, j'ai eu à m'entretenir avec des membres et avec un secrétaire du Tsong-Li-Yamen, et j'ai attiré toute leur attention sur la situation difficile où se mettrait le gouvernement chinois s'il ne mettait pas fin à l'agitation des sociétés secrètes.

Signé : D'ANTHOUARD.

M. Pichon, ministre de France à Péking, à M. Delcassé, ministre des affaires étrangères.

Péking, le 20 avril 1900.

M. d'Anthouard a exposé à Votre Excellence les démarches qu'il avait faites, concurremment avec plusieurs ministres étrangers, en vue d'amener le gouvernement chinois à prendre des mesures de précaution et de répression contre les sociétés secrètes qui menaçaient les provinces du Chan-Toug et du Tché-Li.

Le Tsong-Li-Yamen, dans sa réponse, énumérait ses décisions anté-rieures, conformes aux réclamations qui lui avaient été adressées et, tout en déclarant que des règles administratives s'opposaient à la publication demandée dans la *Gazette de Péking*, concluait qu'il ne manquerait pas de rechercher, de nouveau, quelques moyens de sa tisfaire au désir exprimé, lorsque quelque occasion s'en présenterait par la suite.

Dans une réunion tenue avec mes collègues, j'exprimai l'avis que nous pouvions nous contenter de cette déclaration. Toutefois, il fut décidé que nous avertirions, par écrit, le gouvernement chinois, dans une forme courtoise, que nos réclamations n'ayant pas eu tout le succès sur lequel nous étions en droit de compter, nous le tiendrions entièrement responsable de ce qu'il adviendrait, s'il se produisait des troubles.

D'autre part, nous convînmes avec M. de Giers que nous presserions de tout notre pouvoir le Tsong-Li-Yamen d'assurer l'ordre contre les rebelles. Ceux-ci, grâce à l'impunité qu'ils escomptaient, ne faisaient, en effet, que devenir plus nombreux et plus audacieux. Ils étaient dans le voisinage de Pao-Ting-Fou, de Tien-Tsin et de Péking. Ils affichaient des placards provocateurs contre les étrangers qu'ils commençaient à attaquer. Ils avaient déjà commis des déprédations et parlaient de piller et d'incendier les habitations européennes. D'après mes renseignements, ils étaient près de 100.000 dans le Chan-Toug et le Peï-Tché-Li, d'où ils ne se sont pas encore éloignés.

Le Tsong-Li-Yamen finit par s'émouvoir. Il fit insérer dans la *Gazette de Péking* un rapport du vice-roi de Tien-Tsin, contenant le texte du décret, dont nous avions réclamé la publicité, et fit procéder à des arrestations. M. du Chaylard m'avisa de Tien-Tsin que, sur ses instances réitérées, des troupes étaient envoyées contre les fauteurs de désordre. Un nouveau décret fut rendu contre eux.

En somme, l'état général semble s'être amélioré, mais on ne peut le considérer comme rassurant. L'aveugle hostilité du gouvernement de l'impératrice contre tous les étrangers est manifeste. La souveraine est entourée de mandarins qui sont, en général, choisis parmi les plus ignorants des choses du dehors et les plus passionnés contre tout ce qui sort des traditions chinoises. Sa faveur est acquise à ceux qui poussent à tout refuser aux représentants des puissances. Elle vient encore d'accorder une haute dignité à Kang-Yi, son conseiller principal, qui est un des plus acharnés contre les Européens, et qu'elle a mis à la tête du plus important des six ministères de l'empire.

Les sociétés secrètes n'ignorent pas ces dispositions, et celles d'entre elles qui ne rêvent que bouleversements sont toutes prêtes à en profiter. Elles peuvent, à un moment donné, provoquer des émeutes sanglantes.

M. de Giers s'en est rendu compte et je dois dire que j'attribue pour une bonne part à son concours les résultats heureux auxquels nous sommes arrivés.

Il peut se faire que, malgré tous nos efforts et tous ceux de M. de Giers, la sécurité publique soit si menacée que la venue de détachements militaires paraisse s'imposer. Mais cette mesure pourrait-elle être prise sans une entente entre les représentants des puissances, dans le cas surtout (et qui paraît probable) où les Chinois prétendraient en empêcher l'exécution? Ces questions, que je me contente de poser, sont très sérieuses et méritent de fixer votre attention. Je me donne pour règle absolue de n'agir qu'avec la plus grande prudence et de m'appliquer à prévenir les complications, mais les événements peuvent nous créer des responsabilités fort embarassantes.

Signé : PICHON.

Du même au même :

Péking, le 20 mai 1900.

L'état de fatigue où je me trouve, par suite des affaires qui m'assaillent de tous côtés, me permet à peine de vous rendre compte de la situation grave créée par les émeutiers qui ont envahi le Tché-Li. Depuis les faits énoncés dans mon rapport du 20 avril, la crise ne fait que s'accentuer. Pao-Ting-Fou, Tien-Tsin et Péking sont entourés par des bandes de convulsionnaires et de fanatiques qui se grossissent de toute la population vagabonde et surexcitée, et, sous l'action de meneurs influents qui les subventionnent, volent, pillent, incendient et tuent sur leur passage. C'est aux catholiques et aux protestants chinois qu'ils s'en prennent pour le moment. Ils ont détruit le village de Kao-Lo (situé dans la sous-préfecture de Lai-Choui-Hien), où ils ont massacré et brûlé vifs soixante-dix chrétiens indigènes du vicariat de Mgʳ Favier. Ils ont attaqué et incendié d'autres villages avoisinants, où ils ont également fait des victimes parmi les fidèles des missions anglaise, américaine et française. Ils forment actuellement, autour de la capitale de l'empire, un cercle qui se resserre de plus en plus. On prétend qu'ils sont déjà entrés dans la ville, au nombre d'une dizaine de mille. Ils ne dissimulent pas que leur objectif est de se débarrasser de tous les étrangers. Ils affichent et distribuent des placards poussant à l'anéantissement des missions religieuses et à une insurrection générale contre les résidents européens et américains. Ils fixent, dans ces écrits ou imprimés, les dates auxquelles ils comptent exécuter leurs menaces. Ils tiennent des conciliabules et des réunions, forment des attroupements sur la voie publique et s'organisent ouvertement en vue d'un soulèvement. Ils portent des drapeaux avec des inscriptions qui signifient : « Nous combattons par ordre impérial pour le salut de la dynastie. »

Tous les avertissements, toutes les indications, toutes les protestations, toutes les réclamations, dont j'ai saisi le Tsong-Li-Yamen, concurremment avec plusieurs de mes collègues étrangers, n'ont pu déterminer le gouvernement chinois à prendre les mesures suffisantes.

M. du Chaylard a multiplié ses démarches auprès du vice-roi de Tien-Tsin pour obtenir que les troupes soient envoyées sur les points du Tché-Li où des désordres étaient le plus à craindre. Le vice-roi est un homme bien intentionné, qui a fait ce qui dépendait de lui,

mais qui, ne trouvant pas dans le gouvernement central l'appui nécessaire, n'a pas osé donner à ses soldats les ordres catégoriques qui
auraient mis un terme à la rébellion.

Mgr Favier a envoyé son coadjuteur, Mgr Jarlin, à Pao-Ting-Fou,
pour essayer de traiter avec les mandarins locaux. Cette tentative n'a
pas réussi, en raison de la mauvaise volonté de l'un des principaux
fonctionnaires avec lesquels les pourparlers étaient engagés .

Je reçois quotidiennement, depuis une dizaine de jours, lettres sur
lettres de l'évêque de Péking, qui est dans un état d'alarme extrême ; il
réclame des détachements de marins et déclare que les plus grands
malheurs sont imminents. Le vicaire apostolique du Tché-Li se rend
compte, sans doute, de la différence qui existe entre les dispositions
réelles du gouvernement de l'impératrice et l'optimisme avec lequel
il les a qualifiées, pendant son voyage en Europe, notamment vis-à-vis
du Saint-Siège. Il se sent incapable de se faire assurer par les mandarins, dont il a fait l'éloge, la protection indispensable, et il craint la
destruction de ses œuvres.

Comme j'ai eu l'honneur de le télégraphier à Votre Excellence, je
n'ai cessé, au cours de ces affaires, de me tenir en rapports étroits avec
M. de Giers et d'agir d'accord avec lui. Nous avons, chacun de notre
côté, exercé sur le Tsong-Li-Yamen une pression qui aurait naturellement été plus forte et plus efficace si elle avait pu être concertée avec
tous les représentants des puissances, et venir du corps diplomatique
dans son ensemble.

Toutefois, comme les désordres s'aggravaient et comme les démarches isolées restaient à peu près sans portée, j'ai cru devoir provoquer,
avec l'avis conforme de M. de Giers, une réunion des ministres étrangers pour délibérer sur la situation.

En même temps, j'ai adressé aux ministres chinois (annexe n° 1) une
dépêche pour les informer que, sous réserve de toutes les responsabilités encourues par eux, j'allais employer les procédés que je jugerais
convenables pour assurer la sécurité de mes protégés et de mes nationaux. Le Tsong-Li-Yamen m'avait, en effet, envoyé une communication, trop longue pour que j'aie le temps de la faire copier, de laquelle il résultait que le gouvernement impérial conservait une attitude apathique et n'exerçait aucune répression sérieuse contre les per-
turbateurs. Il se bornait à rappeler que leurs associations étaient dis-
soutes par des édits et qu'il avait puni (sans indiquer la peine dont
ils auraient été frappés) certains imprimeurs de placards provocateurs contre les étrangers. Il annonçait qu'il avait l'intention de procéder à des arrestations, tout en ajoutant que les coupables s'étaient
enfuis. Il disait avoir ordonné une enquête. J'ai pensé que ces déclarations dilatoires et sans effet ne pouvaient être admises et qu'il était
temps de parer autrement au danger universellement constaté.

Dans sa réunion d'aujourd'hui, le corps diplomatique a, sur ma
proposition, appuyée par M. de Giers, adopté les termes de la dépêche ci-jointe (annexe n° 2), que le doyen, M. de Cólogan, ministre
d'Espagne, a adressée au Tsong-Li-Yamen, Il a été convenu entre les
représentants des puissances que, si les satisfactions réclamées ne
leur étaient pas accordées, ils feraient venir des détachements de ma-

rins à Péking. Il restera, en cas de besoin, à assurer l'exécution de cette mesure, à laquelle il est à craindre que le gouvernement chinois n'essaie de s'opposer, mais qui pourra devenir indispensable.

Signé : Pichon.

Annexe n° 1 à la dépêche de Péking du 20 mai 1900.

Lettre adressée par M. Pichon au Tsong-li-Yamen :

Péking, le 19 mai 1900.

Monseigneur,
Messieurs les Ministres,

J'ai l'honneur d'accuser réception à Votre Altesse et à Vos Excellences de la dépêche, en date du 18 de ce mois, par laquelle Elles m'annoncent diverses résolutions qui auraient été prises, au sujet des actes criminels qui se préparent ou ont été commis dans le Tché-Li.

Je dois informer votre Yamen que je considère ces mesures comme absolument insuffisantes et comme ne répondant nullement aux nécessités d'une situation qui s'aggrave de jour en jour. D'après les renseignements que je possède, les provocations impunies des rebelles, qui ont eu déjà des conséquences sanglantes, sont en voie d'aboutir à des attentats nouveaux. Ce n'est pas seulement la province du Tché-Li, c'est, comme je vous l'ai dit à plusieurs reprises, Péking même qui est menacé. En présence de l'impossibilité d'obtenir de vous des décisions conformes à vos obligations les plus strictes, j'ai l'honneur d'aviser Votre Altesse et Vos Excellences que, sous réserve de toutes les responsabilités encourues par le gouvernement impérial, je vais recourir aux procédés que je jugerai convenables pour assurer la sécurité de mes protégés et de mes nationaux.

Signé : Pichon.

Annexe n° 2 à la dépêche de Péking du 20 mai 1900.

Dépêche de S. Exc. M. de Cólogan, doyen du corps diplomatique, au Tsong-li-Yamen :

Péking, le 21 mai 1900.

Monseigneur,
Messieurs les Ministres,

J'ai l'honneur de communiquer à Votre Altesse Royale et à Vos Excellences le texte d'une résolution, prise hier, par les représentants des puissances étrangères accrédités à Péking :

« Le corps diplomatique, s'appuyant sur les décrets impériaux déjà rendus qui ont édicté la dissolution des « Boxeurs », réclame :

» 1° L'arrestation de tout individu se livrant aux exercices de cette association provoquant des troubles sur la voie publique, affichant, imprimant ou distribuant des placards qui contiendraient des menaces contre les étrangers ;

» 2° L'arrestation des propriétaires ou gardiens des temples ou autres endroits où les « Boxeurs » se réunissaient, et l'assimilation aux « Boxeurs » eux-mêmes de ces complices de provocations criminelles ;

» 3° Le châtiment des agents de la force publique qui se rendraient coupables de négligence dans la répression dont ils seront chargés, ou qui seraient de connivence avec les émeutiers ;

» 4° L'exécution des auteurs d'attentats (meurtres, incendies, etc...) contre les personnes et les propriétés. ;

» 5° L'exécution des individus qui subventionnent et dirigent les « Boxeurs » dans les troubles actuels ;

» 6° La publication dans Péking, dans le Peï-Tché-Li et les autres provinces du Nord, de proclamations portant ces mesures à la connaissance de la population. »

Je suis, en outre, chargé par le corps diplomatique d'informer Votre Altesse et Vos Excellences qu'il attend, dans le plus bref délai, une réponse satisfaisante à cette demande.

Signé : DE CÓLOGAN.

M. Delcassé, persuadé qu'on ne pourrait venir à bout des résistances du gouvernement chinois que par la force, proposa alors aux puissances une démonstration navale collective; mais leurs réponses ne furent pas toutes favorables au même degré à cette mesure. Si les Etats-Unis et l'Italie furent pleinement affirmatifs, l'Angleterre hésita et ne se rallia que tardivement; quant à l'Allemagne, elle affecta d'ignorer ce qui se passait.

Le gouvernement chinois, cependant, s'émeut des menaces contenues dans la note collective des puissances étrangères, remise le 21 mai par M. de Cólogan, et, le 28, il donne des ordres en conséquence, mais en suppliant les représentants de l'Europe de ne pas appeler des forces étrangères dans la capitale.

Il est trop tard. Les ordres sont donnés pour que des détachements viennent protéger les légations étrangères. Ces détachements arrivent dans les derniers jours de mai; ils formeront, avec quelques volontaires, ce petit corps de moins de 500 hommes qui devait défendre si héroïquement, pendant deux mois, le quartier des Légations.

Le contingent français se composait de 75 marins commandés par le lieutenant de vaisseau Darcy, du navire-amiral *le D'Entrecasteaux*, ayant pour le seconder l'enseigne de vaisseau Henry, qui devait être tué au Pé-Tang, et l'aspirant Herber, qui devait trouver la mort le 29 juin, en défendant la légation de France.

Ce petit corps français arriva à Péking le 31 mai, à 8 heures du soir.

Le lendemain, il s'installait à la légation de France, et, le jour même, le lieutenant de vaisseau Darcy envoyait 30 marins avec l'enseigne de vaisseau Henry au Pé-Tang, dans le nord de Péking, dans l'enceinte de la ville impériale, où se trouvaient les missionnaires français, groupés autour de Mgr Favier, l'évêque de Péking.

C'est ce détachement de 30 hommes qui, aidé par 10 marins italiens commandés par l'enseigne de vaisseau Olivieri, organisera la défense du Pé-Tang, qui fut réellement admirable.

Dans son rapport officiel sur les événements de Péking, M. Pichon s'exprime ainsi au sujet de cette défense :

« De toutes les défenses organisées pendant le siège, celle de l'évêché de Péking est peut-être la plus étonnante et la plus admirable. »

A partir de ce moment, les événements se précipitent.

Les rebelles ont incendié la gare et détruit le chemin de fer dans le voisinage de Péking.

Ils sont aux portes de la ville, où beaucoup de leurs complices les attendent, prêts à s'unir à eux. Le personnel franco-belge du chemin de fer de Tchang-Sin-Tien a dû battre en retraite. Un Français du chemin de fer a été blessé, les autres sont en danger. Ils arrivent enfin à Péking, le 31 mai, après avoir eu la plupart de leurs maisons incendiées.

Quant au personnel de Pao-Ting-Fou, sa situation était beaucoup plus critique. Les quarante personnes qui le composaient, menacées d'être attaquées et massacrées, prirent le parti de se mettre en route sur Tien-Tsin.

Leur voyage fut une douloureuse odyssée. Partis en bateau le mardi 29 mai, les malheureux fugitifs, qui comptaient parmi eux des femmes et un enfant de trois ans, furent attaqués le jeudi. Contraints par l'attaque à abandonner leur bateau et à gagner la rive, ils durent marcher pendant quatre jours, sans cesse attaqués par les villages, privés de nourriture, n'ayant pour toute boisson que l'eau des mares ou de la rivière, et laissant derrière eux, perdus ou morts, quatre des leurs, dont une femme.

Le soir même de leur arrivée, le 3 juin, trente Cosaques partirent à la recherche des manquants. En route, ils firent la rencontre de plusieurs bandes de Boxeurs. Une charge fut décidée contre l'une d'elles. Les Boxeurs, au nombre de 40 à 50, lance et sabre au poing, reçurent le choc. Ce fut, pendant quelques secondes, une mêlée générale. Deux officiers russes roulèrent sur le sol; l'un d'eux fut lardé de coups de lance. Les sabres cosaques volèrent : 16 Boxeurs furent tués, beaucoup furent blessés, les autres se dispersèrent.

Ce mince fait d'armes, qui constitue, en quelque sorte, le début des opérations militaires, eut un retentissement énorme chez les Européens et chez les Chinois. On comprit qu'il y avait quelque chose de changé en Chine. Le fanatisme s'infiltrait dans les masses chinoises et de poltrons faisait des braves.

D'autre part, les Chinois crièrent à la victoire et donnèrent comme un triomphe ce qui, en réalité, n'avait été qu'une tentative de résistance.

Dès lors, la situation s'aggrava rapidement. Le chemin de fer de Tien-Tsin à Péking fut coupé le 7 juin et la ligne télégraphique fut elle-même détruite le 10.

Le contre-amiral Courrejolles qui était allé à Péking pour se concerter avec M. Pichon et le consul général de Tien-Tsin sur les mesures à prendre, eut la chance de quitter la capitale l'avant-veille de la destruction de la voie ferrée.

Le 10 juin, le vice-amiral Seymour, sur la demande formelle des ministres, part de Tien-Tsin pour se diriger sur Péking avec deux trains portant environ 1.100 hommes de sept nationalités différentes, parmi lesquels les 100 Français stationnés depuis quelques jours à Tien-Tsin, sous les ordres du lieutenant de vaisseau Petit et des aspirants de Pontevez et Gallay.

Le contre-amiral Courrejolles, estimant que le détachement commandé par le lieutenant de vaisseau Petit est insuffisant pour représenter convenablement la France, met à terre, le même jour, le capitaine de vaisseau de Marolles, commandant du *D'Entrecasteaux*, avec un détachement de 8 officiers et 208 hommes.

Cet effectif appartenait aux navires *D'Entrecasteaux*, *Jean-Bart*, *Descartes* et *Surprise*.

Le 10 juin, dans la matinée, le commandant de Marolles quittait Takou et prenait place, avec ses hommes, dans trois wagons à charbon d'un train déjà formé, dans lequel se trouvait le contingent allemand dirigé sur Péking et fort de 500 hommes environ.

A 2 h. 45, le train quittait Takou et arrivait à Tien-Tsin à 4 h. 20 de l'après-midi.

Après s'être concerté avec M. du Chaylard, consul général de France à Tien-Tsin, le commandant de Marolles prit le parti de rejoindre l'expédition commandée par le vice-amiral Seymour.

Le lendemain 11 juin, à 10 heures du matin, un train conduit par un mécanicien français quittait Tien-Tsin. Le train, outre le détachement français, emportait 200 marins russes.

Pour le récit des événements survenus à la colonne Seymour — événements qui aboutirent à un échec — nous laissons la

parole au commandant de Marolles, dont le rapport officiel
relate, avec un grand intérêt, tous les détails de cette expédition malheureuse.

Rapport du capitaine de vaisseau de Marolles, commandant le détachement français dans la colonne internationale.

A Tien-Tsin, M. du Chaylard, notre consul général, me montre ses
cahiers de correspondance, prouvant que M. Pichon demandait avec
instance que la France prît part à l'expédition internationale et
qu'elle y eût une représentation en rapport avec son rang de grande
puissance. Je reproduis ici seulement les deux télégrammes suivants,
qui me paraissent très significatifs à cet égard :

« *Consul général à ministre France, Péking.*

De Tien-Tsin, le 10 juin, 12 h. 10 matin.

» Je vous prie de vouloir bien me renseigner d'urgence sur la situation et la réunion du corps consulaire tenue ce soir; le consul d'Angleterre a communiqué une dépêche très alarmante de sir Claude Mac-
Donald et demandé que le vice-roi fût mis en demeure de fournir, demain matin, un train pour faire monter les détachements à Péking.
Il est probable que le vice-roi répondra négativement et abritera son
refus derrière l'interruption de la ligne. Les Anglais et les Américains
paraissent décidés à passer outre ; dois-je, le cas échéant, courir le
risque d'un arrêt en route et faire partir avec eux 100 hommes ?

» DU CHAYLARD. »

« Péking, le 10 juin 1900, 3 h. 18 matin.

» *Ministre à consul de France, Tien-Tsin.*

» Situation de la dernière gravité. Vite prévenez amiral se préparer
à débarquer le plus de troupes possible qui lui seront, sans doute, de-
mandées aujourd'hui, pour monter à Péking. Prenez, le cas échéant,
même décision que vos collègues qui enverraient des détachements.

» PICHON. »

Les autres nations avaient toutes envoyé des détachements relativement considérables, en comparaison de nos 100 hommes commandés
par un lieutenant de vaisseau. Mon parti fut donc pris de rejoindre

l'expédition, pensant que le vice-amiral, qui était à sa tête, en avait étudié les moyens et calculé les chances de succès.

M. du Chaylard demanda au vice-roi de mettre un train à notre disposition et à celle de 200 Russes qui voulaient aussi partir. Ce train fut accordé pour dix heures le lendemain matin.

11 juin. — Notre détachement de 60 hommes se trouvait donc à la gare à l'heure indiquée, ayant complété ses cartouches à 250 par homme et emportant trois jours complets de vivres pour lui et pour le détachement de M. Petit, qui le précédait ; 50 coolies, recrutés par M. du Chaylard, nous accompagnaient. Bien que le nombre en ait été réduit progressivement à 15 par les désertions et par le feu, ils nous ont rendu de très grands services, surtout à la fin.

200 marins russes embarquaient dans le même train que nous. Le jeune enseigne du *Pétraupaulosk,* qui les commandait, vint se mettre sous mes ordres.

La compagnie du chemin de fer, malgré l'autorisation du vice-roi, faisait semblant de ne pas vouloir fournir de locomotive, désirant un simulacre de violence à son égard. Quant on eut saisi la locomotive, on ne trouva plus de mécaniciens chinois et il fallut faire appel au dévouement d'un mécanicien français de la ligne de Pao-Ting-Fou, M. Hespel, qui, malgré deux blessures incomplètement guéries, a conduit la machine le premier jour.

Le pays semble calme et tranquille jusqu'à Yang-Tsoun (17 milles de Tien-Tsin), la grande station où la voie ferrée traverse le Peï-Ho. Une partie de l'armée du général Nieh y est campée pour protéger la ligne ; les soldats, nombreux et bien armés, nous regardent passer avec indifférence. Les villageois travaillent dans les champs comme à l'ordinaire......

En avançant, les premières dégradations à la ligne apparaissent. A 3 h. 30, le train qui porte les nôtres rejoint l'amiral Seymour.

Je vais de suite me présenter à l'amiral et me mettre à sa disposition. Il me reçoit très aimablement, me disant qu'il est heureux de voir arriver un officier de mon grade, à cause des décisions à prendre. Il m'annonce que les réparations de la voie avancent convenablement, et qu'il espère bien que nous arriverons à Péking demain soir ou après-demain matin au plus tard. Il me renseigne sur l'organisation de l'expédition et les consignes données.

Le total des forces de l'expédition se montait à 2.064 hommes.

A 6 heures, tous les trains se portent d'environ un mille en avant. A ce moment, le train *un* découvre quelques Boxeurs sur lesquels il tire, en tuant, dit-on, une dizaine. Les troupes des deux premiers trains débarquent et fouillent les villages les plus voisins sans y rencontrer aucun habitant : tous ont fui.

A 8 heures, on s'installe pour passer la nuit là où l'on est. Nous nous installons à la station de Lo-Fa.

12 juin. — Reparti au petit jour, rejoint à 6 heures les autres trains, qui avancent lentement jusqu'à 11 heures, gagnant une centaine de mètres de temps en temps.

Il fait un siroco étouffant, très pénible, surtout pour les détachements que nous envoyons coopérer au rétablissement de la voie.

J'adresse au consul de Tien-Tsin une demande de deux jours de vivres de plus.

L'amiral Seymour réunit en conférence les commandants de détachements.

Il leur annonce que la voie est plus abîmée qu'on ne croyait, mais qu'il espère que cela ne nous causera qu'un jour de retard de plus.

Un accident survient alors au train français. La locomotive qui le conduit est en avarie. Il faut aller prendre une autre machine à Yang-Tsoun. Là, les soldats chinois vendent à nos marins « des œufs et de la glace ». La journée du 13 juin se passe sans incident. Mais notre détachement reçoit de Tien-Tsin, par un train spécial, les deux jours de vivres demandés précédemment.

14 juin. — Nous arrivons à Lan-Fang à 1 h. 30 du matin. Lan-Fang est à mi-chemin de la route de Tien-Tsin à Péking. Nous ne devions jamais aller plus loin

A 9 h. 30, pendant que nous étions bien tranquilles en queue du convoi, une vive fusillade éclate vers la tête.

Voici ce qui s'était passé :

Les deux premiers trains, très peu au-delà de la gare, avaient fait débarquer leur personnel pour faire de l'eau pour les locomotives et ramasser des légumes et des vivres. Ces gens étaient sans armes.

Au même instant, on signalait une grosse troupe de Boxeurs, avançant rapidement à couvert des jardins. Tous ces hommes, désarmés, se précipitent en courant vers leur train, suivis de près par les Boxeurs, enhardis par cette fuite. Seul, un piquet italien de huit matelots de la *Calabria*, armés, fait bonne contenance. En un instant, il est entouré : cinq Italiens sont massacrés. Les Boxeurs, qui n'étaient armés que de lances et de sabres, avec très peu de mauvais fusils, avancent jusqu'au train avec la plus grande audace; on en tue un grand nombre, plus d'une centaine peut-être, et ils sont repoussés, laissant des cadavres jusque sur la voie, très près des trains.

Dans l'après-midi, on nous annonce qu'un détachement anglais, laissé en arrière, à Lo-Fa, pour garder une citerne, où les locomotives peuvent faire leur eau, est attaqué par 2.000 Boxeurs et demande du secours.

L'amiral Seymour se précipite dans le train de queue et part de suite pour Lo-Fa avec ce train (Anglais, Russes, Japonais et les 100 Français de M. Petit).

A 7 heures, le train de queue nous revient, pavoisé de drapeaux chinois et au milieu des hourras. Il est arrivé pour achever la déroute des Boxeurs, déjà repoussés après s'être très bravement avancés à découvert. Ils n'avaient cependant qu'un très petit nombre de mauvais fusils, la plupart n'étaient armés que de lances et de sabres. Ils laissaient au moins une centaine de cadavres sur place, et leurs pertes ont dû être bien plus considérables.

Le soir, à 10 h. 30, reçu par un coolie envoyé de Péking une lettre de M. Pichon, me pressant de hâter la marche sur Péking.

Plusieurs commandants de l'expédition en recevaient d'analogues.

Je réponds par la même voie en renseignant M. Pichon sur ce que nous faisons et espérons.

15 juin. — On constate que la voie est de plus en plus détruite, à mesure qu'on avance. A midi, l'amiral nous annonce qu'il réunira les commandants en conférence, à 4 h. 30, pour examiner la possibilité d'une marche à pied sur Péking.

Cette proposition, suite des lettres reçues des ministres dans la nuit, rencontre de fortes objections de la part des commandants. La plupart font observer que leurs hommes, étant des marins et non des soldats, ne sont pas habitués à la marche et n'ont pas de campement ; qu'il faudrait ne former qu'une colonne légère, en laissant le matériel et les canons dans les trains ; que Lan-Fang paraît trop loin comme point de départ d'une expédition de ce genre.

Bref, aucune résolution n'est adoptée et l'amiral nous prie seulement d'étudier la question.

A partir de ce jour, nous n'avons plus eu de pain.

Nuit tranquille en arrière de Lan-Fang.

16 juin. — A 5 heures, on remanie l'arrangement des trains. Les Russes nous quittent et nous recevons les 100 Français de M. Petit et les 35 Italiens du lieutenant de vaisseau Sirianni.

Celui-ci se mit de fort bonne grâce sous mes ordres, y resta toujours jusqu'à notre retour à Tien-Tsin ; les relations entre les deux nationalités ont toujours été cordiales.

Dans l'après-midi, l'amiral Seymour me communique une circulaire annonçant qu'en raison de la destruction complète de la voie au delà de Lan-Fang il renonçait à la marche en chemin de fer et avait écrit à Tien-Tsin pour que l'on préparât tous les moyens d'embarquer l'expédition en jonques à Yang-Tsoun, afin de gagner Péking en remontant le Peï-Ho.

17 juin. — Hier au soir, dans une fausse alerte de nuit, les Anglais ont fusillé les Russes à bout portant. Deux Russes ont été tués et cinq blessés.

Le commandant allemand von Usedom me remet une lettre de M. Pichon, datée du 15 au soir, arrivée hier à Lan-Fang, et demandant un prompt secours. Il continue pour porter à l'amiral Seymour une lettre analogue.

L'effet de ces lettres ne tarde pas à se produire. A 10 heures, un aide de camp de l'amiral arrive, nous annonçant que la marche en avant par chemin de fer va être reprise coûte que coûte.

La question des vivres devient préoccupante. Les cinq jours touchés à compter du 11 seraient déjà finis si l'on n'avait rationné ; le riz pris dans les villages a remplacé le pain, on a pu aussi se procurer des cochons et des poules.

18 juin. — 5 h. 30, parti de Lo-Fa pour patrouiller la voie vers Yang-Tsoun. Les traces des dernières dégradations sont fréquentes et très visibles ; les réparations, hâtivement faites, suffisent tout juste pour passer. L'amiral m'apprend que la gare et toutes ses dépendances sont saccagées et absolument détruites ; il en est de même de la voie au delà de Yang-Tsoun, aussi loin qu'on peut apercevoir. La nombreuse armée du général Nieh a disparu; ses cantonnements sont dévastés et les villages voisins sont déserts. Aucun des émissaires que l'on a envoyés depuis plusieurs jours à Tien-Tsin n'est revenu. On entend le canon du côté de Tien-Tsin.

L'amiral semble dans une cruelle perplexité. Que faire? Organiser l'expédition par eau? il y en a pour une quinzaine de jours et les ministres déclarent qu'ils ne peuvent attendre. S'efforcer d'atteindre Anting en chemin de fer et, de là, lancer une colonne légère sur Péking? c'est une aventure des plus risquées.

Nous n'avons plus de vin, privation qui paraît plus sensible à nos hommes que celle du pain.

A 5 heures, on m'annonce que les trains *deux* et *trois* viennent d'avoir un engagement très sérieux en avant de Lan-Fang avec de nombreux soldats, armés de fusils pour la plupart.

Je repars de suite annoncer à l'amiral ces mauvaises nouvelles, et le rejoins à 6 h. 30, près de Yang-Tsoun.

Les autres trains arrivent une demi-heure après. Ils ont 6 tués (1 Allemand, 2 Anglais, 3 Russes), une trentaine de blessés, et croient qu'une partie de leurs assaillants appartiennent à des troupes régulières.

Nuit tranquille. Tous les trains sont serrés à la file sur un remblai élevé entre deux inondations. Grosse pluie jusqu'au matin.

19 juin. — Réunion des commandants chez l'amiral, à 8 h. 30, pour examiner la situation. Il ne peut plus être question d'une marche en avant, ni par chemin de fer, ni par eau. Certains détachements, comme le nôtre, sont à court de vivres ; d'autres ont fort peu de munitions.

La retraite sur Tien-Tsin s'impose. Mais la voie ferrée est inutilisable; aussi loin qu'on a pu l'explorer, il ne reste pas une seule traverse en place. Il a fallu qu'une fourmilière de Chinois se mît au travail à la fois, pour avoir effectué une pareille destruction en si peu de temps.

La marche sur route ou le long de la voie ferrée est impossible, faute de moyens de transports pour les vivres, les munitions et les blessés. Heureusement, nous avons quatre jonques. Il est décidé d'en affecter une à chaque train qui y déposera ses blessés et le matériel réduit indispensable, et la colonne marchera sur le bord du fleuve, escortant ses jonques.

On entend toujours le canon dans la direction de Tien-Tsin et on se demande avec anxiété si les concessions sont encore au pouvoir des Européens. Il faut donc se hâter.

Tout le monde est d'avis de commencer immédiatement l'évacuation des trains et de se mettre en route le plus tôt possible.

La marche par la rive gauche du fleuve est trouvée plus sûre que par l'autre rive.

L'ordre de marche sera le suivant :

Les Américains en éclaireurs ;

Les Français et les Italiens en avant-garde ;
Puis les Autrichiens, les Japonais, les Russes, enfin les Allemands en arrière-garde.

Toutes ces résolutions sont adoptées à l'unanimité, comme s'imposant d'une façon absolue.

Commencé le déménagement des trains à 11 heures. Il est terminé pour nous à 3 h. 30.

Comme nous n'avons pas de blessés, notre jonque est bien moins encombrée que celle des autres trains.

Nous pouvons y placer à peu près tout notre matériel, y compris les hamacs et les sacs des hommes.

L'aspirant de Pontevez en prend le commandement. Notre canon de 65 suit, sur la berge, traîné par un âne.

A 3 h. 30, nous sommes tous sur la rive gauche.

Le convoi se met en marche. Mais, dès le premier tournant, à moins d'un kilomètre, toutes les jonques s'échouent sur un banc peuplé de cadavres chinois. On perd plus d'une heure et demie à les dégager, au milieu d'une grande confusion.

Puis on reprend une marche bien lente que l'on cesse à 6 h. 45, pour camper en un endroit favorable en plein champ.

20 juin. — Nuit tranquille, sauf que l'on entend sans cesse le canon dans la direction de Tien-Tsin. Réveil à 3 h. 45. L'eau est un grand souci ; celle du Peï-Ho, troublée et empestée de cadavres, est imbuvable et on n'en trouve pas toujours dans les villages.

6 heures. Mise en marche après l'enlèvement des morts de la nuit. On voit, à gauche de Yang-Tsoun, nos trains en feu sur le haut remblai où nous les avons quittés.

Nous suivons toujours la berge, à hauteur de notre jonque, les Américains nous éclairant en avant et à gauche, en suivant la route de la digue.

Au moment où nous allions nous remettre en marche, vers 8 h. 15, les éclaireurs annoncent que le village en avant est garni de Pavillons Rouges. Des coups de fusil en partent, tirés sur nous. Les dispositions de combat sont prises. Le tir des canons, dirigé par l'amiral, chasse du village les Chinois, qui ne font pas grande résistance. Il n'y a de blessés que dans le gros de la colonne en arrière.

A 9 h. 30, nous reprenons la marche, mais au village suivant, Chang-Chia-Wan, répétition de la même scène, qui recommence encore au village en aval.

La marche est reprise à 2 heures. Le village situé en face de Tao-Chia-Chwang nous arrête. Deux compagnies allemandes, venues de l'arrière-garde à notre gauche, l'attaquent par la digue tandis que nous le tournons par le bord du fleuve. Au sortir de ce village, nous sommes salués par des obus pour la première fois. Le pays est couvert d'arbres ; l'ennemi fait plus de résistance à une belle pagode, entourée d'un grand enclos, et nous y constatons que les fusils des Boxeurs tués sont d'excellents winchesters à répétition.

Nous nous arrêtons à 7 heures et prenons, pour la nuit, un campement resserré dans un coude de la rivière.

21 juin. — Réveil à 4 heures ; à 5 h. 30, conférence des commandants près de l'amiral : c'est la dernière où tous les chefs de détachements furent appelés ; dans la suite, les trois capitaines de vaisseau (allemand, américain, français) furent seuls convoqués.

On décide qu'en prévision d'une opposition plus sérieuse il y a lieu de marcher sur les deux rives, les jonques n'étant pas suffisamment protégées d'un seul côté ; les Allemands, les Autrichiens, les Japonais et les Russes passeront sur la rive droite, mais ils n'auront d'autre artillerie que les mitrailleuses allemandes, les canons russes étant trop lourds pour être transportés facilement d'un bord à l'autre.

Le mouvement s'exécute facilement et, dès 7 heures, la marche est reprise.

Vers 8 heures, nous nous trouvons sur une haute digue, au bord du fleuve, quand nous apercevons, en avant sur notre gauche, à environ quatre ou cinq kilomètres, une longue file de cavaliers au trot suivant le remblai du chemin de fer vers le nord. Tout le monde savait que, depuis plusieurs jours, l'amiral expédiait des messagers à Tien-Tsin pour annoncer notre situation et demander l'assistance des troupes annoncées comme débarquées à Takou depuis plus d'une semaine. Aussi, à la vue de cette cavalerie, un long cri de joie s'élève dans la colonne. Tout le monde, leurs compatriotes les premiers, reconnaît les Cosaques. Les hourras éclatent. Mais ces cavaliers tardent bien à se diriger sur nous et semblent vouloir nous contourner. Où regardent-ils donc ? Nous sommes pourtant bien en vue sur notre digue ; puis du village à gauche part un coup de canon pointé sur nous. Stupéfaction ! Ils sont donc fous, ces Cosaques, de nous prendre pour des Chinois ? Et ce coup de canon est suivi d'un autre... Enfin, des salves dissipent nos illusions ! Nous sommes attaqués et ce ne peut être que des troupes régulières qui manœuvrent ainsi. C'est donc l'armée impériale qui nous barre le passage ; il faut bien que nous l'ouvrions quand même.

Je fais remarquer à l'amiral arrêté près de nous l'importance d'arriver avant l'ennemi au premier village. Il me dit de l'occuper de suite et de m'y installer.

Nous y allons, devançant les Américains arrêtés, et passant ainsi en première ligne.

L'amiral part à notre tête, mais la distance est longue (peut-être 150 mètres). Il est vite dépassé, et, d'un seul bond, malgré une vive fusillade, nous entrons dans le village en criant : « Hourra ! »

Les Chinois avaient lâché pied quand nous étions à 50 mètres ; après avoir traversé le village, nous les voyons se sauver, et en abattons bon nombre. De notre côté, nous avions 1 tué (1 timonier du *Jean-Bart*) et 4 blessés. Le capitaine de vaisseau anglais *Jellicoe* avait eu la poitrine traversée par une balle, à côté de l'amiral. J'estime que nos pertes eussent été bien plus fortes si notre mouvement n'avait été aussi rapide.

Les choses se passent de même aux deux villages suivants, qui sont pris aussi à la baïonnette par nos marins marchant en première ligne avec les Américains et quelques Anglais.

A Peï-Tsang, où l'on craignait la plus forte résistance, la colonne entre sans aucune opposition. La chaleur était forte et nos hommes très fatigués.

22 juin. — La marche reprend vers 1 heure, par une nuit assez sombre.

C'est le 22 juin que la colonne en retraite arrive à l'arsenal de Tsi-Kou, gardé par un camp voisin, dont on s'empare assez aisément.

L'amiral m'invite à traverser le fleuve pour aller visiter le camp et l'arsenal avec lui et le commandant von Usedom.

Nous y allons et constatons d'abord qu'un ennemi plus résolu que le nôtre eût eu beau jeu à nous arrêter là définitivement. Il semble que nous-mêmes pourrions y trouver un peu de repos si nous n'étions pas si pressés d'atteindre notre but, auquel nous touchons presque.

Outre les remparts extérieurs, il y a une sorte de réduit central, de forme à peu près ronde, dont la haute muraille en terre abrite des magasins pleins de matériel. Les casernes des réguliers sont en feu. L'arsenal proprement dit, entouré d'un mur en briques assez élevé, est intact. On enfonce une de ses portes. Nous trouvons à l'intérieur de vastes magasins, construits à l'européenne et contenant d'immenses ressources en artillerie, fusils et munitions. Ces magasins ont, en général, leurs portes ouvertes, et on voit qu'on vient d'y prendre précipitamment beaucoup de choses. A première vue, on ne croit pas pouvoir loger des troupes dans un pareil endroit.

L'amiral réunit les capitaines de vaisseau pour envisager la situation; la colonne est épuisée, elle ne peut plus avancer aujourd'hui et il faut à toute force lui donner un peu de repos quoiqu'on soit sous le feu des Chinois.

Tien-Tsin existe-t-il encore, ou est-il au pouvoir des Chinois? On n'entend plus de canonnade de ce côté, aucun des émissaires envoyés depuis une semaine n'est revenu : c'est un sujet de grande anxiété. En discutant, nous reconnaissons tous que la voie du fleuve est impraticable.

Il faut donc, de toute nécessité, abandonner les jonques et tourner Tien-Tsin par terre à distance. Mais nous avons deux cents blessés qu'on ne peut laisser et pas de moyens de transport. Il faudra en improviser et faire porter les blessés par leurs camarades, ce qui, en comptant quatre porteurs pour un blessé occupera 800 hommes, la moitié de l'effectif valide. Si nous sommes attaqués sérieusement dans de pareilles conditions, nous serons bien compromis.

Une autre solution se présente : nous transporter dans le camp chinois, où l'ennemi ne doit pas pouvoir nous forcer, et nous y maintenir jusqu'à l'arrivée d'un secours qui nous délivre.

Mais nous sommes à court de vivres et certains détachements ont presque épuisé leurs munitions! On vivra de riz et de l'eau du Peï-Ho, on tâchera de piller encore quelque chose dans le village voisin, on subsistera bien comme cela une dizaine de jours au bout desquels on essayera de faire la dernière tentative pour s'ouvrir la route de Tien-Tsin.

Une fois la première confusion passée, il vient à l'esprit de plusieurs qu'il est imprudent pour nous de ne pas occuper l'arsenal proprement dit. L'amiral appelle les capitaines de vaisseau à 6 h. 30, et nous demande notre avis sur la possibilité d'occuper cet arsenal, en outre du réduit. On se prononce pour l'occupation.

L'amiral, se tournant alors vers moi, me demande de m'en charger avec 150 hommes de quatre nationalités. Je réponds naturellement que je suis prêt à le faire. Comme la nuit arrive, je me hâte de prendre une section française de 30 hommes avec laquelle j'entre dans l'arsenal pour tâcher d'en reconnaître rapidement les issues et la défense.

Les murs sont en bon état, il n'y a qu'à faire une barricade pour remplacer la porte défoncée et à garnir de fusils les miradors. Tant que nous ne serons pas attaqués par du canon, on ne nous forcera pas. Quand les étrangers arrivent, — il en vient 80 au lieu de 120, — je poste les Anglais à la porte Est, les Russes et les Allemands aux deux portes Sud, et je me tiens au milieu avec la section de M. de Pontevez, en réserve. A 11 h. 30, une première attaque se produit contre le saillant Ouest.

La fusillade contre nous est vive, mais nos hommes sont bien abrités et ne répondent que par quelques coups. La nuit est noire ; au bout de trois quarts d'heure, l'ennemi s'éloigne.

23 juin. — A 4 heures du matin, attaque plus sérieuse; l'ennemi est nombreux. Il garnit le rempart en terre et vient au pied de nos murs. Un de leurs chefs est tué ainsi que son cheval à une vingtaine de mètres de la porte barricadée, sur laquelle un de nos Russes est mortellement atteint. Mais le jour se lève. Les troupes du réduit font une sortie générale et, après un combat vif, l'ennemi, refoulé, se retire dans le Sud, laissant ses cadavres sur le terrain.

Les journées du 23 et du 24 juin sont employées par moi à mettre en état de défense l'arsenal que la colonne vient de prendre. Ici, un détail curieux :

Dans la journée, les Allemands viennent prendre des canons de 8^{cm},7 Krupp et réussissent à en mettre deux en batterie avant la nuit. Ces canons sont tout neufs. Une seule salle en contient une quarantaine encore en caisses. Le détachement japonais, qui a consommé toutes ses munitions, est réarmé avec des winchesters à répétition.

Les Allemands, les Russes et les Anglais trouvent des cartouches qui conviennent à leurs fusils et se réapprovisionnent. On donne à tous ceux qui en veulent des fusils Mannlicher, dont il y a des quantités très considérables.

Le 24, l'amiral Seymour charge le détachement français d'une reconnaissance. Je réponds que mes marins sont très occupés dans le fort, mais l'amiral insiste.

L'aide de camp revient peu après me dire que l'amiral désire vivement que ce soit nous qui fassions l'opération, parce que les Français ont prouvé qu'ils étaient les « fastetst » (le détachement le plus rapide de la colonne).

Je fais donc traverser le Peï-Ho, à 5 heures, à deux sections du *D'Entrecasteaux* (60 hommes). Leur reconnaissance s'effectue avec un plein succès.

25 juin. — Nuit calme. Vers 8 h. 30, des hourras nourris partant des bords du fleuve nous apprennent qu'une troupe européenne est en vue. On la voit s'avancer le long de la ligne du chemin de fer, sans autre opposition que quelques coups de canon, partant du fort de Tien-Tsin.

Vers 10 heures, la colonne de secours, forte d'environ 2.000 hommes (Russes, Anglais, Américains et quelques Italiens), vient camper sur la rive gauche, en face de l'arsenal. Le lieutenant-colonel russe qui la commande vient conférer avec l'amiral.

On convient qu'on ira à Tien-Tsin le plus tôt possible. Un détachement international, sous les ordres du lieutenant de vaisseau torpilleur anglais *Crofton*, est chargé de détruire l'arsenal au moment de son départ.

Chaque nation emportera ses blessés.

La colonne, quoique protégée par le détachement de secours, doit pouvoir faire face à l'ennemi en cas d'attaque sérieuse. Elle doit donc se débarrasser de tout impedimenta et ne conserver que le moins possible à porter. Nous ne gardons que les armes, les munitions et un petit sac par homme ; tout le reste est abandonné et sera brûlé, en même temps que l'arsenal.

26 juin. — Réveil à 2 h. 30. Mise en marche à 3 h. 15 en suivant le canal, puis la voie du chemin de fer entièrement détruite. Nous formons l'arrière-garde de la colonne Seymour, encadrée par des détachements de secours.

La marche à travers champs, couverte par le remblai du chemin de fer, se poursuit ainsi assez péniblement jusqu'au canal de Lutaï, où il faut transporter les blessés et l'artillerie en bac, tandis que l'infanterie traverse sur les ruines du pont. Le fort de Tien-Tsin, bien placé pour nous faire beaucoup de mal, notamment au passage des ponts et devant la gare, ne tire pas un seul coup de canon. D'épaisses colonnes de fumée jaune s'élèvent de l'arsenal de Tsi-Kou, sans que l'on entende de détonations.

Enfin, vers 10 heures, nous faisons notre entrée dans notre concession en bon ordre, les blessés et le canon au centre. Le capitaine Guillaumat et le consul nous reçoivent. Nous allons nous installer à l'amirauté, envoyons nos blessés à l'hôpital et jouissons tout le reste de la journée d'un repos que rien ne vient troubler.

Dans l'après-midi, une circulaire de l'amiral Seymour prévient chaque commandant qu'il n'a plus à recevoir d'autres directions que celles de son gouvernement.

Ainsi s'est terminée, amiral, cette expédition infructueuse, qui fut à deux doigts d'aboutir à un désastre complet.

Vous savez combien la direction est délicate et l'accord difficile entre des détachements de huit nationalités différentes.

Nous avons eu la chance de ne pas avoir de difficultés sérieuses de ce côté, grâce à la haute situation et à la parfaite courtoisie de l'amiral Seymour. Il est bien heureux pour nous qu'il ne lui soit pas arrivé malheur dans l'une des circonstances où sa bravoure le faisait s'exposer au premier rang.

J'ai été secondé avec dévouement par les officiers placés sous mes ordres. Tous ont fait honneur à leur uniforme, et j'appelle toute votre bienveillance sur ceux que je vous signale sur ma liste de propositions.

Nos sous-officiers et marins se sont bien conduits au point de vue militaire et je n'ai entendu parler d'aucune défaillance au feu. Ils ont bien marché à l'assaut, quoiqu'il soit, sans doute, exagéré de comparer leur conduite ce jour-là, comme le leur a dit l'amiral Seymour, à celle des vieilles troupes françaises qu'il avait vues à Sébastopol. Leur consommation de munitions a été sage. Leur service de grand-gardes et de factions devant l'ennemi a été bien fait, remarquablement même en comparaison de la plupart de leurs voisins. Jamais ils ne se sont livrés à ces tirailleries désordonnées que nous avons remarquées chez les Anglais et les Russes.

Leur moral a toujours été excellent dans toutes les circonstances.

Leur point faible était la difficulté de leur faire exécuter, comme factionnaires, les consignes qui n'étaient pas complètement militaires et surtout leur insouciance au sujet de leur vie matérielle ; notamment leur imprévoyance d'enfants, pour la conservation de leurs vivres et de leur eau, a été la cause de bien des tribulations pour leurs officiers.

Mais ce sont là affaires d'éducation militaire, auxquelles nos hommes ne sont pas entraînés. En tout cas, aucun étranger ne pourra dire que notre détachement, dans la colonne, n'ait pas bien soutenu l'honneur de notre pavillon. Je suis très heureux que l'amiral Seymour ait pris l'initiative de vous envoyer son témoignage si flatteur.

Signé : DE MAROLLES.

Tel est le récit de l'odyssée de cette fatale colonne Seymour, qui aboutit à un échec lamentable, dont le résultat immédiat fut d'exalter le fanatisme des Chinois et de leur donner une audace qu'on ne leur connaissait pas encore.

Comment expliquer qu'une force européenne composée de 2.064 hommes ait été obligée de battre en retraite, pendant dix jours, devant des bandes de Boxeurs ?

Le 14 juin, elle se trouvait à Lan-Fang, c'est-à-dire plus près de la capitale que de Tien-Tsin, et, à mon avis, il lui était plus facile d'aller à Péking que de rétrograder, car, dans ce cas, elle s'exposait à être prise à revers par les nombreuses troupes chinoises qui assiégeaient les Concessions. Il eût été facile, en effet, aux forts de Tien-Tsin d'anéantir les forces alliées le 25 juin, lorsque la colonne Seymour, avec sa file interminable de blessés, et les forces russes qui l'avaient secourue durent passer sous le feu des canons chinois, en se rendant de l'arsenal de Tsi-Kou aux concessions étrangères.

On ne s'explique pas encore l'arrêt qui eut lieu ce jour-là

dans le bombardement qui durait depuis neuf jours et qui devait se prolonger encore pendant dix-huit jours.

La colonne Seymour perdit 70 hommes tués et plus de 200 blessés :

Les Anglais eurent 30 tués et 90 blessés;

Les Russes, 15 tués et 30 blessés;

Les Allemands, 15 tués et 60 blessés;

Les Français, 3 tués et 20 blessés;

Les Italiens, 5 tués et 3 blessés;

Les Japonais, 2 tués et 4 blessés.

L'amiral Seymour èut son chef d'état-major (le commandant du *Centurion*) et ses deux aides de camp blessés grièvement à ses côtés.

Le commandant en second du vaisseau allemand *Kaïserin-Augusta* fut tué. Enfin, tous les sacs, hamacs et bagages des hommes furent brûlés et abandonnés.

Pendant la marche de la colonne Seymour, les Boxeurs s'avançaient, de leur côté, dans Tien-Tsin et s'infiltraient peu à peu dans la cité murée, dont les habitants, terrorisés, n'osaient leur opposer aucune résistance et se prosternaient devant eux. On peut considérer qu'à la date du 15 juin les Boxeurs étaient maîtres de Tien-Tsin et de ses immenses faubourgs.

Les Russes, alors seuls en nombre, firent quelques sorties, s'efforçant de refouler les groupes les plus menaçants et de dégager les abords des Concessions, surtout de la concession française, qui continuait, sans ligne de démarcation, les faubourgs de la ville chinoise.

On en était là quand, le 17, à 2 heures de l'après-midi, le canon retentit soudain du côté de la cité chinoise. On crut d'abord à un engagement entre Russes et Boxeurs. Mais l'erreur fut de courte durée; les sifflements des projectiles qui passaient par-dessus les Concessions ramenèrent bientôt les assiégés de Tien-Tsin à la réalité; les canons chinois avaient ouvert le feu sur les concessions européennes, le bombardement avait commencé.

Dans la matinée du 17, le bruit se répandait à Tien-Tsin que les forts de Takou avaient été canonnés et pris la veille.

La nouvelle était exacte. Le rapport suivant du contre-amiral Courrejolles contient le récit de cet événement de guerre :

Takou, le 20 juillet 1900.

Le contre-amiral Courrejolles, commandant en chef la division navale de l'Extrême-Orient et du Pacifique occidental, à M. le Ministre de la marine.

Monsieur le Ministre,

J'ai l'honneur de vous adresser mon rapport sur la prise des forts de Takou par les forces alliées.

Le 15 juin 1900, les commandants des escadres mouillées en rade de Takou, réunis en conférence sous la présidence du vice-amiral russe Hiltebrandt, prirent connaissance des nouvelles graves suivantes :

1° Approche des troupes chinoises (2.000 hommes), semblant avoir pour but l'occupation de la gare de Tong-Kou et peut-être la destruction du chemin de fer;

2° Intention montrée par les Chinois de fermer l'entrée du Peï-Ho au moyen de torpilles.

Les commandants des escadres, en vue d'assurer la sûreté des troupes en marche, ordonnèrent aux officiers commandant les canonnières mouillées dans le Peï-Ho d'assurer pacifiquement la garde de la station, des locomotives et des wagons, et les autorisèrent à repousser la force par la force, dans le cas où les troupes chinoises chercheraient à s'emparer de la gare.

300 marins japonais furent débarqués, le même soir, pour former la première garnison de la gare. Le commandement supérieur des canonnières fut donné au capitaine de vaisseau Dobrovolsky, commandant du *Bobr* et le plus ancien des officiers commandants.

Etaient alors mouillés dans le Peï-Ho : les canonnières russes *Bobr, Koreetz et Giliak;* la canonnière allemande *Iltis;* la canonnière anglaise *Algérine ;* le *Lion,* entré dans la rivière le 10 juin ; les destroyers anglais *Whiting* et *Fame.*

Le 16 juin, les Chinois ayant commencé de mouiller des torpilles, les commandants des escadres se réunirent de nouveau et signèrent le protocole suivant :

« Les puissances alliées, dès le début des troubles, ont mis sans opposition des détachements à terre, pour protéger leurs concitoyens et le corps diplomatique contre les rebelles connus sous le nom de Boxeurs.

» Tout d'abord, les représentants de l'autorité impériale ont paru comprendre leurs devoirs et fait des efforts apparents pour le rétablissement de l'ordre. Mais maintenant ils montrent clairement leurs sympathies pour les ennemis des étrangers, en amenant des troupes vers les lignes de chemin de fer et garnissant de torpilles l'entrée du Peï-Ho. Ces actes prouvent que le gouvernement oublie ses engagements solennels vis-à-vis des étrangers, et, comme les chefs des forces alliées ont l'obligation de rester en communication constante avec les détachements à terre, ils ont décidé d'occuper provisoirement, de gré ou de force, les forts de Takou : le dernier délai pour leur remise aux forces alliées est 2 heures du matin le 17.

[Le choix de cette heure avait été déterminé par la considération qu'il valait mieux que les bâtiments fussent évités au flot pendant tout combat avec les forts.]

« Ceci sera communiqué à la fois au vice-roi à Tien-Tsin et aux commandants des forts. »

Dans la journée du 16, le commandant du *Bobr* réunit ses collègues dans une conférence, où l'on convint du poste que devait prendre chaque bâtiment, en cas d'action contre les forts.

Le protocole fut remis au général chinois par le lieutenant de vaisseau russe Bakmeticff, à 9 heures du soir, le même jour 16 juin. Le général répondit qu'il était obligé de prendre les instructions de ses chefs et déclara que, quelle que fût la réponse, il déclinait toute responsabilité personnelle sur les conséquences.

Le texte du protocole fut téléphoné au consul général de France à Tien-Tsin pour être communiqué au vice-roi ; mais il y a tout lieu de croire que ce moyen de communication n'aboutit pas, et que le vice-roi fut prévenu par le général chinois.

A minuit 50, les forts ouvrirent le feu sur les canonnières; celles-ci étaient à ce moment mouillées comme il suit :

Le *Lion* devant la douane de Tong-Kou ;

L'*Iltis* accosté à l'appontement de Tong-Kou ;

En aval de Tong-Kou, dans la branche Est de la bouche du Peï-Ho, et en allant du sud au nord, le *Giliak*, le *Koreetz*, le *Bobr* et l'*Algérine* en tête.

Dès les premiers coups de canon, les destroyers anglais *Fame* et *Whiting* s'emparèrent de 4 contre-torpilleurs chinois (*Schicham*) mouillés devant l'arsenal de Takou.

A la tombée de la nuit du 16 au 17, le commandant du *Lion*, prévoyant une attaque des Chinois, avait pris ses dispositions de combat et d'appareillage et se mit en route dès l'ouverture du feu. Exécutée pendant le jusant, la manœuvre, gênée par des vapeurs de commerce, fut quelque peu délicate, malgré la présence à bord d'un pilote de la rivière, M. Webster, qui, très bravement, était venu offrir ses services ; le bâtiment s'échoua un instant et ne fit route, pour rejoindre les autres canonnières, qu'à 1 h. 30, quelques instants après l'*Iltis*, accosté et évité pour descendre la rivière. Pendant le changement de mouillage de ce dernier bâtiment, le commandant fut grièvement blessé.

Quoiqu'il tombât un certain nombre d'obus chinois dans la rivière de part et d'autre du bâtiment, le commandant du *Lion* ne fit pas riposter, la distance étant trop grande pour que le tir pût être efficace.

A 2 h. 10, sous un feu nourri, le *Lion* mouilla à son poste, à 100 mètres sur l'AR du *Koreetz*, et ouvrit le feu par un tir lent des 37 millimètres des hunes, puis par le tir indirect des deux pièces de 100. A 2 h. 45, le *Lion* changea de mouillage pour ne pas masquer la pièce AR du *Koreetz* et pour pouvoir utiliser ses pièces de 138^{mm},6, dominées par la berge. Le feu était alors dans toute son intensité, et le tir des

Chinois paraissait bien ajusté; de nombreux éclats d'obus passaient dans la mâture, ne causant que des dégâts insignifiants.

A 4 heures, un obus de 15 centimètres Krupp atteignit le bâtiment par le travers de la passerelle, au-dessus et près de la flottaison, traversa la muraille et, passant à 0^m,50 environ de la chaudière, alla éclater sous le panneau de la soute à voiles. Il en résulta un incendie qui fut promptement éteint, et une blessure grave (jambe fracassée) pour le matelot annamite Huyen-Van-Ngni, cuisinier de l'état-major, dont le poste de combat était au passage des munitions.

Deux éclats atteignirent, en outre, le bâtiment, l'un sur l'avant de la passerelle, l'autre à hauteur du logement du commandant, mais ne causèrent aucuns dégâts. Pour pouvoir tirer avec les deux 138^{mm},6 sur les pièces à barbette du sud au fort Sud, le commandant du *Lion* s'embossa alors sur un ponton mouillé par bâbord à lui.

A 4 h. 45, un sous-officier allemand vint demander de ne plus tirer sur le fort Nord, attaqué en ce moment par les troupes; il s'agissait, en réalité, du fort n° 2, car le fort Nord n'arrêta nullement son tir.

A 5 h. 45, les troupes s'emparèrent du fort n° 2 et y arborèrent les pavillons anglais, allemand et japonais. Aussitôt les canonnières appareillèrent et descendirent la rivière, en continuant un feu nourri sur le fort Sud, qui résistait vigoureusement; à 5 h. 30, une petite poudrière fit explosion dans ce fort.

A 6 heures, nouvelle explosion, très importante cette fois, au moment où le fort Nord était à son tour pris d'assaut.

A 6 h. 30, le *Lion* s'embossa de nouveau ; le tir du fort Sud se ralentissait, l'artillerie du fort Nord était venue s'ajouter à celle des canonnières; les troupes purent traverser la rivière et s'emparèrent du fort Sud à 7 heures. Le *Lion* avait cessé le feu à 6 h. 50.

Le *Lion* avait peu souffert, mais le *Koreetz* et surtout le *Giliak* furent très éprouvés, ainsi que l'*Iltis* et l'*Algérine*.

A terre, le détachement japonais subit de fortes pertes, et son chef fut tué à la prise du fort n° 2.

Dans cette affaire très sérieuse, qui a entraîné pour l'escadrille une perte de 23 tués et 66 blessés, le *Lion* a été très favorisé, mais la chance qu'il a eue ne diminue en rien le mérite professionnel et le courage avec lesquels il s'est exposé au péril commun et a concouru largement au succès.

Signé : T. Courréjolles.

La journée du 18 fut terrible. Pendant qu'une grêle d'obus pleuvait sur les concessions, faisant d'énormes ravages, l'infanterie chinoise entrait à son tour en jeu. Elle concentrait ses efforts sur la gare, dont la position commande nos concessions, et, avec une véritable rage, multipliait ses attaques. L'artillerie et l'infanterie russes, aidées d'un groupe de marins français, tous admirables d'énergie, tenaient tête à l'ennemi qui, invisible derrière les tombes dont les terrains avoisinant la gare sont parsemés, les canardait à trois cents mètres. Après une lutte furieuse de part et d'autre, les troupes chinoises furent enfin refoulées. Les Russes, il faut le proclamer hautement, avaient sauvé les Concessions.

Mais les pertes étaient cruelles. Les morts et les blessés, dont quelques-uns horriblement mutilés, affluaient à l'hôpital général français. Le seul combat du 18 coûtait aux Russes 14 morts et 70 blessés.

Nous avions, pour notre part, 4 morts et 4 blessés sur un effectif de 50 combattants.

Après cette journée meurtrière, il y eut une accalmie relative, mais de courte durée. Pendant la journée du 19, la canonnade et la fusillade sont très vives. Vers 4 heures, un obus éclate à la municipalité française et blesse horriblement M. Sabouraud, chancelier adjoint du consulat de France, et tue deux marins.

Quelques heures après, M. Sabouraud succombe à sa blessure.

A partir de ce jour, les moments d'accalmie se firent de plus en plus rares. Le bombardement reprit et les coups devinrent de plus en plus précis. Sur la concession française, le quartier chinois était incendié, la municipalité était ravagée, le consulat criblé; pas une maison n'était épargnée.

Au moment de la rentrée à Tien-Tsin de la colonne Seymour, c'est-à-dire le 26 juin, les détachements de toutes les nations se répartissent ainsi qu'il suit :

Les Russes assurent la garde de la rive gauche du Peï-Ho et les troupes de chaque nation occupent la concession de leur pays.

Les marins français se trouvent ainsi dans la concession française, c'est-à-dire au contact même de l'ennemi, car cette concession est en flèche du côté de la ville chinoise, qui est occupée, ainsi que les forts, batteries et arsenaux, par les Boxeurs et l'armée régulière.

Les Chinois ont d'énormes approvisionnements en munitions

et depuis le 17 juin, le bombardement des Concessions ne cessera pas jusqu'à la prise de la cité chinoise.

Du côté des forces alliées, on reste sur la défensive la plus absolue, attendant l'arrivée des renforts avant de tenter un effort décisif (1).

----

(1) Je dois signaler ici que je me suis inspiré, pour les renseignements que j'ai donnés, dans cette première partie, sur l'origine et l'organisation des Boxeurs d'un article paru dans le *Gaulois* du Dimanche, signé : « Un Français », et d'un article du *Monde Illustré*, signé : Léon de Montarlot.

<h1 style="text-align:center">2e PARTIE</h1>

Formation du corps expéditionnaire du Peï-Tché-li et arrivée des renforts à Tien-Tsin. — Combats autour de Tien-Tsin. — Prise de la cité chinoise de Tien-Tsin. — Arrivée du général Frey.

Dans le courant du juin 1900, M. Doumer, gouverneur général de l'Indo-Chine, et le général Borgnis-Desbordes, commandant en chef, s'occupaient de préparer une expédition au Yunnan, rendue nécessaire par l'insolence des Chinois, qui avaient insulté M. François, notre consul à Yunnan-Sen, et qui le retenaient prisonnier dans son consulat, avec tous les Français qui se trouvaient en ce moment au Yunnan pour les études du chemin de fer.

J'avais reçu l'ordre de me tenir prêt à prendre le commandement de cette expédition, et, comme commandant du 9e régiment d'infanterie de marine, j'avais organisé deux bataillons (le 2e et le 3e), qui étaient prêts à partir au premier ordre.

Sur ces entrefaites, les affaires se compliquant dans la province de Peï-Tché-li, où la colonne Seymour venait de subir un échec retentissant, et était en retraite sur Tien-Tsin, le gouverneur général reçut l'ordre d'envoyer au contre-amiral Courrejolles, commandant en chef la division navale de l'Extrême-Orient et du Pacifique occidental, un bataillon d'infanterie de marine et une batterie d'artillerie de 80 de montagne, pris parmi les troupes de l'Indo-Chine.

Le bataillon désigné fut le bataillon Feldmann, du 11e régiment d'infanterie de marine, et la batterie Joseph. Ces deux unités, qui se trouvaient en garnison à Saïgon, furent placées sous le commandement supérieur du lieutenant-colonel Ytasse, commandant du 11e régiment d'infanterie de marine. Elles avaient la composition suivante :

1er BATAILLON DU 11e :

MM. Feldmann, chef de bataillon.
Millasseau, officier d'approvisionnements.
Carmouze, médecin de 1re classe.

1re compagnie : MM. Thierry, capitaine ; Rousseau, lieutenant ; Martin, sous-lieutenant.

2e compagnie : MM. Martin, capitaine ; Piquerez, lieutenant ; Matagne, lieutenant.

3e compagnie : MM. Hilaire, capitaine ; Saillens, lieutenant ; Louis, lieutenant.

4e compagnie : MM. Pernot, capitaine ; Ollivon et Eury, sous-lieutenants.

12e BATTERIE (80 de montagne).

MM. Joseph, capitaine en premier.
Giraud, capitaine en second.
Lacordaire, lieutenant.
Hervé, lieutenant.

Ces troupes s'embarquèrent le 19 juin sur le *Tanaïs*, des Messageries maritimes, emportant deux mois de vivres, 185 cartouches par homme et une réserve de 80.000 cartouches.

Le bateau largua ses amarres le 20 juin à 6 h. 30 du matin.

En arrivant à Tourane, on trouva le *Kersaint*, qui devait convoyer le *Tanaïs* jusqu'à Takou.

Ce bateau prit à son bord une compagnie d'infanterie et on gagna le large.

La traversée fut heureusement calme, mais la chaleur excessive et l'encombrement firent beaucoup souffrir les soldats.

Le *Tanaïs* et le *Kersaint* arrivèrent en rade de Takou le 30 juin, dans l'après-midi.

Le débarquement se fit le même jour sans incidents, à l'aide des chalands fournis par l'escadre.

A Tong-Kou, les bagages et les munitions furent débarqués à la hâte, rangés pour le mieux sur le quai, en attendant qu'on pût les diriger sur Tien-Tsin. Le bataillon Feldmann, à l'exception de la compagnie Thierry, laissée à la garde des bagages, et la batterie Joseph furent embarqués le 1er juillet, à 7 heures du matin, sur un train conduit par des soldats russes.

Les hommes portaient la couverture roulée, contenant un paletot de molleton, quatre jours de vivres et 185 cartouches dans la musette.

Le train arriva à 10 h. 30 au point où le chemin de fer était coupé, point situé à 18 kilomètres de Tien-Tsin.

Sitôt le débarquement des hommes, des animaux et du matériel opéré, le détachement se mit en route. Il pleuvait, le terrain était très glissant; la marche fut excessivement pénible, et il fallut sept heures pour arriver à Tien-Tsin.

Le lieutenant-colonel, en arrivant dans cette ville, se mit sous les ordres du capitaine de vaisseau de Marolles, commandant le *D'Entrecasteaux*, qui défendait la concession française depuis le retour de la colonne Seymour, à laquelle il avait pris part.

Le lieutenant-colonel Ytasse ne trouva à Tien-Tsin ni vivres ni munitions, et le commandant de Marolles lui dit qu'il avait juste le nécessaire pour ses marins.

Il fallut donc s'ingénier pour nourrir les détachements qu'il amenait, et, pour cela, on eut recours aux fonds de magasins des négociants européens, qui contenaient encore quelques boîtes de conserves.

Cette situation dura jusqu'à la prise de la cité chinoise; les vivres arrivaient pas petits paquets, et on utilisa, pour alimenter les hommes, les grains que l'on découvrait dans les maisons abandonnées.

La batterie d'artillerie fut logée dans les bâtiments de la douane chinoise, sur le quai, au coin de la rue Saint-Louis.

Quant au bataillon, il fut installé à l'Ecole chinoise, à la partie Nord de la concession française, en contact immédiat avec les Chinois.

Les ruines fumantes qui s'étendaient en avant du cantonnement empêchaient d'avoir la moindre vue. Sur la gauche s'étendait une plaine, coupée d'énormes trous et parsemée de maisons à moitié détruites, jusqu'au *mur en terre* et jusqu'à *l'arsenal de l'Ouest*.

Sur la droite, les ruines s'accumulaient jusqu'à la rue de France. En arrière, se trouvait la concession américaine.

Une compagnie fut logée au télégraphe chinois.

Le lieutenant-colonel Ytasse fit couvrir l'Ecole chinoise en avant par des barricades où des avant-postes furent établis, forcément trop rapprochés du cantonnement. Il fit établir un champ de tir du côté de la plaine, en abattant les murs qui gênaient la vue de ce côté.

Le flanc gauche était protégé par l'Ecole de médecine, occupée par des marins. De plus, les Anglais et les Japonais avaient établi quelques tranchées, qui reliaient la position de l'Ecole de médecine à la partie Ouest du *mur en terre*, sur lequel se trouvait un poste japonais. Les alertes continuelles, le bombardement et, par suite, le manque de sommeil, la mauvaise qualité de l'eau, la chaleur, les mouches firent éprouver de grandes souffrances aux hommes, qui montrèrent de véritables qualités de courage et d'endurance. Au moment de son arrivée à Tien-Tsin, le lieutenant-colonel Ytasse ne put avoir aucun renseignement sur la situation de l'ennemi, l'emplacement de la Cité chinoise, sa forme, l'emplacement des portes, la forme de la partie du Peï-Ho qui s'étendait au nord de la Concession, l'emplacement des batteries chinoises. Il ne possédait pas la moindre carte de la région.

Les personnes qu'on aurait cru le plus aptes à renseigner ne donnaient que des renseignements vagues, qui variaient d'un jour à l'autre.

Les quelques reconnaissances faites aux abords de l'Ecole chinoise furent d'une exécution difficile, en raison de l'amas de ruines que l'on rencontrait et du feu intense qui saluait les troupes dès qu'elles sortaient de leurs abris.

L'artillerie de montagne ne pouvait répondre efficacement à celle des Chinois, qui était d'un calibre plus fort et défilée parfaitement. Quant à l'infanterie, elle ne tirait que lorsque se produisaient des attaques. Les hommes avaient été facilement dressés à éviter toute tiraillerie inutile.

La mousqueterie chinoise balayait les rues et criblait les maisons sans qu'on vît un ennemi.

Cette situation, qui devenait critique de jour en jour, parce que l'on sentait l'audace des Chinois augmenter progressivement, dura jusqu'au 14 juillet.

A Hanoï, nous ne connaissions ce qui se passait dans la province de Peï-Tché-li que par les câblogrammes officiels de l'Agence Havas ou par les nouvelles d'origine anglaise, toujours sujettes à caution, qui arrivaient de Hong-Kong ou de Singapour.

Nous savions vaguement que l'on avait envoyé des troupes de Cochinchine à la disposition de l'amiral Courréjolles, mais nous étions loin de nous douter de l'importance de l'insurrection boxeur.

Je continuais donc, pour ma part, mes préparatifs en vue de l'expédition du Yunnan, quand le dimanche 24 juin, vers 10 heures du matin, au moment où je faisais mon rapport à la caserne du 9e régiment d'infanterie de marine, je reçus un message téléphonique du général commandant en chef m'enjoignant de venir lui parler immédiatement.

Ma première pensée, en recevant cet ordre, fut que j'étais appelé au quartier général dans le but de recevoir des instructions pour aller rejoindre les troupes qui, depuis quelque temps, se rassemblaient à Lao-Kaï pour envahir le Yunnan, et, en donnant l'ordre de faire avancer ma djinricksha (pousse-pousse), je dis à mon capitaine-major, qui se trouvait à côté de moi : « — Eh bien ! me voilà en route pour le Yunnan. »

En arrivant au quartier général, après avoir parcouru, le plus rapidement possible, le long espace qui sépare la citadelle de la Concession, je trouvai le général commandant en chef des troupes de l'Indo-Chine, miné par la maladie qui devait l'enlever trois semaines plus tard, et qui, surmontant sa faiblesse me dit :

— Mon cher colonel, vous partirez demain matin à 4 heures, avec le 1er bataillon de votre régiment, pour Takou, où vous vous mettrez à la disposition de l'amiral Courrejolles, commandant en chef la division navale ; vous trouverez là-bas un bataillon du 11e régiment d'infanterie de marine et une batterie d'artillerie de 80 de montagne sous les ordres du lieutenant-colonel Ytasse. Des instructions sont données pour qu'un autre bataillon du 11e régiment et une nouvelle batterie soient embarqués sur le *Vauban* et sur la *Caravane ;* vous trouverez ces deux bâtiments en rade d'Amoy, où ils ont l'ordre de vous attendre, et vous continuerez votre route ensemble sur Takou, où vous prendrez le commandement de toutes les troupes débarquées, qui formeront le corps expéditionnaire du Peï-Tché-Li.

Je vais écrire au gouverneur général pour lui demander de faire désigner un commissaire qui sera chargé des services administratifs, et un médecin qui sera chef du service médical du corps expéditionnaire, mais je dois vous prévenir que je ne puis vous donner aucun moyen de transport. Vous aurez donc à vous ingénier pour doter le corps expéditionnaire de tout ce dont il aura besoin sous ce rapport ; l'amiral Courrejolles mettra à votre disposition les fonds qui vous seront nécessaires à cet effet.

En ce qui concerne les munitions, je vais donner l'ordre au commandant de l'artillerie de vous délivrer tout ce dont il pourra disposer. Je vais, en outre, télégraphier au ministre pour lui demander de vous expédier directement à Takou des munitions d'infanterie et d'artillerie.

Après m'avoir donné ces instructions, suivies de quelques recommandations au sujet des relations que je devais avoir avec l'amiral Courrejolles, le général en chef, très fatigué par l'effort qu'il venait de faire, s'affaissa dans son fauteuil et ajouta :

— Allez, occupez-vous de l'organisation de votre bataillon et revenez ce soir, à 5 heures, me rendre compte de ce que vous aurez fait ; il est bien entendu que je vous donne carte blanche, et que je vous autorise à faire dans votre régiment les mutations que vous croirez nécessaires ; j'approuve d'avance tout ce que vous aurez fait à ce sujet.

Il est superflu d'exprimer toute la joie que je ressentis en apprenant ma nomination au commandement du corps expéditionnaire du Peï-Tché-Li. Je préférais de beaucoup la perspective d'aller guerroyer aux environs du Tien-Tsin, avec la possibilité d'une marche sur Péking, aux satisfactions que j'aurais éprouvées dans une expédition au Yunnan, pays pauvre et difficile.

J'avais reçu l'ordre de partir avec le 1er bataillon de mon régiment, actuellement présent à Hanoï, mais ce bataillon avait été complètement vidé pour remplir les cadres des deux bataillons qui devaient se tenir prêts à partir au premier signal.

Les compagnies de ce bataillon n'avaient plus qu'un effectif insuffisant et je dus donner des ordres pour que cet effectif fût renforcé, séance tenante, avec les hommes appartenant à deux compagnies du 2ᵉ bataillon qui, heureusement, se trouvaient à Hanoï.

Cette opération se fit dans l'après-midi du dimanche et put être menée à bien, grâce à l'activité intelligente du capitaine-major Heurtebize et à l'entrain des officiers désignés pour partir. A 4 heures, le 1ᵉʳ bataillon était constitué de la façon suivante :

MM. Brenot, chef de bataillon.
     Laurand, capitaine adjudant-major.
     Pétillot, lieutenant (officier de détail).
     Paucot, médecin de 2ᵉ classe.

1ʳᵉ compagnie : MM. Genty, capitaine ; Jagniatkowski, lieutenant ; Bouvier, sous-lieutenant.

2ᵉ compagnie : MM. Bonnabosc, capitaine ; Guillermeau, lieutenant ; Bernard, sous-lieutenant.

3ᵉ compagnie : MM. Poch, capitaine ; Thimonnier et Rondet, sous-lieutenants.

4ᵉ compagnie : MM. Verdant, capitaine ; Fabiani, lieutenant ; Garrig, sous-lieutenant.

J'avais usé largement de l'autorisation que m'avait donnée le général en chef, en prescrivant les mutations qui étaient nécessaires pour la formation du 1ᵉʳ bataillon; mais, si j'avais fait des heureux, j'avais fait aussi beaucoup de mécontents, car tous les officiers voulaient partir.

Il en était de même d'ailleurs pour les hommes de troupe; tous voulaient être désignés et leur enthousiasme était tellement violent que quatre soldats qui n'avaient pas été compris dans la formation des compagnies profitèrent, le lendemain, de la nuit qu'il faisait au moment du rassemblement du bataillon, pour se glisser dans les rangs et pour s'embarquer avec nous. Ce subterfuge ne fut connu que plus tard, à bord, au moment où on fit un appel rigoureux, et j'avoue que je n'eus pas le courage de punir ce manquement à la discipline.

Dès que le bataillon fut constitué, je donnai des ordres pour que les hommes qui en faisaient partie fussent pourvus de tous les effets nécessaires.

Je dus m'occuper ensuite de la distribution des vivres, de la solde et des munitions.

Je trouvai chez le commissaire général, M. Aristide Le Fol, le concours le plus empressé; il désigna immédiatement un jeune aide-commissaire, M. Lecomte, pour partir avec le bataillon, et donna des ordres pour que les magasins administratifs délivrassent tout ce dont je pourrais avoir besoin.

D'autre part, quoique les bureaux fussent fermés en raison du dimanche, le trésorier-payeur me fit donner tout l'argent nécessaire.

Quant au service de l'artillerie, il s'occupait de préparer les munitions, qu'il avait reçu l'ordre de faire partir avec moi.

Dès que mon bataillon eut été constitué et dès que mes ordres eurent été donnés, je me rendis chez le général commandant en chef pour lui rendre compte, ainsi qu'il me l'avait prescrit. Je le trouvai encore plus fatigué que le matin; il voulut bien approuver toutes les mesures que j'avais prises et en me serrant la main, il me dit :

— Je vous souhaite bon voyage, mon cher colonel ; je compte sur vous pour tenir haut le drapeau de la France ; si M. Pichon est encore en vie, rappelez-moi à son souvenir. Vous m'excuserez si je ne viens pas vous serrer la main au bateau, demain matin, mais vous voyez combien je suis souffrant et incapable de bouger.

J'ai omis de dire que le général en chef avait désigné, pour m'être adjoint comme officier d'ordonnance, le capitaine de Lardemelle, breveté d'état-major, ancien aide de camp du général inspecteur d'armée Hervé, et qui était arrivé au Tonkin depuis quelques mois.

Cet officier, très intelligent et parfaitement élevé, me rendit de très grands services pendant qu'il resta auprès de moi; pour le moment, il se chargea des préparatifs matériels et organisa notre future popote.

Le lendemain, à 3 h. 30 du matin, je me rendis au débarcadère des Messageries fluviales, où deux chaloupes étaient prêtes à embarquer le détachement. On avait procédé, pendant toute la nuit, au chargement des deux mois de vivres que nous emportions et des munitions que l'artillerie mettait à notre disposition.

Quelques instants après, le bataillon arrivait et embarquait avec le plus grand ordre, malgré l'obscurité. Le commandant Brenot, qui prit passage sur la chaloupe dans laquelle je me trouvais, vint me rendre compte des difficultés qu'il avait éprouvées pour le rassemblement dans la cour du quartier à une heure aussi matinale. Il avait été dans l'impossibilité de passer l'inspection préparatoire du départ.

Les deux chaloupes qui devaient nous transporter quittèrent l'appontement à 4 heures précises, et le jour se levait à peine quand, à un coude de la rivière, nous aperçûmes, pour la dernière fois, les tours de la cathédrale d'Hanoï.

Après un voyage fastidieux sur le fleuve Rouge et le canal des Bambous, nous arrivâmes, à 5 heures du soir, après avoir passé devant Haïphong, sur le Cua-Nam-Trieu, où se trouvait mouillé l'*Eridan*, des Messageries maritimes, qui devait nous transporter en Chine. Au moment où la chaloupe sur laquelle je me trouvais allait accoster l'*Eridan*, le second capitaine, en l'absence du commandant, vint à moi et me dit que rien n'était prêt à bord pour nous recevoir, qu'il n'avait, du reste, aucun ordre, et que, dans ces conditions, il croyait que nous ferions bien de retourner à Haïphong.

Je lui répondis que j'avais l'ordre de m'embarquer sur l'*Eridan* et que je le priais de nous recevoir. Le second, qui d'ailleurs était un excellent homme, très complaisant, ne fit plus aucune objection et se contenta de me déclarer qu'il lui était impossible, en ce moment, d'assurer la subsistance de 600 hommes, qu'il n'avait ni four ni fourneaux, et que son bâtiment, qui faisait son charbon, n'offrirait pas un abri très confortable aux militaires qu'il allait recevoir.

Quoique Méridional, le brave homme n'exagérait certainement pas, car je n'ai jamais vu des hommes aussi mal installés que sur ce bâtiment, tout au moins à ce moment. Le pont était encombré de colis, et une poussière de charbon épaisse, d'au moins un centimètre, recouvrait tous les objets. Les hommes ne pouvaient ni s'asseoir ni se coucher et, par-dessus le marché, il faisait une chaleur torride.

Je dus prescrire que les hommes consommeraient, à partir du lendemain, les vivres de réserve que je leur avais heureusement fait distribuer avant le départ d'Hanoï.

Pendant les deux premiers jours, les fours fonctionnent mal, par suite de l'inexpérience des boulangers indigènes, embarqués à la dernière minute. Les hommes sont donc obligés de consommer du biscuit.

Si les conditions d'installation sont aussi défectueuses que possible, nous avons, par contre, la chance inespérée de trouver une mer très calme, et nous traversons le détroit de Haï-Nan sans être secoués, ce qui est excessivement rare.

Nous aurons, du reste, une traversée délicieuse jusqu'à Takou.

Le 1er juillet, à 11 heures du matin, nous arrivons en rade d'Amoy, où nous trouvons la *Caravane* et le *Vauban*, qui nous attendent pour convoyer jusqu'à Takou.

La *Caravane*, transport de l'Etat, a à bord un bataillon du 11e régiment d'infanterie de marine commandé par le chef de bataillon Roux. C'est ce malheureux bateau qui, abordé par un bâtiment japonais, sera coulé dans la mer intérieur du Japon, dans les premiers jours d'octobre, quelques mois plus tard.

Le bataillon Roux était composé de la façon suivante :

> MM. Roux, chef de bataillon.
> Bouet, capitaine adjudant-major.
> Fortoul, médecin principal.

1re compagnie : MM. Legrand, capitaine ; Fabre, lieutenant.

2e compagnie : MM. Lionnet, capitaine ; Baudon, lieutenant.

3e compagnie : MM. Marty, capitaine ; Lacoste, lieutenant.

4e compagnie : MM. Génin, capitaine ; Favard, lieutenant.

En raison de la pénurie des cadres du 11e régiment, le bataillon n'avait que deux officiers par compagnie.

Le *Vauban*, cuirassé de croisière, transporte la 13ᵉ batterie d'artillerie de marine (capitaine commandant Julien). Ce bâtiment, qui a de l'artillerie, est chargé de nous protéger dans le cas, peu probable d'ailleurs, où nous rencontrerions quelque bâtiment de guerre chinois.

La 13ᵉ batterie (80 de montagne) avait la composition suivante :

> MM. Julien, capitaine commandant.
> Bianchi, capitaine en second.
> De Battisti, lieutenant.
> Lefèvre, lieutenant.

Notre petite escadre appareille le 2 juillet, à 11 heures du matin, et met le cap sur Takou, où elle arrive le 7 juillet à 11 h. 30 du matin.

Rien ne saurait donner une idée de l'aspect grandiose que présente la rade de Takou en ce moment. Presque toutes les marines du monde y sont représentées, et plusieurs d'entre elles, l'Angleterre, les Etats-Unis, le Japon, la Russie, par des forces très respectables.

La France a sur rade cinq bâtiments de guerre d'une valeur militaire passable (le *D'Entrecasteaux*, le *Jean-Bart*, le *Pascal*, le *Descartes* et la *Surprise)* et deux canonnières (l'*Alouette* et le *Bengali*) qui servent à faire le va-et-vient pour le transport des troupes entre la rade et la terre. Avec les trois bâtiments qui viennent d'arriver, cela fait un total de 10 navires battant pavillon français. A peine notre bateau est-il mouillé qu'il est entouré d'embarcations qui nous donnent des renseignements sur ce qui se passe au Peï-Tché-Li.

Au moment de notre départ du Tonkin, nous savions déjà que les Boxeurs étaient maîtres de Péking et qu'ils mettaient la ville à feu et à sang; qu'ils avaient assassiné, le 11 juin, le chancelier de la légation du Japon; qu'ils avaient attaqué la mission française du Pé-Tang, où ils tenaient assiégés Mgr Favier, évêque de Péking, plusieurs missionnaires et une quantité de Chinois chrétiens; que les légations de Péking étaient assiégées depuis le 19 juin, et que l'on était très inquiet sur leur sort.

En arrivant à Takou, nous apprenons que les sièges des légations et du Pé-Tang durent encore, que le ministre d'Allemagne, le baron de Ketteler, a été tué par des soldats chinois le 20 juin, en se rendant au Tsong-li-Yamen, que l'interprète qui l'accompagnait a été blessé, que la colonne internationale commandée par l'amiral Seymour, qui était partie de Tien-Tsin le 10 juin, dans le but d'aller au secours des légations de Péking, dont on redoutait déjà l'attaque, n'avait pu arriver jusqu'à la capitale, et qu'elle avait été obligée de rentrer le 26 juin à Tien-Tsin, après une retraite des plus pénibles.

On nous raconte encore que, depuis le 15 juin environ, les Boxeurs sont maîtres de la ville chinoise de Tien-Tsin et de ses immenses faubourgs, et que, depuis ce moment, ils ne cessent de harceler les concessions européennes, surtout la concession française, qui continuait, sans limite de démarcation, les faubourgs de la ville chinoise.

Nous apprenons également la prise des forts de Takou, à laquelle la canonnière française *le Lion* a pris part.

Tous ces détails, racontés par les uns et par les autres, nous permettent de constater que la situation est grave et que nous arrivons très à propos pour prendre part, d'une façon active, aux opérations militaires.

Quelques instants après le mouillage, je me rendis, accompagné de mon officier d'ordonnance, le capitaine de Lardemelle, à bord du *D'Entrecasteaux*, pour me présenter au contre-amiral Courrejolles, commandant en chef la division navale, sous les ordres duquel j'étais placé, et pour prendre ses instructions.

L'amiral me reçut d'une façon charmante et me mit tout de suite au courant de la situation.

— Toute la province du Peï-Tché-Li est en insurrection, me dit-il ; les légations et la mission du Pé-Tang sont toujours assiégées, et nous n'avons que des nouvelles assez anciennes. Une armée chinoise assiège les concessions européennes de Tien-Tsin. Notre rôle doit consister, en ce moment, à nous maintenir dans les concessions ; il ne peut pas être question d'opérations militaires.

Les amiraux, dans une réunion qui a eu lieu hier, ont estimé qu'il fallait au moins 60.000 hommes pour aller à Péking ; ils ont rendu compte à leurs gouvernements et ont demandé des renforts.

Vous partirez demain pour Tien-Tsin avec le bataillon que vous avez amené sur l'*Eridan*. Une canonnière vous débarquera à Tong-kou, où vous trouverez un de mes aides de camp, le lieutenant de vaisseau Fatou, qui vous donnera les moyens de vous rendre à destination. A Tien-Tsin, vous prendrez le commandement du corps expéditionnaire qui est exercé actuellement par le capitaine de vaisseau de Marolles, commandant du *D'Entrecasteaux*, qui rejoindra son bord. Jusqu'ici, les troupes françaises stationnées à Tien-Tsin étaient à la disposition du général russe Stessel. J'estime que cette situation doit cesser, et vous direz, de ma part, à cet officier général que, dorénavant, vous reprenez toute votre liberté d'action.

Je n'insiste pas sur la nécessité qui s'impose de conserver une entente parfaite avec les chefs des troupes des autres puissances.

Je vous enverrai le bataillon embarqué sur la *Caravane* et la batterie embarquée sur le *Vauban* dès que je pourrai faire débarquer ces unités.

Il en sera de même pour vos approvisionnements.

Laissez votre commissaire, M. Lecomte, sur l'*Eridan* ; il surveillera le débarquement. Vous trouverez à Tien-Tsin un sous-commissaire de l'escadre qui sera chargé, en attendant, des services administratifs.

Le chef d'escadron Vidal, attaché militaire en Chine, qui se trouve à Tien-Tsin, remplira auprès de vous les fonctions de chef d'état-major. Je mets également à votre disposition le capitaine Guillaumat, de l'état-major de l'Indo-Chine, qui se trouvait en mission en Chine au moment où les événements ont pris la tournure actuelle.

Il est bien entendu que je vous laisse entièrement libre pour les opérations militaires. Vous agirez pour le mieux et vous me rendrez compte de ce qui se passera autour de vous. De mon côté, je ferai tous mes efforts pour vous procurer tout ce dont vous aurez besoin.

Lorsque l'amiral eût fini de me donner ses instructions, je lui fis part de mon désir de voir installer, au point de débarquement, une base de ravitaillement où seraient emmagasinés les approvisionnements et où nous organiserions une ambulance d'évacuation.

L'amiral me répondit alors que la chose était impossible, parce qu'il n'existait pas, à Takou, de bâtiments susceptibles d'être employés à cet usage. A ce moment, je compris combien il était regrettable que les Français ne se soient pas installés dans un des forts chinois de Takou, où nous aurions pu établir une base d'opérations sérieuse.

Notre entretien étant terminé, je pris congé de l'amiral, qui eut l'amabilité de m'inviter à dîner pour le soir, avec mon officier d'ordonnance.

Je rentrai alors sur l'*Eridan*, où je donnai mes ordres pour le débarquement, qui devait avoir lieu le lendemain.

Je fis avertir, en même temps, le commandant Roux et le capitaine Julien qu'ils recevraient ultérieurement des ordres pour leur débarquement.

Avant de quitter l'*Eridan*, je fis communiquer aux troupes l'ordre général n° 1 dont le texte est ci-dessous :

ORDRE GÉNÉRAL N° 1.

Officiers, sous-officiers, caporaux,
   brigadiers et soldats,

Au moment de prendre le commandement du corps expéditionnaire du Peï-Tché-Li, qui m'a été confié par le général commandant en chef les troupes de l'Indo-Chine, je tiens à vous dire combien je suis fier de l'honneur qui m'est fait et à vous exprimer toute la confiance que j'ai dans votre valeur.

Vous allez être appelés à combattre avec les troupes des principales armées du monde entier. N'oubliez pas que vous représentez la France, et que le soldat français a toujours été le premier parmi les plus braves. Vous avez encore à montrer à l'armée de terre, dans laquelle vous allez être prochainement incorporés, que les troupes de la marine ne le cèdent en rien aux meilleures troupes, et qu'elles apportent avec elles un large tribut de gloire.

Vous vous devez à vous-mêmes de jeter un dernier reflet d'héroïsme, au moment où ils vont disparaître, sur les noms d'infanterie et d'artillerie de marine, qui ont été illustrés dans toutes les parties du monde.

Les vertus du soldat sont le courage, la fermeté de caractère, la discipline, la tenue, la confiance en ses chefs. Le courage et la fermeté de caractère sont l'apanage du soldat français : nous n'en parlerons donc pas. Je ne saurais trop vous recommander la discipline et la tenue ; nous allons nous trouver sous les yeux de soldats étrangers renommés pour ces vertus. Je suis sûr que vous tiendrez à honneur de les imiter.

La confiance dans les chefs ne s'impose pas ; vous les verrez à l'œuvre et vous les imiterez.

Je compte sur vous d'une façon absolue ; de votre côté, soyez certains que toute ma sollicitude vous est acquise.

Rade de Takou, le 7 juillet 1900.

Le Colonel commandant le corps expéditionnaire
du Peï-T'ché-Li,

Signé : DE PÉLACOT.

Le lendemain à 6 heures du matin, le *Bengali* (commandant Fitte, lieutenant de vaisseau) vint accoster l'*Eridan* et le transbordement du bataillon Brenot s'effectua avec une certaine difficulté, en raison d'une houle assez forte qui rendait l'opération délicate, sinon dangereuse.

A 8 heures, les 600 hommes du bataillon étaient entassés à bord du *Bengali*, qui, larguant ses amarres, prit la direction de Takou.

Le mouillage des gros bateaux est distant de 12 milles de la terre et il faut traverser, pour entrer dans le Peï-Ho, une barre qui n'est maniable qu'à marée haute. Encore faut-il bien connaître le chenal, qui est excessivement étroit.

Nous eûmes la bonne chance de traverser cette barre sans talonner, et, à 10 heures, nous entrions dans le Peï-Ho, en laissant à droite et à gauche les forts de Takou, qui ont un développement considérable et qui, formidablement armés, auraient dû résister aux attaques des cinq canonnières étrangères qui étaient mouillées entre Takou et Tongkou et qui auraient alors été prises comme dans une souricière.

Nous eûmes un gros serrement de cœur en voyant que tous les pavillons étrangers flottaient sur ces forts et que le pavillon français seul était absent.

· Nous continuons à avancer dans le fleuve, sur lequel flottent des quantités de remorqueurs ou de chalands, portant les couleurs de toutes les nations.

Sur les deux rives, nous apercevons des ruines de villes et de villages, au milieu desquelles se trouvent encore des bâtiments qui auraient pû être utilisés par nous pour servir de magasins ou d'ambulances.

Au bout d'une heure de navigation sur ce fleuve aux eaux empestées, nous arrivons à Tongkou où nous accostons à l'appontements avec de grandes difficultés, car, à ce moment même, une batterie d'artillerie russe débarque son matériel et encombre tout le quai de débarquement. Le lieutenant de vaisseau Fatou, qui représente seul la France en ce lieu, vient très aimablement me saluer et se mettre à ma disposition; malheureusement, il n'a aucun abri à m'offrir pour mes hommes, qui souffrent atrocement de la chaleur.

M. Fatou m'expose la difficulté de sa situation : les quelques bâtiments utilisables qui existent à la station de Tongkou ont été saisis par les Russes, qui ont également accaparé le chemin de fer, qu'ils ont réparé tant bien que mal et qu'ils exploitent jusqu'à 18 kilomètres de Tien-Tsin. A partir de ce point, par suite de la rupture de la ligne, il faut se rendre à Tien-Tsin à pied, en suivant un chemin très difficile.

L'aide de camp de l'amiral s'excuse de ne pouvoir nous recevoir, mais il me dit qu'il n'a même pas pu trouver une maison pour lui, et qu'il a été obligé de demander l'hospitalité à un jeune officier russe, qui lui a offert une petite place dans sa chambre.

En attendant qu'il m'indique comment nous pourrons partir pour Tien-Tsin, je fais former les faisceaux au bataillon Brenot, dans un terrain vague, à côté de la gare.

Au bout d'un instant, M. Fatou vient me dire qu'un train pourra emmener 500 hommes à 2 heures, mais il me demande de faire laisser les sacs à Tongkou, car le chemin du point de débarquement à Tien-Tsin est très mauvais. Le bataillon Feldmann a eu toutes les peines du monde à franchir cette distance, il y a quelques jours.

Les 100 hommes que le chemin de fer ne pourra emporter partiront le soir, à 6 heures, sur des canots remorqués par les chaloupes à vapeur de l'escadre. Je partirai avec ces derniers.

Cette perspective d'abandonner les sacs en plein air ne me plaisait pas beaucoup, et j'avoue que je faisais, *in petto*, de tristes réflexions sur le début de cette campagne.

J'ordonne donc, bien à contre-cœur, de retirer les vivres et les cartouches qui seront emportés dans la musette et de placer les sacs en tas, et je fais rester à Tongkou quelques hommes pour les garder.

Après avoir présidé à l'embarquement en chemin de fer de mes 500 hommes, je me promène quelques instants sur le quai, malgré la chaleur et la fatigue.

Je ne pouvais me lasser du spectacle étrange auquel on assistait.

A chaque instant, des troupes de nationalités diverses y débarquaient, et l'on rencontrait, à chaque pas, des soldats russes, anglais, américains et japonais. Quelques matelots allemands, quelques marins italiens circulaient également sur le quai, transformé en véritable tour de Babel.

A 6 heures du soir, les canots et les chaloupes à vapeur de l'escadre étant arrivés en nombre suffisant, je fais embarquer les 100 hommes qui restent; je m'embarque moi-même dans la chaloupe à vapeur du *D'Entrecasteaux*, et je donne l'ordre de pousser.

Notre convoi se compose de trois chaloupes à vapeur remorquant chacune deux canots. Les hommes sont entassés dans ces canots et sont si serrés qu'ils ne peuvent remuer.

Nous commençons alors sur le Peï-Ho, aux eaux empestées par les cadavres, ce voyage qui doit durer dix heures mortelles. Les patrons de nos embarcations ne connaissent pas la rivière, qui fait de nombreux lacets. Il en résulte de fréquents échouages, qui rendent ce voyage interminable. Pendant cette nuit sans sommeil, nous entendons la fusillade dans la direction de Tien-Tsin et nous voyons des incendies à l'horizon.

Le jour se lève enfin, et au bruit des coups de fusil se mêle la voix plus grave du canon. Nous approchons de Tien-Tsin, dont nous apercevons déjà quelques hautes maisons.

Pour le moment, le Peï-Ho coule entre deux immenses villages, dont il ne reste plus que des ruines.

Quelques instants après, nous sommes arrêtés par un pont de bateaux, et il nous faut attendre que des matelots russes viennent ouvrir la portière. Ce pont a été construit à l'extrémité Sud des concessions européennes; il fait communiquer ces dernières avec le camp russe, qui est installé sur la rive gauche du Peï-Ho et qui occupe l'ancienne Ecole militaire chinoise.

Nous longeons ensuite les quais de la concession anglaise, qui est installée sur la rive droite. Nous apercevons de belles maisons et d'immenses magasins, mais nous constatons que plusieurs de ces constructions ont été incendiées.

Le village chinois qui lui fait face sur la rive gauche a été complètement brûlé, et il n'en reste plus que des pans de mur.

Encore un pont de bateaux à traverser, et nous pourrons apercevoir la concession française.

Ce pont de bateaux est gardé par des Japonais, qui mettent un temps infini à ouvrir la portière.

Nous passons enfin, et nous avons la satisfaction d'apercevoir le pavillon français sur une embarcation amarrée au quai.

Nous nous dirigeons vers cette embarcation, et nous arrivons enfin. Il est 4 heures. La chaloupe aussitôt accostée, je saute à terre, suivi par le capitaine de Lardemelle; mais à peine avons-nous posé le pied sur le sol qu'un obus tombe à côté de nous, éclate et coupe le bras à un matelot. Nous n'avons heureusement aucun mal, le capitaine de Lardemelle et moi, mais nous ne pouvons nous empêcher de trouver peu banale cette façon de nous souhaiter la bienvenue.

La chaloupe et les canots à la remorque, étant en contre-bas du quai, ne risquent pas trop d'être atteints par les projectiles. Je donne l'ordre aux hommes qui sont embarqués de rester assis.

Sur ces entrefaites, le lieutenant de vaisseau Ronarc'h, officier d'ordonnance du commandant de Marolles, se présente à moi, excuse le commandant, qui, avec la batterie Joseph, prend part à une attaque contre l'arsenal de l'Ouest faite par les Anglais et les Japonais, et me dit que le bataillon que j'amène pourra se loger dans des magasins mis à notre disposition par un commerçant français, M. Philippot. Ces magasins sont justement en face, et nous n'avons qu'à traverser le quai.

Je vais aussitôt reconnaître ces magasins, qui sont assez vastes et qui pourront bien abriter mes 600 hommes, et je donne immédiatement l'ordre aux hommes arrivés avec moi de prendre possession de leur cantonnement.

Au moment où mes ordres reçoivent leur exécution, le groupe de bâtiments qui constitue la propriété de M. Philippot est criblé d'obus.

Ces bâtiments se trouvent le long de la rue du Consulat, et le magasin que je choisis pour loger le bataillon Brenot est suffisamment abrité par l'hôtel du consul, qui forme masse couvrante. C'est heureux, car, dans cette matinée, les Chinois font pleuvoir sur le consulat et les maisons voisines une grêle d'obus. Le magasin choisi par moi n'est pas atteint, mais les autres bâtiments de M. Philippot ont leurs toits et leurs murs crevés.

Si le bataillon entier était arrivé en même temps que nous, il y aurait eu certainement beaucoup de victimes pendant ce bombardement, qui dura jusqu'à 9 heures du matin, parce que les 600 hommes qui composaient ce bataillon se seraient forcément répandus dans les cours qui avoisinent leur cantonnement.

Les 500 hommes qui ont pris le chemin de fer à Tong-Kou arrivent vers 10 heures, après avoir couché en route à la belle étoile, et trouvent leur cantonnement préparé.

Nous voici donc à Tien-Tsin le 9 juillet au matin. Que s'y passe-t-il ?

Le capitaine de vaisseau de Marolles arrive vers les 8 heures et me met au courant de la situation.

Le bombardement des concessions de Tién-Tsin a commencé le 17 juin, et depuis ce moment il a continué à peu près sans interruption.

Dans le commencement, c'étaient les Russes qui défendaient la concession française, aidés par une centaine de marins envoyés par l'amiral Courrejolles. Depuis le retour de la colonne Seymour, les Russes se sont retirés sur la rive gauche du Peï-Ho, et ce sont les matelots français qui ont assuré la défense de la concession jusqu'à l'arrivée du bataillon et de la batterie amenés par le lieutenant-colonel Ytasse.

A partir du 3 juillet, le bombardement prend une précision qui cause de très sérieuses pertes. A la gare, les combats se succèdent nuit et jour; les canons chinois tuent et blessent beaucoup de monde dans les tranchées; malheureusement, l'artillerie dont nous disposons est trop faible pour faire taire celle de l'ennemi et a beaucoup de peine à manœuvrer sur ce terrain, hérissé d'obstacles et de maisons. Le 3, il y eut 6 tués et 30 blessés à la gare seulement; le 4, les pertes françaises seules furent de 2 tués, dont le capitaine Hilaire, et 7 blessés; le 5 juillet, combat d'artillerie très vif; le 6 juillet, canonnade chinoise de grand matin, à laquelle la batterie de montagne française répond, le soir, en envoyant 56 obus à la mélinite sur la ville chinoise.

Le 7 juillet, violente attaque contre la concession française, à minuit; une autre à 3 heures du matin à la gare, suivie d'une canonnade qui dure jusqu'à 2 heures de l'après-midi.

Pendant la journée du 8, les commandants des détachements étrangers décident que, le lendemain, une colonne anglo-japonaise attaquera l'arsenal de l'Ouest.

Le commandant de Marolles m'explique que l'opération résolue a commencé le matin même au jour et que la batterie Joseph y prend part en bombardant l'arsenal. Il m'offre de venir me rendre compte par moi-même de la situation, et nous allons ensemble à l'emplacement occupé par l'artillerie, c'est-à-dire à l'extrémité de la rue Saint-Louis, près de Temperance-Hall, à la limite de la concession française et de la concession anglaise.

Nous montons sur le toit d'une maison voisine, et nous voyons flamber l'arsenal de l'Ouest, que la colonne anglo-japonaise abandonne, après s'en être emparée sans grandes pertes et y avoir mis le feu. Au cours de cet engagement, la cavalerie japonaise a fait une charge très efficace sur de gros rassemblements de Boxeurs et de réguliers qui se trouvaient au Champ de courses.

L'artillerie envoie encore quelques obus sur la cité chinoise, puis rentre à son cantonnement.

Le bataillon Feldmann n'a pas pris part à l'opération; il s'est contenté d'assurer la garde de la concession française et de se tenir tout entier sous les armes pendant l'engagement.

Cette petite opération de la prise de l'arsenal de l'Ouest, que l'on abandonne après l'avoir incendié, ne mène pas à grand'chose. Il faudrait se donner un peu d'air; malheureusement, tout mouvement en avant, qui nécessite une action combinée de toutes les forces européennes, est retardé par suite des divergences de vues des différents chefs militaires, tous indépendants les uns des autres.

Les Russes, après avoir sauvé Tien-Tsin pendant les premiers jours du siège et s'être emparés du grand arsenal de l'Est, semblent décidés à ne pas agir en ce moment. On donne de cette inaction la raison suivante : le général russe Stessel attendràit l'arrivée de l'amiral Alexeïeff, nommé commandant des forces russes, qu'on annonce chaque jour.

Les autres commandants sont à peu près d'accord sur la nécessité, maintenant que la garnison internationale est plus forte, de s'étendre et de reporter nos lignes plus en avant, afin de mettre les concessions, où sont casernées les troupes, à l'abri de la grêle de balles perdues qui rend la circulation dans les rues très dangereuse; mais, leurs effectifs étant insuffisants, ils ne peuvent agir seuls.

Pendant ce temps, les troupes étrangères entassées dans les concessions manquant de vivres, manquant d'eau — le Peï-Ho étant empoisonné par les cadavres — sont logées dans des conditions antihygièniques, qu'aggrave encore la saison des pluies, commencée depuis quelques jours. La ligne du chemin de fer entre Takou et Tien-Tsin étant détruite, les communications avec la mer se font par des remorqueurs anglais, allemands, russes et américains et par une petite chaloupe à vapeur que le consul de France à Tien-Tsin s'est procurée et avec laquelle nos troupes sont ravitaillées.

En rentrant à mon cantonnement, je rencontre les 500 hommes du bataillon Brenot qui sont partis la veille de Tongkou en chemin de fer et qui arrivent en traversant la concession anglaise.

De retour à la maison Philippot, le commandant de Marolles m'offre d'aller me présenter à notre consul général, le comte du Chaylard, qui, pendant tout le siège, a donné l'exemple du courage, du sang-froid, de l'énergie et de l'entrain.

Nous nous rendons au consulat en traversant des murs dans lesquels on a pratiqué des brèches pour communiquer dans l'intérieur de la concession, car il est dangereux de circuler sur le quai, qui est constamment balayé par les obus et par les balles des maraudeurs chinois, qui se faufilent derrière les tas de sel situés sur la rive gauche du Peï-Ho, vis-à-vis de la concession française.

Le comte du Chaylard me fait un accueil des plus empressés et me souhaite la bienvenue dans cette concession française dont il était si fier avant les événements actuels et qui, pour le moment, est dans un état lamentable.

Je trouve au consulat le baron d'Anthouard, premier secrétaire à la légation de France, qui se trouvait au Japon au moment où les événements se sont précipités et qui est arrivé à Tien-Tsin trop tard pour rejoindre son poste.

Il s'est réfugié au consulat avec sa jeune femme, ma charmante compatriote, qui, pendant tout le siège, est restée dans cet hôtel, qui servait de cible aux Chinois et qui était journellement criblé d'obus, donnant ainsi un exemple de crânerie rare chez une femme et répandant autour d'elle une atmosphère de gaieté et de bonne humeur qui nous réconfortait tous. Plus tard, quand la cité chinoise fut prise, Mme d'Anthouard se dévoua au soulagement des malades et des blessés et passa la plus grande partie de ses journées à l'hôpital, où elle apporta une aide utile aux bonnes sœurs, qui étaient débordées.

Quelques instants après mon retour au cantonnement, je reçois la visite du lieutenant-colonel Ytasse, qui, absorbé depuis le matin par la démonstration faite par les troupes françaises pendant l'attaque de l'arsenal de l'Ouest, n'a pu encore venir me saluer.

Cet officier supérieur me met, en quelques mots, au courant de la situation de son détachement, qui, depuis son arrivée, n'a pas eu un instant de repos et qui, obligé de repousser, jour et nuit, les attaques que les Chinois prononcent contre la barricade construite sur la route de Takou et de défendre la gare, a déjà subi des pertes sérieuses et commence à être sur les dents.

Il est entendu avec le commandant de Marolles que nous irons, dans l'après-midi, visiter le cantonnement du bataillon Feldmann et que nous irons ensuite faire une visite aux commandants des troupes étrangères, auxquels je serai présenté comme le nouveau commandant des troupes françaises.

Le bataillon Feldmann est cantonné à l'extrémité de la route de Takou (Taku-Road), près de la concession américaine, dans les bâtiments de l'Ecole chinoise, situés vis-à-vis de l'Ecole de médecine et de l'Hôpital chinois, qui sont eux-mêmes occupés par un détachement de marins et par quelques soldats d'infanterie de marine. Le bataillon garde une forte barricade, qui a été construite pour couper la route, et se trouve en contact immédiat avec les Chinois, qui, se faufilant derrière les ruines du faubourg incendié, viennent tirer à bout portant sur les défenseurs de cet ouvrage.

Les marins et les soldats qui occupent l'Hôpital chinois et l'Ecole de médecine sont placés aux étages supérieurs de ces monuments et surveillent la plaine qui s'étend, à leurs pieds, jusqu'à l'arsenal de l'Ouest.

Le bataillon Feldmann est obligé, depuis son arrivée, de fournir un service écrasant : tous les jours, une compagnie est envoyée à la gare pour assurer la garde de ce point important, en collaboration avec 100 Anglais et 100 Japonais.

Une seconde compagnie, dont la partie principale est installée au télégraphe chinois, envoie des petits postes pour garder les retranchements construits le long des quais, au débouché des rues principales.

Il ne reste donc que deux compagnies pour défendre la barricade de la route de Takou et garder le cantonnement.

En quittant l'Ecole de médecine, nous nous dirigeons, le commandant de Marolles et moi, vers les concessions étrangères pour faire notre visite aux différents commandants des détachements. Le premier que nous rencontrons est le vice-amiral sir Edward Seymour, l'ex-commandant de la colonne, qui, après avoir essayé de débloquer les légations de Péking, fut obligé de battre en retraite sur Tien-Tsin et qui, sans le secours du régiment russe envoyé au-devant d'elle à Tsi-Kou, aurait probablement été détruite, avant d'arriver dans les Concessions.

L'amiral a une physionomie fine et distinguée et n'a rien de la raideur britannique.

Il nous reçoit très aimablement et trouve le moyen de nous dire, d'une façon délicate, des paroles très flatteuses à l'adresse des matelots français qui ont combattu sous ses ordres.

Nous allons ensuite chez le général Dorward, dont l'aspect martial tranche sur le type ordinaire de l'officier anglais.

Le général Fukushima, que nous voyons ensuite, est un petit homme, Japonais des pieds à la tête, mais d'une amabilité extrême. Ses yeux pétillent d'intelligence.

J'ai pu apprécier, par la suite, la haute valeur du général

Fukushima, et c'est à l'entente absolue qui a existé entre lui et moi, le 13 juillet, qu'est dû le succès de l'attaque prononcée par les troupes alliées contre la cité chinoise, sur la rive droite du Peï-Ho.

Je conserve de cet officier général et des relations courtoises que j'ai eues avec lui, pendant toute la durée de mon commandement, le plus agréable souvenir.

En sortant de chez le général Fukushima, nous nous rendons chez le capitaine de vaisseau von Usedom, commandant de la *Hertha*, qui est à la tête du détachement peu nombreux des marins allemands actuellement à Tien-Tsin. Le commandant von Usedom a des yeux bleus très doux et a la carrure allemande. Il est fort aimable, surtout pour le commandant de Marolles, avec lequel il a fait partie de la colonne Seymour.

Nous allons ensuite chez le lieutenant de vaisseau von Trotha, commandant du détachement autrichien, et chez le lieutenant de vaisseau Sirianni, commandant le détachement italien. Nous laissons nos cartes chez ces messieurs, que nous ne rencontrons pas, puis nous nous dirigeons vers la maison habitée par le colonel Liscum, commandant des forces américaines, qui devait être tué quatre jours après, le 13 juillet, à l'attaque de la cité chinoise de Tien-Tsin. Nous ne rencontrons pas cet officier supérieur.

Au cours de ces visites, nous avons parcouru dans tous les sens les concessions étrangères et en particulier la concession anglaise, et nous avons pu constater que, si cette dernière a reçu quelques obus, elle est loin d'avoir souffert autant que la concession française, qui, dans la partie nord, n'offre plus qu'un monceau de ruines.

La soirée de cette journée du 9, la première de mon séjour à Tien-Tsin, se termine par un bombardement sérieux; mais la nuit est relativement tranquille, et les défenseurs de Tien-Tsin peuvent prendre un repos réparateur.

La journée du lendemain 10 est également assez calme. Nous en profitons pour nous installer, tant bien que mal. Jusqu'ici, nos troupes n'avaient eu comme boisson que l'eau du Peï-Ho, empoisonnée par les cadavres. Ayant appris qu'il existait sur la concession anglaise une usine à filtrer, je donne l'ordre à mon commissaire de passer avec le directeur de cette usine un marché, coûte que coûte, pour avoir une prise d'eau filtrée sur la concession française.

Ce résultat obtenu, je donne l'ordre de ne boire cette eau qu'après l'avoir fait bouillir.

Dans l'après-midi, nous décidons, le commandant de Marolles et moi, d'aller faire une visite au vice-amiral Alexeïeff et au général Stessel, qui sont installés au camp russe, situé à 2 kilomètres environ, sur la rive gauche du Peï-Ho.

A 5 heures, nous montons à cheval, et nous emmenons avec nous, comme interprète, le lieutenant Jagniatkowski, du bataillon Brenot, ancien officier du génie russe, qui s'est fait naturaliser Français après avoir servi à la légion étrangère.

Au moment où nous arrivons sur la rive gauche, après avoir traversé le pont russe, nous rencontrons la batterie Julien, de l'artillerie de marine, qui arrive à pied depuis le point terminus du chemin de fer de Takou. Le capitaine vient aussitôt me rendre compte des souffrances que ses hommes ont eu à supporter par suite de la chaleur. Ils ont eu à faire 18 kilomètres à pied sur un terrain complètement dénudé, et plusieurs cas d'insolation, dont un suivi de mort, se sont produits. Un poste cosaque, rencontré sur la route, s'est chargé de l'inhumation de cette malheureuse victime, après lui avoir rendu les honneurs militaires.

Nous continuons notre chemin dans la direction du camp russe, et, après avoir traversé l'Ecole militaire chinoise et le *mur en terre*, nous apercevons les tentes, qui couvrent un espace assez étendu.

Un officier, que nous rencontrons, veut bien nous conduire à la tente du général Stessel, que nous trouvons en conférence avec d'autres officiers. Le commandant de Marolles, après m'avoir présenté au général, lui explique que je viens prendre le commandement du corps expéditionnaire français, et que, par ordre de l'amiral Courrejolles, je ne suis plus placé sous ses ordres. Je me hâte de compléter les paroles du commandant de Marolles, en ajoutant que je me ferai un devoir, lorsque la chose sera possible, de participer aux opérations que les Russes entreprendront et de me placer alors sous les ordres du général.

Le général Stessel, qui ne comprend pas le français, nous fait alors répondre qu'il sera toujours heureux de collaborer en compagnie des Français à l'œuvre commune, et il me demande le concours d'une batterie française pour une démonstration importante que les Russes veulent faire le lendemain à l'est de la ville chinoise.

Le général Stessel est un homme très vigoureux, d'un tempérament sanguin. Il a l'aspect brusque et n'a nullement l'apparence d'un officier de salon. Il a passé, je crois, la plus grande partie de sa carrière en Sibérie, et ses officiers le considèrent comme le type du vrai troupier.

L'amiral Alexeïeff, chez lequel nous nous rendons ensuite, nous reçoit comme un grand seigneur, dans une très grande tente bien aménagée, avec une table dans toute sa longueur, et, après nous avoir offert du champagne frappé, nous dit les choses les plus aimables sur la France, sur sa marine et sur son armée.

L'amiral Alexeïeff a été, je crois, attaché naval à Paris; dans tous les cas, il parle très bien le français.

Il est de taille moyenne, un peu fort et a une physionomie des plus fines. C'est un gros personnage, car il est en même temps commandant en chef des troupes du Kwantung et des forces navales russes en Extrême-Orient. Nous espérons que son arrivée, qui a eu lieu la veille seulement, va précipiter les choses, et que nous pourrons refouler un peu les Chinois, qui nous rendent l'existence par trop pénible.

L'amiral Alexeïeff a auprès de lui un homme remarquable comme polyglotte. M. Korostovetz (fonctionnaire diplomatique près le chef supérieur du Kwantung) parle couramment le français, l'anglais et l'allemand. C'est, en outre, un homme très courtois et très distingué.

En sortant de la tente de l'amiral, nous trouvons beaucoup d'officiers russes, qui examinent nos petits chevaux annamites et admirent beaucoup leurs formes irréprochables.

Après avoir pris congé des officiers russes, qui nous accompagnent jusqu'à la limite du camp, nous rentrons à Tien-Tsin, où je trouve le capitaine Julien occupé à installer sa batterie auprès de la batterie Joseph, qui est cantonnée à l'hôtel des douanes chinoises à côté de la maison Philippot.

Pour me conformer au désir du général Stessel, je donne l'ordre au capitaine Joseph de se trouver à minuit avec sa batterie à l'entrée ouest du camp russe et de se mettre à la disposition du général.

La journée du 10 se termine sans incident; mais, à 3 heures du matin, nous sommes éveillés par une fusillade et une canonnade terribles, venant du côté de la gare. Après avoir rassemblé tout mon monde, j'envoie aux renseignements, et j'apprends que les Chinois prononcent une attaque violente sur la gare. Les détachements français, anglais et japonais qui la gardent souffrent beaucoup du feu de l'artillerie, qui enfile les tranchées, dans lesquelles ils sont installés.

Les Chinois s'approchent en si grand nombre que le capitaine Genty, qui commande la compagnie française, m'envoie une demande urgente de renforts. J'envoie deux compagnies sous les ordres du commandant Brenot.

Au moment où ces compagnies arrivent, la situation est un peu meilleure; les Japonais, par une charge à la baïonnette sur le flanc des Chinois, qui se sont approchés à 100 mètres des tranchées, ont dégagé les Français, qui ont complété la déroute de l'ennemi en tirant des feux de salve.

Cette affaire, qui a duré jusqu'à 9 heures du matin, a coûté aux Français seuls 13 tués ou morts de leurs blessures et 33 blessés.

La première victime de cette journée fut un malheureux soldat qui était en faction devant le cantonnement de la maison Philippot et qui, étant sorti imprudemment de l'abri derrière lequel il devait se tenir, reçut une balle en plein front. Cette balle ne pouvait provenir que d'un rôdeur caché derrière les tas de sel de la rive gauche du Peï-Ho.

Les pertes des Japonais sont plus élevées que les nôtres; elles sont de 100 hommes environ mis hors de combat; une compagnie a perdu tous ses officiers et n'est plus commandée que par un sergent.

Les Anglais ont perdu peu de monde.

Pendant le combat qui avait lieu à la gare, les Chinois prononçaient une attaque assez timide du côté de l'Ecole de médecine, mais ils bombardaient énergiquement la concession française.

Dans l'après-midi, de 1 h. 1/4 à 2 h. 1/2, les canons français, anglais, russes et japonais tirent sur la cité et le fort chinois, qui ripostent. Les quartiers chinois de l'Ouest sont en feu.

On trouvera plus loin mon rapport officiel sur cette journée du 11 juillet et sur celles des 12, 13 et 14, mais, dès maintenant, je tiens à signaler la conduite pleine de délicatesse du commandant de Marolles à mon égard.

Dès que le feu fut ouvert, le commandant vint me trouver et me tint le langage suivant :

— Mon colonel, je ne sais pas quel est le plus ancien de nous deux, mais nous sommes à terre, et j'estime qu'il est de mon devoir, à moi, officier de marine, de me placer sous vos ordres. Je vous prie donc de disposer de moi comme vous le jugerez utile.

Cette phrase si délicate et exprimée si simplement par le commandant de Marolles m'alla droit au cœur, mais ne m'étonna nullement de la part d'un officier si distingué, qui avait donné, pendant la colonne Seymour, des preuves journalières de sa valeur et de son courage personnel.

Dans la soirée du 11, la compagnie Legrand, du bataillon Roux, arrive à Tien-Tsin; la chaleur est si forte qu'elle a eu trois hommes morts d'insolation pendant le trajet et qu'elle en aurait eu davantage si elle n'avait eu la chance de rencontrer la chaloupe française avec un remorqueur sur lequel elle a pu s'embarquer.

L'amiral Seymour retourne, le soir de ce jour, à Takou.

Une partie des renforts américains arrivent également pendant cette journée.

La démonstration projetée par les Russes contre l'est de la ville chinoise, et qui devait avoir lieu dans la matinée du 11, n'a pu avoir lieu, par suite d'un accident survenu au matériel des pontonniers russes.

La nuit et la matinée du 12 juillet sont assez calmes. Après les terribles alertes de la veille, tout le monde jouit de ce repos.

L'enterrement de onze soldats français a lieu dans la matinée, au cimetière franco-russe créé dans le jardin de l'administration des télégraphes chinois.

Dans la matinée du 12, les trois compagnies du bataillon Roux qui n'avaient pas encore rejoint arrivent à Tien-Tsin, mais au même moment le commandant de Marolles nous quitte et rentre à son bord du *D'Entrecasteaux*, avec la majeure partie des marins.

A ce moment, le corps expéditionnaire français est au complet : il se compose d'un régiment de marche d'infanterie de marine (1 bataillon du 9ᵉ régiment, 2 bataillons du 11ᵉ), de 2 batteries d'artillerie de marine et d'une centaine de marins; au total 2.000 hommes environ.

Un courrier de Péking arrive dans la journée, envoyé par le ministre du Japon à son consul de Tien-Tsin. Le message est ainsi conçu :

29 juin. — La situation à Péking devient des plus critiques. Les soldats chinois assiègent et bombardent les légations étrangères de tous côtés, nuit et jour. Les détachements de la garde combattent avec le plus grand acharnement et résistent à l'attaque, mais les munitions commencent à s'épuiser et notre extermination paraît imminente ; nous attendons avec anxiété l'arrivée de l'armée de secours, qui débloquera la ville.

Le porteur, interrogé, rapporte qu'il est parti le 1ᵉʳ juillet et qu'il a eu toutes les peines du monde à gagner Tien-Tsin et à pénétrer dans les concessions. Le bombardement a commencé après l'assassinat du ministre d'Allemagne le 20 juin. Il y a parmi les réfugiés dans les légations 4 tués et 13 blessés, et parmi les escortes 18 tués et 15 blessés. La santé des ministres est bonne. Les troupes de Tong-Fuh-Siang occupent le quartier du Young-ting-Men; celles de Yung-Lu sont à Hata-Men. L'est et l'ouest de la capitale sont gardés par les troupes des Bannières.

A Toung-Tchéou, le port de Péking sur le Peï-Ho, il y a deux camps sous le commandement du général Tsang-Ching. Il n'y a pas de troupes du général Yuan-Chi-Kaï. Le pays, entre Toung-Tchéou et Tien-Tsin, est vide de troupes; par contre, cette dernière ville en est remplie.

Porte attaquée par les groupes franco-japonais le **13** juillet.

A les examiner de près, ces nouvelles ne sont pas encore aussi mauvaises qu'on pouvait le craindre. Les pertes causées par neuf jours de combat ne sont pas excessives, si l'on considère le chiffre total des assiégés — 3.000, dit-on, en y comprenant 2.000 chrétiens chinois — et les mauvaises conditions de défense, de logement et de nourriture où ils se trouvent. Cela permet d'en induire que ces attaques sont le fait d'actes isolés de Boxeurs ou de soldats, et non le résultat d'ensemble de toutes les troupes chinoises, car, dans ce dernier cas, les légations n'auraient pu résister aussi longtemps. Si les assiégés ont encore assez de vivres — et le courrier chinois le prétend — elles auront pu tenir encore. D'autre part, si les Boxeurs avaient réussi dans leurs attaques, la nouvelle en serait venue très certainement à Tien-Tsin, et de là jusqu'à nous. Il est donc permis d'espérer que les malheureux réfugiés sont encore en vie et que, si l'on parvient à frapper ici un grand coup, dont le retentissement se fera sentir jusqu'à Péking, un revirement se produira dans l'esprit des Chinois influents.

Dans la matinée du 12, une réunion des commandants supérieurs des forces alliées a lieu chez le général Fukushima. Les Russes ne sont pas représentés à cette réunion; l'amiral Alexeïeff a fait savoir que, le lendemain, le général Stessel agira sur la rive gauche avec les troupes russes, dans le but de faire tomber, en les tournant, les défenses du canal de Lutaï et de s'avancer ensuite jusqu'au fort qui se trouve dans la boucle du Peï-Ho, près de la cathédrale, et jusqu'aux camps chinois établis au nord de la ville. Le général Stessel demande, pour coopérer à cette opération, une batterie française. L'amiral Alexeïeff fait connaître également que l'attaque des Russes se produira le 13 juillet au petit jour. Elle comptera un effectif d'environ 3.000 hommes. Au cours de la réunion des commandants supérieurs, il est décidé que les Français, les Anglais, les Américains et les Japonais dirigeront, le lendemain 13 au matin, une attaque contre la ville murée de Tien-Tsin.

Dans une nouvelle conférence, qui a lieu l'après-midi, les détails de l'opération sont fixés.

On verra plus loin, dans mon rapport officiel, les ordres de détail, le développement de la bataille du 13 et la prise de possession de la cité chinoise le 14 au matin.

Il peut être intéressant de donner ici quelques détails qui ne pouvaient trouver place dans un rapport officiel.

Je tiens à dire, tout d'abord, que nos hommes furent splendides d'entrain, de sang-froid et de courage dans la marche

La muraille de Tien-Tsin.

en avant pour enlever le faubourg et, ensuite, quand ils restèrent pendant toute la journée, par une température de 39 degrés, sous une pluie de projectiles.

Le mouvement du groupe franco-japonais dans le faubourg était arrêté à 9 heures.

Il s'agissait, à ce moment, d'avoir plus de ténacité que les Chinois, de ne pas reculer d'un pouce, de maintenir nos troupes au contact et sous le feu, jusqu'à ce que l'ennemi cédât. Ce dernier, bien instruit par des Européens, est devenu excellent

La muraille de Tien-Tsin.

artilleur et bon tireur, mais il a encore la terreur de la baïonnette. De plus, il ne peut supporter l'idée d'être enveloppé ou tourné. Il fallait donc le maintenir sous la menace immédiate d'une attaque à la baïonnette et attendre le résultat du mouvement des Russes.

C'est ce qui fut fait, grâce à l'entente absolue qui ne cessa de régner entre le général Fukushima et moi.

La ténacité déployée par le groupe franco-japonais devait porter ses fruits.

Pendant la nuit, les Chinois évacuaient la place et, le lendemain, à 3 heures du matin, lorsque Français et Japonais se présentèrent ensemble à la porte de la ville, que venaient de pétarder quelques pionniers japonais, ils ne rencontrèrent aucune résistance.

Au cours de la bataille du 13, les troupes anglaises et américaines s'étaient rapprochées. Les Anglais vinrent couvrir la gauche et les Américains la droite du groupe franco-japonais.

La prise de Tien-Tsin fut achetée au prix de pertes cruelles, mais il fallait en finir, et le succès remporté par les troupes alliées permit aux concessions de respirer et démoralisa les troupes chinoses.

Les pertes de la colonne de la rive droite du Peï-Ho peuvent être évaluées à peu près au septième de l'effectif engagé. Elles se répartissent à peu près ainsi :

Français : 22 tués, 97 blessés, en y comprenant les pertes subies par la colonne chargée de faire la démonstration contre le faubourg Sud-Est, et dirigée par le lieutenant-colonel Ytasse, par le détachement de la gare et par la batterie qui a pris part à l'attaque, faite par les Russes, sur les forts chinois de l'Est de la Cité.

Japonais : 400.

Américains : 200.

Anglais : 50.

Parmi les morts, il faut compter un officier français, le lieutenant Piquerez, le colonel commandant le détachement américain et de nombreux officiers japonais.

Les grosses pertes des Américains, qui cependant n'ont pas été engagés en première ligne, s'expliquent par la situation critique dans laquelle ils se sont trouvés en s'engageant dans des marais où ils pataugèrent pendant que les Chinois les criblaient de projectiles.

Celles des Japonais tiennent à leur mépris du danger, qui a fait l'admiration de tous ceux qui en ont été les spectateurs.

J'ai vu, pour ma part, une batterie japonaise, déployée dans l'arsenal de l'Ouest, sur un terrain découvert, à 1 kilomètre environ des remparts, qui a été exposée pendant près d'une heure aux feux des défenseurs de la cité chinoise; le capitaine, en gants blancs, se tenait debout et dirigeait le feu de ses pièces, comme il l'eût fait sur le polygone. Une de ces pièces, la 6e, eut successivement tous ses servants tués. A mesure qu'un homme tombait, il était remplacé par un des servants de la pièce voisine, qui se contentait d'écarter avec le pied le corps de son camarade qui venait de tomber.

Le ravitaillement en munitions se faisait avec autant de calme qu'à la manœuvre. C'était vraiment admirable. Mais j'ajoute qu'un pareil héroïsme était inutile, car j'estime que le capitaine de cette batterie aurait pu obtenir les mêmes résultats en prenant quelques précautions, qui auraient épargné la vie de beaucoup de ces braves gens.

Au cours de cette journée, comme durant les derniers combats à la gare, Japonais et Français ont combattu côte à côte, en bons camarades d'armes, s'aidant mutuellement et ressentant, les uns pour les autres, une franche sympathie.

Les troupes engagées avaient couché sur leurs positions.

En ce qui me concerne, après avoir suivi toutes les péripéties de l'attaque, je m'étais porté, dans la soirée du 13, avec mon état-major, à la porte de l'arsenal de l'Ouest pour prendre les dispositions nécessaires pour le ravitaillement en eau et en munitions du bataillon qui était en présence de l'ennemi, pour le relèvement des morts et des blessés et aussi pour envoyer des ordres au commandant Roux, que je voulais placer en grand'garde pour protéger notre gauche et pour remplacer les Anglais, qui s'étaient en partie retirés en arrière.

J'envoyai mon chef d'état-major, le commandant Vidal, à Tien-Tsin, pour porter mes ordres. Il revint quelques heures après et me remit un immense pavillon, que m'envoyait le consul de France à Tien-Tsin, le comte du Chaylard. Il fut bientôt suivi du bataillon Roux, que j'envoyai immédiatement occu-

Porte dans l'intérieur de la ville murée de **Tien-Tsin**.

per les emplacements que nous avions reconnus avant la nuit.
Ces dispositions prises, nous nous étendîmes, mes officiers

et moi, au pied du *mur en terre*, et nous nous endormîmes, malgré le brouhaha qui existait autour de nous.

Vers minuit, je me levais sur mon séant pour examiner ce qui se passait autour de nous, lorsqu'une balle perdue passa sous mes reins et vint frapper à l'épaule le commandant Vidal, qui était étendu à côté de moi et dormait profondément.

Après avoir fait panser mon chef d'état-major par le docteur Fortoul, qui se trouvait dans les environs, je le fis diriger sur l'hôpital de Tien-Tsin.

Le reste de la nuit se passa sans incident et, vers 2 h. 1/2, nous nous dirigeâmes, mes officiers et moi, vers le faubourg dans lequel les hommes du bataillon commandé par le chef de bataillon Feldmann étaient entassés dans les quelques maisons où ils avaient pu s'abriter.

Nous arrivâmes juste au moment où la porte de la Cité venait de voler en éclats et où les troupes franco-japonaises se précipitaient par l'ouverture.

Conformément aux dispositions arrêtées entre le général Fukushima et moi, les Japonais suivirent les remparts à droite de la porte, et les Français les remparts à gauche.

A 3 h. 1/2 du matin, le pavillon que m'avait envoyé le consul de France, et qui m'avait servi de traversin pendant la nuit qui venait de s'écouler, était hissé par mes soins sur la porte de la cité chinoise de Tien-Tsin, à côté du pavillon japonais.

La ville chinoise était prise, et elle l'était à l'aube du 14 juillet, jour de la Fête nationale.

Au moment où je donnais mes ordres pour l'occupation des remparts et de la partie de la ville qui nous était affectée, on vint me rendre compte que le pavillon anglais avait été hissé en même temps que le nôtre.

Une partie de la matinée se passe à occuper la partie ouest de la ville et des remparts. J'installe des postes français aux portes Ouest et Nord, et, après avoir donné mes ordres, je me dirige sur Tien-Tsin, où je vais d'abord faire une visite à l'hôpital français, installé depuis l'avant-veille dans la maison Batouïeff, sur l'extra-concession.

Je traverse la cité chinoise de part en part, de la porte Nord à la porte Sud, et le terrain où a été livrée la bataille d'hier.

Une partie de la ville chinoise de Tien-Tsin.

En sortant de la cité, je remarque que les murailles, autour de la porte, ont été criblées de projectiles d'artillerie; mais je constate, avec étonnement, le peu d'effet produit par ces projectiles. De nombreuses écorchures dans la muraille indiquent les coups portés par les obus japonais; je retrouve également les traces de nos obus à la mélinite, qui sont peu profondes, et les entonnoirs un peu plus profonds produits par les obus des grosses pièces des Anglais, et je fais, à part moi, la réflexion que, si nous avions dû attendre une brèche pour pénétrer dans la ville, nous aurions eu le temps de nous faire tous tuer.

Les rues de la cité chinoise et les faubourgs que nous traversons sont remplis de cadavres; c'est affreux !

L'hôpital est absolument bondé, à l'heure actuelle, par les blessés russes et français de la bataille d'hier. Les blessés sont installés, un peu pêle-mêle, dans les caves de la maison, et les quelques sœurs qui les soignent sont absolument débordées.

Je retrouve le commandant Vidal aussi bien que possible; il est couché entre deux officiers russes, dont l'un, qui a reçu une balle dans le ventre, souffre horriblement et semble sur le point d'expirer.

Les hommes de troupe blessés, que je visite tous, les uns après les autres, sont admirables de courage et de résignation. Je ne puis m'empêcher de citer la réponse, bien française, que me fit le soldat Saint-Martin, qui fumait tranquillement une cigarette et auquel je demandais ce qu'il avait :

« — Oh ! mon colonel, ce n'est presque rien : on vient de me couper une quille; mais je ne le regrette pas, puisque nous avons flanqué une trempe à ces cochons de Chinois. »

Je retrouvai là aussi le soldat Dumesnil, avec une balle dans la poitrine. Ce brave militaire m'avait porté la veille, au plus fort de la bataille, un pli du commandant Feldmann, et, comme je lui disais d'attendre un moment pour se reposer avant de rejoindre son poste, il me répondit :

« — Je vous prie, mon colonel, de me laisser repartir de suite; on se bat là-bas, et je veux être avec les camarades. »

Et il repartit, au milieu d'une grêle de projectiles. C'est en retournant à son poste qu'il fut atteint par une balle.

Le médecin qui le soigne m'a donné l'espoir que ses jours ne sont pas en danger.

Pour compléter ce récit de la prise de la cité chinoise de Tien-Tsin, je vais raconter les faits accomplis par les Russes sur la rive gauche du Peï-Ho.

Partis de leur camp à minuit, les Russes arrivent en vue des positions ennemies à la pointe du jour et les attaquent vigoureusement. Vers 6 heures du matin, le général Stessel indique au capitaine Joseph, commandant la batterie française qui marchait avec les Russes, trois magasins à poudre situés à 800 mètres de là, dans les faubourgs Est de la ville chinoise, non loin de la citadelle et des batteries, et lui demande s'il peut les faire sauter.

« — Très facilement, répond le capitaine; mais il faut faire reculer vos troupes pour les mettre à l'abri du souffle de l'explosion. »

Les ordres sont donnés et exécutés, et, en deux coups, les magasins sont atteints par un obus à la mélinite. Une explosion se produit alors, si violente que presque toutes les casquettes russes sont enlevées par le souffle. Le général lui-même, qui était resté à cheval, est renversé à terre. Dans les concessions, la commotion ébranle violemment les maisons et brise les carreaux qui avaient résisté au bombardement.

A Takou, situé à 50 kilomètres à vol d'oiseau, le sol est secoué comme par un tremblement de terre et le bruit de l'explosion est entendu d'une façon très intense à bord des bâtiments de guerre mouillés à 12 milles de la terre. Un énorme panache de fumée monte dans le ciel.

Profitant du désarroi des Chinois, les Russes attaquent les batteries à la baïonnette et les enlèvent après une courte résistance.

Le général Stessel, quoique blessé dans sa chute, félicite le capitaine Joseph et ses artilleurs, dont l'adresse a contribué si puissamment au succès, et lui offre de faire arborer le drapeau français sur la position. Malheureusement, notre batterie n'en possède pas. Dans les positions chinoises, on trouve huit canons Krupp du dernier modèle, dont deux de siège.

Vers midi, les Russes, maîtres du terrain, se trouvent sous les murs de la citadelle; mais, ignorant ce qui se passe au sud-ouest, ils se maintiennent sur leurs positions jusqu'au lendemain.

Ils ont 150 hommes hors de combat; le capitaine Joseph est blessé à l'épaule.

Pour compléter ce récit de la prise de Tien-Tsin, je crois utile de donner ici le rapport officiel que j'ai adressé au contre-amiral Courréjolles sur les journées des 11, 12, 13 et 14 juillet, rapport qui a été publié, dans le courant du mois de septembre 1900, dans tous les journaux de France et, au mois de mai 1901, dans le *Bulletin militaire*.

CORPS EXPDÉITIONNAIRE DU PEÏ-TCHÉ-LI

Rapport du colonel de Pélacot, commandant le corps expédi-tionnaire, sur les journées des 11, 12, 13 et 14 juillet 1900.

COMBATS AUTOUR DE TIEN-TSIN ET PRISE DE LA CITÉ CHINOISE

Journée du 11 juillet.

Exposé de la situation. — L'affaire du 11 juillet s'est passée tout entière autour de la gare de Tien-Tsin, située sur la rive gauche du Peï-Ho, entre la concession française et la ville chinoise.

Ce poste est le plus important de tous ceux qui avaient été établis. Sa prise par l'ennemi eût rendu, en effet, les concessions intenables, car les tirailleurs chinois auraient pu facilement progresser derrière les tas de sel situés le long de la rive gauche, d'où, par leur feu, ils auraient empêché toute circulation dans les rues des concessions.

D'où l'effort fait par les Chinois, le 11 juillet, pour se rendre maîtres du poste de la gare.

Le 11 juillet, au matin, ce poste était occupé par une compagnie japonaise, une compagnie anglaise de 100 hommes et par une fraction de la 1re compagnie du 9e de marine (100 hommes commandés par le capitaine Genty).

En avant de la gare, une ligne de tranchées avait été construite, prête à recevoir les défenseurs en cas d'attaque.

Développement de l'action. — L'attaque des tirailleurs ennemis (Boxeurs et réguliers) commence à 3 h. 1/2 du matin, sur le poste du chemin de fer, tandis que l'artillerie des batteries chinoises reprend, sur la concession française, le bombardement interrompu la veille.

Le bataillon Brenot (1er du 9e de marine) sort de ses cantonnements et se rassemble, prêt à tout événement.

A ce moment, le colonel commandant le corps expéditionnaire reçoit avis du capitaine Genty que le poste de la gare est serré de près, que les Anglais commencent à se retirer, et qu'il sera difficile au détachement français de se maintenir, s'il n'est appuyé.

Le colonel donne alors l'ordre au commandant Brenot de partir avec deux compagnies de son bataillon, de franchir le Peï-Ho en aval, au pont dit des Japonais, de progresser ensuite, en remontant le long de la rive gauche et en s'abritant derrière les tas de sel, de manière à venir dégager le poste de la gare.

Le mouvement s'exécute comme il avait été prescrit, à une allure rapide. Arrivé derrière un grand mur parallèle à la voie ferrée, le commandant Brenot arrête ses deux compagnies pour remettre un peu d'ordre dans les unités.

Il porte ensuite sur la ligne de feu une compagnie, puis un peloton et ne conserve qu'un peloton en réserve.

Pendant ce temps, deux compagnies japonaises franchissaient le Peï-Ho sur le pont du chemin de fer et venaient renforcer, de leur côté, le poste de la gare.

L'arrivée du demi-bataillon Brenot et des deux compagnies japonaises déterminent un mouvement de recul chez les Chinois, qui n'étaient plus qu'à 100 mètres des tranchées.

Ce mouvement de recul de l'infanterie ennemie permet à l'artillerie des forts chinois d'ouvrir un feu violent sur les tranchées occupées par nos troupes.

Ces tranchées, construites simplement pour faire face à une attaque d'infanterie, étaient enfilées par le feu de certaines batteries ennemies, dont il avait été impossible de repérer la position. Le feu de ces batteries cause, en conséquence, des pertes sérieuses aux troupes françaises.

Toutefois, à partir de 8 h. 1/2 du matin, la violence de l'attaque chinoise diminue peu à peu, et les tirailleurs ennemis se retirent.

Le colonel commandant le corps expéditionnaire envoie alors

au commandant Brenot l'ordre de laisser un peloton pour renforcer le poste de la gare et de ramener le reste de son demi-bataillon au cantonnement.

Cet ordre s'exécute sans incidents.

Pertes éprouvées. — Au cours de cette action, le 1er bataillon du 9e de marine a eu 10 tués et 34 blessés, non compris le commandant Brenot et le capitaine Laurand, contusionnés.

Pendant que cette attaque se produisait sur la gare, les Chinois faisaient une diversion, sans importance, du côté de l'Ecole de médecine chinoise.

Au cours de cette diversion, le 11e de marine a eu 2 blessés.

Ci-joint un état des tués et des blessés dans le combat du 11 juillet.

Propositions. — Tout le monde a fait son devoir, chacun a fait preuve de courage et d'entrain.

Cependant, certains officiers et certains hommes de troupe se sont signalés d'une façon toute spéciale, et méritent une récompense.

Le colonel commandant le corps expéditionnaire propose en conséquence :

1° *Pour le grade de lieutenant-colonel.*

M. le commandant Brenot, du 9e de marine.

A dirigé le combat très meurtrier du 11 juillet et a été très fortement contusionné. A été déjà l'objet d'une proposition pour le grade de lieutenant-colonel aux inspections générales de 1899 et de 1900.

2° *Pour le grade de chef de bataillon.*

M. le capitaine Laurand, du 9e de marine.

A assisté au combat très meurtrier du 11 juillet et s'est fait remarquer par son calme et son sang-froid. A reçu une très forte contusion. Est l'objet d'une proposition pour le grade de chef de bataillon à l'inspection générale de 1900.

3° *Pour la médaille militaire.*

Bourgeade (Jean), n° m^le C 4836, sergent au 9e de marine.

Excellent sous-officier, qui s'est fait remarquer par sa belle attitude au feu. A été grièvement blessé.

Senes (Roselin-Ange), n° m^le D 10164, soldat de 2e classe au 9e de marine.

Conduite au-dessus de tout éloge ; quoique blessé, a entraîné ses camarades employés au ravitaillement des munitions. C'est grâce à l'exemple qu'il leur a donné que ce ravitaillement a pu s'opérer. Blessé au cou.

4° *Pour une citation à l'ordre du jour.*

.Bohec (Vincent-Mathurin), n^ole CC 4492, caporal au 9e de marine.

A montré pendant le combat un courage et un sang-froid remarquables et s'est offert pour porter les ordres et transporter les blessés.

Morlon (Félix-Blaise), n° m^le DD 6325. sergent fourrier au 9e de marine.

Etant blessé assez grièvement à la jambe, a continué à marcher avec sa compagnie, sans déclarer sa blessure, et ne s'est présenté au médecin qu'après son retour au cantonnement.

Martin (Marthe-Maximilien), n° m^le D 4494, soldat de 1re classe au 9e de marine.

S'est offert, à plusieurs reprises, pour porter les ordres à travers une grêle de balles et l'a fait avec beaucoup de sang-froid, en tuant sur sa route deux Chinois qui signalaient nos mouvements à l'ennemi.

Peretti (Marc-Aurèle), n° m^le BB 3196, sergent-major au 9e de marine.

Blessé à la jambe au moment d'une alerte au point du jour, a tenu

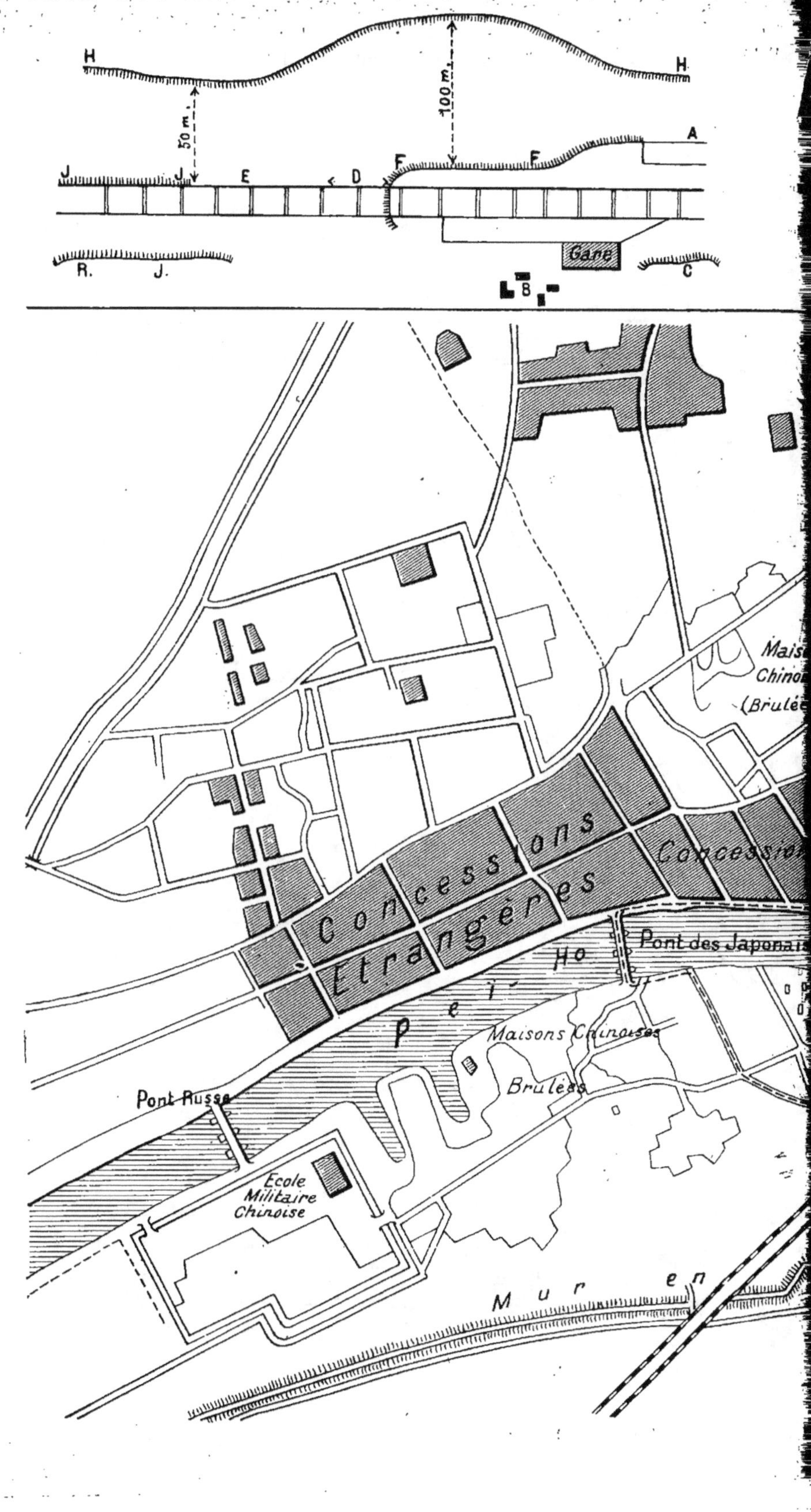

H
H
100 m.
50 m.
A
J
J
E
D
F
F
Gare
R.
J.
C
B
Maisons
Chinoises
(Brulée)
Concessions
Concession
Étrangères
Pei Ho
Pont des Japonais
Maisons Chinoises
Brulées
Pont Russe
Ecole
Militaire
Chinoise
Mur en

Détail des tranchées occupées pendant le combat du 11.

LÉGENDE :

D   Peloton de la 2ᵉ compagnie (compagnie Bonabosc),
       1/2 bataillon Brenot.
E   3ᵉ compagnie (compagnie Poch), 1/2 bataillon Brenot.
B   Réserve du 1/2 bataillon (peloton de la 2ᵉ compagnie),
       1/2 bataillon Brenot.

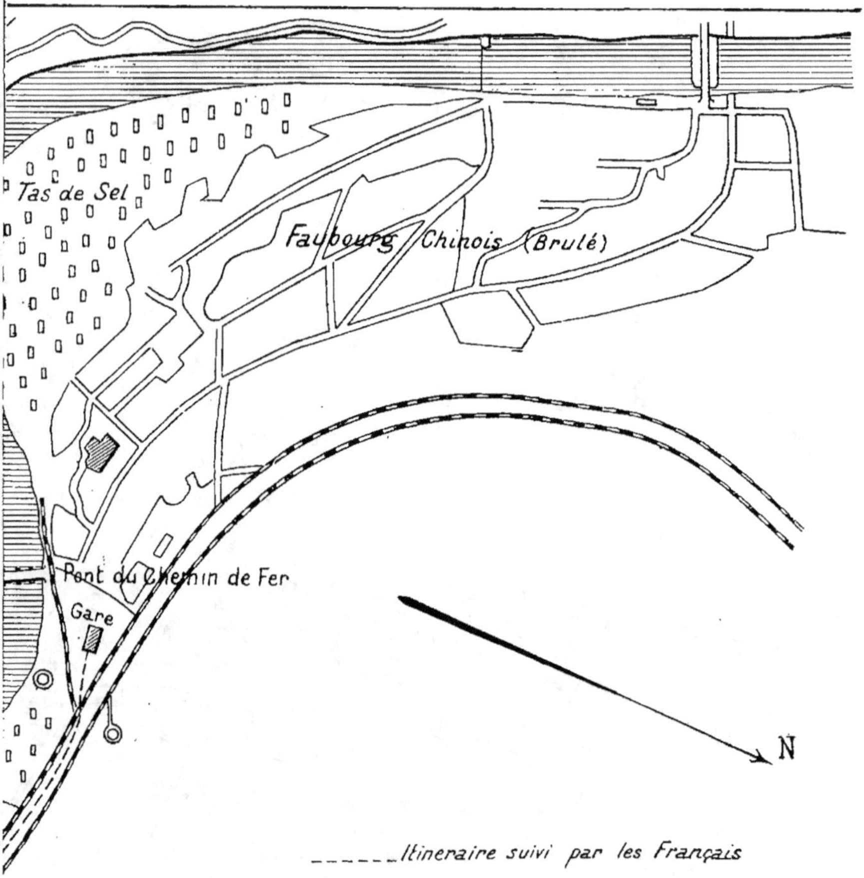

compagnie.
la 1ʳᵉ compagnie (compagnie Genty).

Japonais.

Tas de Sel
Faubourg Chinois (Brulé)
Pont du Chemin de Fer
Gare
N

Itineraire suivi par les Français

mètres de hauteur
2

quelques instants après à retourner au feu avec sa compagnie et a fait preuve de beaucoup d'énergie.

Laousse (Jean), n° m^le C 1703, soldat de 1re classe au 9e de marine.

S'est offert constamment pour porter les ordres aux endroits les plus dangereux et a fait deux fois le trajet de la chaîne à la réserve, sous une grêle de balles.

État nominatif des officiers et hommes de troupe tués et blessés pendant le combat de Tien-Tsin le 11 juillet 1900.

NUMÉROS matricules.	NOMS ET PRÉNOMS.	GRADES.	CORPS.	LIEUX DE NAISSANCE.
		Tués.		
C 5294	Angélini (P. F.)	Sergent.	9ᵉ mar.	Aleiria (Corse).
CC 6040	Duval (A. L. E.)	1ʳᵉ classe.	Id.	Renancourt (P-de.-C).
D 12733	Juvigny (H. C.)	Id.	Id	Amilly (Loiret).
C 4906	Drouillard (P. L.)	2ᵉ classe.	Id.	Moëze ((Char.-Infér.).
D 12588	Métas (J. M. L.)...........	Id.	Id.	Lyon, 15ᵉ arrond.
C 5382	Chantal (J. E.)	Id.	Id.	Verteillac (Dordogne).
C 4635	Cottier (A. J. M.)	1ʳᵉ classe.	Id.	Yssingeaux (H.-L.).
CC 5604	Bamon (A. B.)	Id.	Id.	Saunac (Charente).
C 7113	Patey (A.).	2ᵉ classe.	Id.	Bavans (Doubs).
C 6559	Berthomme (A. G.)	Id.	Id.	La Roche-sur-Yon.
		Blessés.		
C 4956	Cholot (E. H.)	Adjudant	9ᵉ mar.	Nicey (C.-d'Or).
C 4506	*Bourgeade (J.) (1)	Sergent.	Id.	Bordeaux (Gironde).
DD 8292	*Cantaloube (J. E.)	Id.	Id.	Villefranche (Aveyr.).
AA 1293	Bunonst (J. A.)	Id.	Id.	Cherbourg (Manche).
C 5266	Muller (P. E. G.)	Caporal.	Id.	Riga (Russie).
AA 4249	*Besnard (E. A.) (2).......	Id.	Id.	St - Samson - de - Bon-fossé (Manche).
D 13262	Lansonner (Y.) (3)	2ᵉ classe.	Id.	Goulven (Finistère).
D 13237	*Manicacci (S.).	Id.	Id.	Calenzana (Corse).
D 13165	Egloff (M.).	1ʳᵉ classe.	Id.	Ajaccio (Corse).
D 13243	Brethe (A. J. M.). :........	Id.	Id.	St - Médard - des - Prés (Vendée).
C 7163	Guyon (A. A.)	2ᵉ classe.	Id.	Besançon (Doubs).
D 11567	Wéber (A.).	Id.	Id.	Sey-Charelles (Alsace-Lorraine).
D 10135	Etienne (A.).	Caporal.	Id.	Les Alleux (Arden.).
C 5763	Giret (P.).	Sergent.	Id.	St-Martin (Deux-S.).

(1) Mort des suites de ses blessures le 21 juillet.
(2)   —   —   le 13 juillet.
(3)   —   —   le 13 août.

NUMÉROS matricules.	NOMS ET PRÉNOMS.	GRADES.	CORPS.	LIEUX DE NAISSANCE.
	Blessés (*suite*).			
DD 6325	Morlon (F. B.)	S. fourr.	9ᵉ mar.	Rochefort (Ch.-Inf.).
CC 4977	Stique (P. G.)	Caporal.	Id.	Reims (Marne).
CC 2985	De Lompuy (A. F.)	Id.	Id.	Bordeaux (Gironde).
CC 5768	*Dudous (B.)	1ʳᵉ classe.	Id.	Créon (Landes).
DD 5492	*Furnon (J.)	2ᵉ classe.	Id.	St-Prive (S.-et-L.).
CC 5598	Daurade (A.)	Id.	Id.	Clermont - de - Beauregard (Dordogne).
D 10402	Daures (C.)	1ʳᵉ classe.	Id.	Aubin (Aveyron).
DD 8804	Labranche (L.)	Id.	Id.	Roanne (Loire).
C 7545	Kieffer (J.)	Id.	Id.	Elgers-Weier (duché de Bade).
BB 3196	Peretti (M. A.)	S.-major.	Id.	Lévie (Corse).
D 6716	Lefèvre (A.)	2ᵉ classe.	Id.	Montégu (Aisne).
C 6227	*Géomar (P.)	Clairon.	Id.	Ascques (Gironde).
C 7621	Filouse (F. L.)	2ᵉ classe.	Id.	Toulouse (H.-G.).
C 6850	*Mazeau (G. L.)	Id.	Id.	Arvert (Ch.-Infér.).
CC 5528	*Moureau (E. L. R.).......	Id.	Id.	Poitiers (Vienne).
C 2939	Ricard (J. F. E.)	Id.	Id.	Montauroux (Var).
AA 5380	*Emery (A. S.)	Id.	Id.	Givet (Ardennes).
D 10614	Senès (R. A.)	Id.	Id.	La Farlède (Var).
C 5525	*Raffali (M.)	Id.	Id.	Cervioue (Corse).
CC 4476	Delorme (P.)	1ʳᵉ classe.	Id	Chalon-sur-Saône.

Soit : *treize tués* (en comprenant le sergent *Bourgeade*, le caporal *Besnard* et le soldat *Lansonner*, morts des suites de leurs blessures.

Trente et un blessés (dont dix grièvement).

Plus deux officiers, le commandant *Brenot* et le capitaine *Laurand*, contusionnés sérieusement.

Nota. — Les noms précédés d'un astérisque sont ceux des hommes en danger de mort ou d'amputation.

Journée du 12 juillet.

Exposé de la situation. — Depuis le commencement du bombardement, les forces alliées se sont tenues presque exclusivement sur la défensive, attendant les renforts qui arrivent de jour en jour, avant d'engager une action décisive contre l'ennemi.

La seule action offensive tentée par les troupes alliées avait eu lieu le 9 juillet au matin, c'est-à-dire avant l'arrivée des renforts amenés par le colonel de Pélacot.

Ce jour-là, les Anglais et les Japonais s'étaient emparés de l'arsenal de l'Ouest, s'étaient contentés d'y mettre le feu, puis s'étaient retirés sans l'occuper.

Les Chinois, enhardis par l'immobilité des troupes alliées, avaient tenté, le 11 juillet, sur le poste de la gare, une attaque violente qui avait échoué, mais qui nous avait causé de grandes pertes.

Cette situation ne pouvait durer : perdre des hommes continuellement par le bombardement et avoir des affaires d'avant-postes aussi meurtrières pour un résultat nul, c'était vouloir, avant peu, la fonte des effectifs français, les plus exposés, en raison de la situation de la concession française, au contact même de l'ennemi.

Donc, le 11 juillet, après le combat de la gare, le colonel commandant le corps expéditionnaire français prend l'initiative de provoquer une réunion de tous les commandants supérieurs des troupes alliées, dans laquelle on traitera la question d'une attaque immédiate des positions ennemies.

Projet d'attaque sur la rive gauche. — L'amiral Alexeïeff fait répondre que le général Stessel, commandant les forces russes, agira seul sur la rive gauche; son but sera de faire tomber, en les tournant, les défenses du canal de Lutai et de s'avancer ensuite jusqu'au fort qui se trouve dans la boucle du Peï-Ho, près de la cathédrale et jusqu'aux camps chinois, établis au nord de la ville.

Le général Stessel ne demande, pour coopérer à cette opération, qu'une batterie française, qui lui est aussitôt promise par le colonel commandant le corps expéditionnaire.

L'amiral Alexeïeff fait connaître également que cette attaque des Russes se produira le 13 juillet au petit jour. Elle comptera un effectif d'environ 3.000 hommes.

Projet d'attaque sur la rive droite. — Dans une conférence qui a eu lieu le 12 au matin, les commandants des forces françaises, japonaises, anglaises et américaines décident, en principe, que le lendemain matin 13 toutes les forces alliées disponibles sur la rive droite coopéreront à une attaque contre la ville murée chinoise, qui est le réduit de la défense ennemie.

Cette attaque sera favorisée par l'attaque des Russes sur la rive gauche, et il est convenu qu'on ne laissera dans les concessions que les détachements strictement nécessaires pour les garder.

Dans une autre conférence qui a eu lieu le 12 dans l'après-midi, les détails de l'opération sont fixés ainsi qu'il suit :

1° *Effectifs.* — Les Français fourniront un bataillon et une batterie. (Un bataillon restera à la concession française, qui est au contact même de l'ennemi.)

Les Japonais fourniront deux bataillons et deux batteries.

Les Anglais et les Américains, environ deux bataillons et une batterie.

En tout, 3.900 hommes.

2° *Ordre de mouvement.* — Aucun ordre écrit n'est donné; il n'y a qu'une entente verbale.

Il est décidé que les troupes alliées prendront comme premier objectif l'arsenal de l'Ouest, qui avait été pris et incendié le 9 par les Japonais, mais qui avait été évacué et qui a pu être occupé de nouveau par les Chinois.

Le mouvement se fera en trois colonnes.

Colonne de droite : Bataillon français. Sur un sentier longeant le pied d'une grande digue en terre qui fait à peu près le tour de la ville, faubourgs compris, et qui, partant de l'extrémité sud des concessions, passe précisément par l'arsenal de l'Ouest.

Colonne du centre : Japonais. (La batterie française marchera avec l'artillerie japonaise, le sentier suivi par le bataillon d'infanterie de marine étant impraticable pour l'artillerie.)

Colonne de gauche : Anglais et Américains.

Jusqu'à l'arsenal, les trois colonnes marcheront à la même hauteur et combineront leur mouvement de manière que celles de droite et du centre y entrent ensemble.

Dès que celles-ci arriveront dans l'arsenal, la préparation de l'attaque par l'artillerie sur les faubourgs avoisinant la ville murée commencera aussitôt. Puis, après une préparation suffisante, les infanteries française et japonaise se porteront en avant, enlèveront le faubourg et progresseront jusqu'au pied des murs de la cité chinoise.

La compagnie de pionniers japonais marchera avec les colonnes d'assaut et fera sauter la porte Sud, de manière à permettre l'accès de ces colonnes en ville.

Les Anglais et les Américains, pendant ce temps, couvriront le flanc gauche de l'attaque contre toute tentative ennemie venant de la direction de l'ouest et du sud-ouest et formeront une réserve générale.

Le bataillon français franchira la digue, à hauteur de la batterie de siège anglaise, à 4 heures du matin, et les deux autres colonnes régleront leur mouvement sur elle.

Ordres de détail donnés par le colonel commandant le corps expéditionnaire.

Attaque de la rive gauche. — La 12e batterie marchera avec les Russes, comme cela a été convenu.

Attaque de la rive droite. — Le bataillon Brenot, éprouvé par le combat du 11, fournira deux compagnies et le bataillon Feldmann deux.

Donc, un bataillon de marche est formé composé ainsi :

Compagnies Poch, Verdant, du 9ᵉ de marine; Martin, Saillens, du 11ᵉ de marine, sous les ordres du commandant Feldmann.

La 13ᵉ batterie marchera et participera à l'attaque de la rive droite. Le lieutenant-colonel Ytasse assurera la garde de la concession avec quatre compagnies (dont une au poste de la gare et deux à l'Ecole de médecine).

Le bataillon Roux, qui doit arriver le soir même (12 juillet) et qui ne peut être considéré comme prêt à marcher, restera à sa disposition.

En dehors de ce rôle défensif, le lieutenant-colonel Ytasse reçoit du colonel commandant le corps expéditionnaire l'ordre de lancer, au moment voulu, deux compagnies qui, partant de l'Ecole de médecine, progresseront dans les maisons brûlées qui sont en avant, de manière à faire diversion et attirer l'attention des Boxeurs qui occupent le faubourg de l'Est, au moment où les troupes alliées déboucheront de l'arsenal pour se porter à l'attaque des faubourgs.

Journée du 13 juillet.

Développement de l'action sur la rive droite. — Les mouvements s'exécutent comme cela avait été convenu. Les Japonais et les Français arrivent à l'arsenal en même temps, vers 5 heures du matin.

Tandis que les Anglais (3ᵉ colonne) s'étendent sur la gauche, sans toutefois dépasser la *digue en terre*, tandis que les Américains se massent en réserve, une compagnie japonaise et un peloton français sont portés en avant de l'arsenal pour couvrir la mise en batterie de l'artillerie.

Les batteries française et japonaise cherchent une première position de batterie au sud et près de la digue et ouvrent le feu sur les faubourgs; mais elles n'ont aucune vue.

Une batterie japonaise est alors portée dans l'arsenal, où elle se met en batterie avec des vues directes.

Pendant ce temps, le bataillon français s'est massé derrière la digue, à l'abri des vues et des feux.

Le colonel commandant le corps expéditionnaire, après reconnaissance, porte sa batterie à gauche de la batterie japonaise, déjà en position dans l'arsenal, avec ordre de préparer l'attaque du faubourg.

Au cours de sa reconnaissance, le colonel avait vu que, pour se rendre de l'arsenal aux faubourgs de la ville, il n'y a qu'une chaussée de 800 mètres de long et de 15 mètres de large, bordée à droite et à gauche de mares dont on ignore la profondeur.

Toutefois, sur cette chaussée se trouvent, de 300 mètres en 300 mètres, des groupes de deux ou trois masures, qui peuvent servir d'abri pendant la marche en avant.

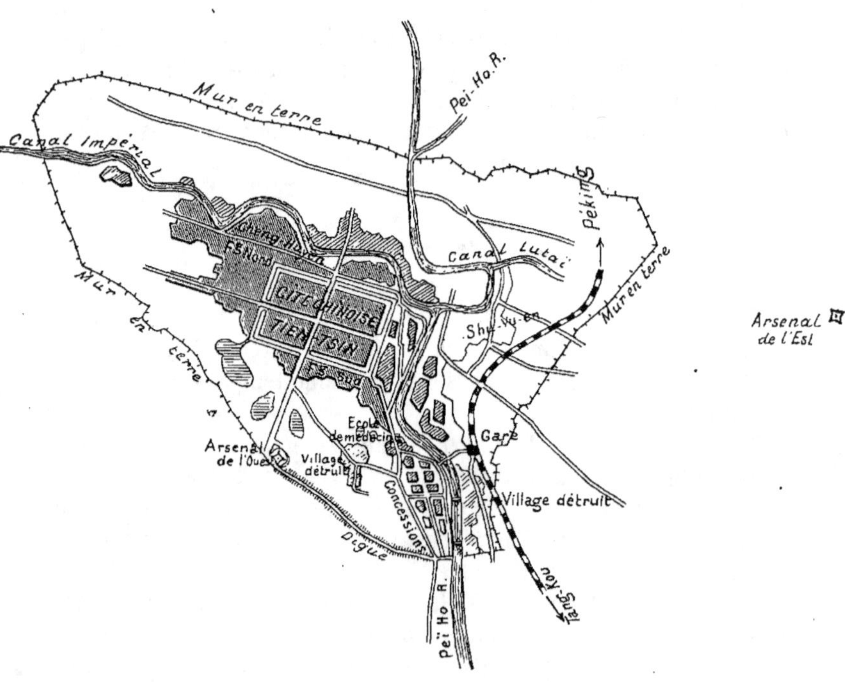

Cité chinoise de Tien-Tsin et concessions européennes.

Le colonel donne immédiatement ses ordres :

1° Le bataillon va franchir la digue derrière laquelle il est

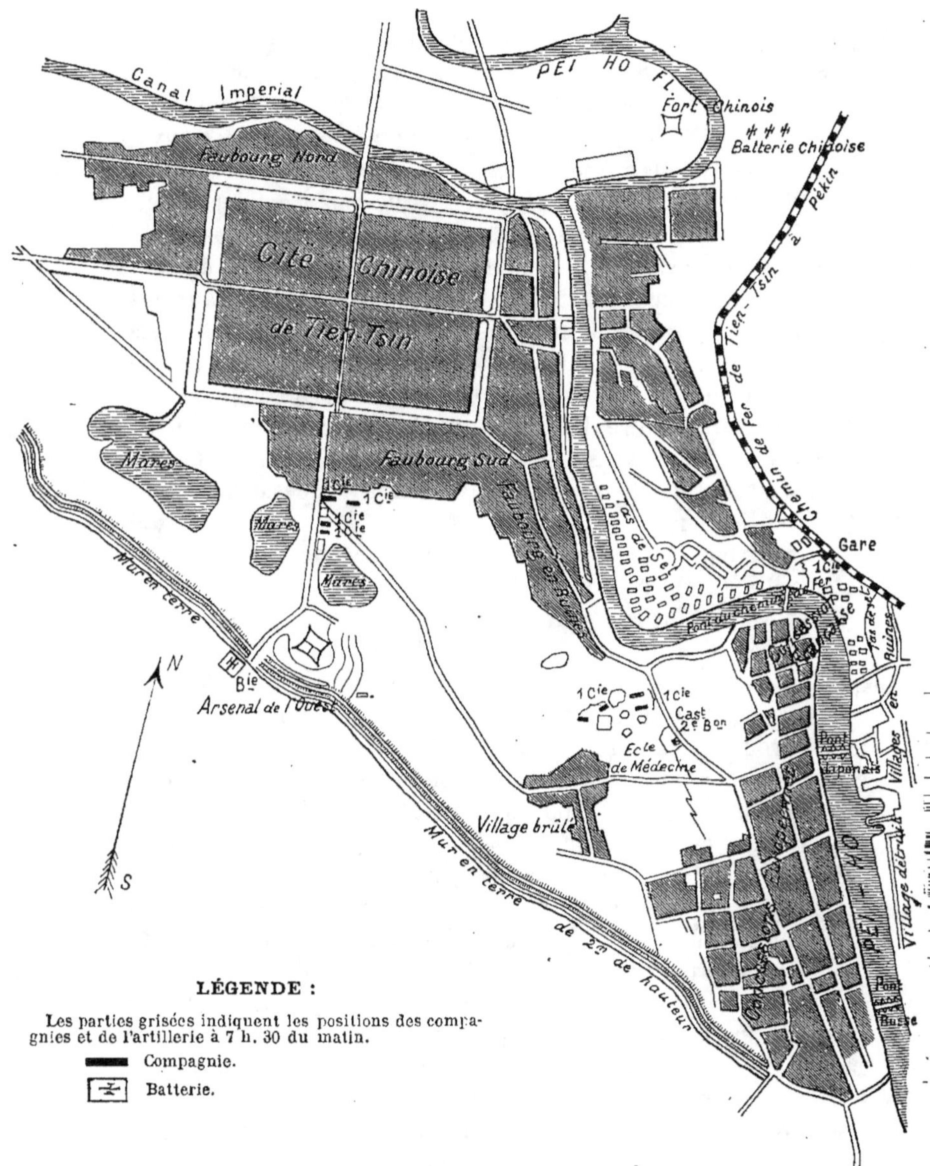

LÉGENDE :

Les parties grisées indiquent les positions des compagnies et de l'artillerie à 7 h. 30 du matin.

Compagnie.

Batterie.

abrité pour venir se rassembler à l'extrémité de l'arsenal, derrière des ruines qui se trouvent à l'entrée de la digue;

2° Un peloton sera porté en avant sur la digue, jusqu'au premier groupe de maisons, de manière à amorcer le mouvement et à couvrir le rassemblement;

3° Dès que la préparation de l'attaque par l'artillerie sera jugée suffisante, et quand l'ordre en sera donné, le bataillon se portera en avant sur le faubourg. Le mouvement se fera sur la digue, successivement, peloton par peloton, au pas de course, de groupes de maisons en groupes de maisons, sans s'attarder à tirer. La baïonnette sera mise au canon dès le départ — celle-ci ayant un grand effet moral sur les Chinois.

Entre temps, notre batterie, ayant épuisé ses munitions, se retire du feu et va se mettre à l'abri derrière la digue, où elle attend son échelon, qui est envoyé à la Concession pour se réapprovisionner.

Le mouvement de l'infanterie s'exécute point pour point, comme il a été dit plus haut.

C'est vers 8 heures que le colonel lance le bataillon sur la chaussée. La tête du bataillon décolle avec un entrain remarquable; le reste suit, malgré la grêle de balles que provoque ce mouvement en avant. Moins de dix minutes après, le bataillon se trouve dans le faubourg.

Les Japonais, qui ne veulent pas se laisser distancer, se portent en avant avec nos troupes, moitié sur la chaussée, moitié dans l'eau, à droite et à gauche.

Les infanteries des deux nations, arrivées dans le faubourg, progressent lentement, de maison en maison. Vers 9 h. 40, leur mouvement en avant est enrayé; les troupes sont à environ 500 mètres du mur de la ville murée.

La batterie Julien, qui est réapprovisionnée, est portée à son tour sur la digue, au trot par pièce, jusqu'à un groupe de maisons situé à 800 mètres du mur d'enceinte de la ville chinoise, avec ordre d'y faire brèche.

Les obus à la mélinite lui faisant défaut et les résultats obtenus avec des obus à mitraille étant insuffisants, la batterie reçoit l'ordre de se retirer et de se mettre à l'abri.

Le colonel commandant le corps expéditionnaire décide alors

de se cramponner jusqu'à la nuit sur les positions conquises et, au petit jour, d'amener son artillerie à courte distance pour faire brèche avec des obus à la mélinite, puis de lancer son bataillon à l'assaut.

Le général japonais, partageant entièrement l'avis du colonel, maintient ses troupes au contact.

Le général anglais, hésitant, parlait de retraite. Mais, devant la décision prise par les commandants des troupes françaises et japonaises, il se décide à porter les siennes en avant.

Celles-ci progressent lentement à gauche du groupe franco-japonais, tandis que les Américains avancent à droite.

Anglais et Américains s'arrêtent, sans s'engager dans les faubourgs.

Les deux ordres suivants, envoyés, l'un à 11 heures du matin, l'autre à 2 heures par le colonel commandant le corps expéditionnaire au commandant Feldmann, dépeignent exactement la situation :

A 500 mètres de la ligne de feu. — Expédié le 13 juillet 1900, à 11 h. 20 du matin.

Il faut tenir sur place jusqu'à la nuit. Vous êtes trop près de la muraille pour que l'artillerie ennemie puisse quelque chose contre vous. Abritez bien vos hommes et ne dépensez pas vos munitions.

Nous n'avons, en ce moment, aucun moyen de faire brèche. Cette nuit, je vous ferai renforcer et ravitailler.

Demain matin, la batterie aura des obus à la mélinite ; elle fera brèche et on donnera l'assaut.

A 500 mètres de la ligne de feu. — Expédié le 13 juillet 1900, à 2 heures du soir.

Continuez à tenir ferme en épargnant hommes et munitions. Dès que la nuit sera venue, faites des barricades et des retranchements, de manière à conserver ce que vous avez conquis. Couvrez-vous sur votre flanc gauche. Pendant la nuit, je vous enverrai de l'eau et des munitions et vous ferai renforcer.

Ce qu'il fallait dans la circonstance, c'était de la ténacité. Le Chinois, devenu excellent artilleur et assez bon tireur, a encore la terreur de la baïonnette. Il fallait donc le maintenir sous la menace immédiate de cette arme.

De plus, le Chinois se défend avec la plus grande ténacité quand il est derrière des retranchements, mais il se retire dès qu'il est tourné. Il fallait donc attendre le résultat de l'attaque des Russes sur la rive gauche..

Les troupes, retenues ainsi immobiles sous le feu, restant sans tirer pendant des heures entières et se tenant simplement prêtes à repousser à la baïonnette toute sortie ou retour offensif des Chinois, furent parfaites de calme et de sang-froid. Tout ce qui sortait de son abri, tout ce qui paraissait sur la digue pouvait être considéré comme perdu, car le feu de l'ennemi, mieux ajusté depuis qu'on ne tirait plus sur lui, était devenu des plus efficaces.

Force était donc d'attendre la nuit pour relever les morts et faire les ravitaillements.

Pendant que ces événements se passaient à la chaussée qui mène de l'arsenal à la cité chinoise, d'autres unités françaises étaient engagées sur trois autres points.

1° *Attaque des deux compagnies partant de l'Ecole de médecine.* — Dès qu'il avait aperçu, du haut d'un observatoire situé dans la Concession, le bataillon Feldmann s'engager dans l'arsenal, le lieutenant-colonel Ytasse avait porté en avant deux compagnies du bataillon Roux, avec ordre de faire la diversion convenue à l'avance.

Ces compagnies, partant de l'Ecole de médecine à 5 h. 30 du matin, s'avancent à travers un dédale de maisons brûlées, en repoussant les Boxeurs. Elles arrivent ainsi jusqu'à un terrain vague, d'où elles sont prises en flanc par des tirailleurs chinois placés sur l'autre rive du Peï-Ho.

Elles s'arrêtent.

D'une part, la situation devenant difficile et les pertes augmentant d'une façon inquiétante, d'autre part la digue étant franchie par le bataillon Feldmann, le lieutenant-colonel Ytasse retire les deux compagnies lentement jusqu'à l'Ecole de médecine, d'où il se tient prêt à les reporter en avant, pour faciliter la retraite du bataillon Feldmann, dans le cas où ce dernier serait obligé de se retirer. Il est 7 h. 50. Ce combat des rues, qui a duré deux heures vingt, a été très meurtrier.

2° Participation de la 12ᵉ batterie à l'attaque des Russes (rive gauche). — L'infanterie russe, sous la protection du feu de toute l'artillerie, franchit le canal de Lutai au petit jour, prend cinq camps fortifiés, 5 pièces, chasse l'ennemi des deux côtés du canal et s'avance jusqu'aux environs du fort, d'où les Chinois n'ont cessé de bombarder la ville.

L'artillerie est donc restée immobile et a servi de pivot pendant la manœuvre. Notre batterie, par un coup heureux (obus à la mélinite), a fait sauter une poudrière, ce qui a dû produire un grand effet moral chez les Chinois.

Le général Stessel, dans un ordre du jour (voir ci-dessous ordre général n° 50), a adressé ses plus chaleureux remerciements à la 12ᵉ batterie, pour sa participation à la victoire remportée par sa colonne.

Cette batterie rentre au cantonnement à la concession française dans l'après-midi.

ORDRE GÉNÉRAL N° 50.

Officiers, Sous-Officiers, Caporaux et Soldats du corps expéditionnaire,

Vous avez hier, le 30 juin - 13 juillet, accompli un fait d'armes qui est digne d'être placé à la hauteur des actions célèbres de vos ancêtres.

Conformément aux instructions du commandant en chef, le corps expéditionnaire, renforcé par une batterie française et deux compagnies allemandes, s'est mis en marche suivant la route indiquée par les éclaireurs du Sotnik-Grigoriew, c'est-à-dire au nord de l'arsenal de Schangay.

Sept chalands sont amenés le long du canal par les chevaux de notre artillerie. La colonne du lieutenant-colonel Schirinski traverse le canal la première ; elle est suivie par la colonne du colonel Anisimow.

Ce passage, pendant la nuit, se fait en silence et en ordre parfait.

Au point du jour, c'est-à-dire au premier coup de canon tiré dans la colonne du colonel Antukow, le colonel Anisimow commence son attaque, suivant les deux bords du canal.

L'apparition brusque de nos troupes au delà du canal et sur un flanc de l'ennemi produit sur ce dernier un effet surprenant. Cette surprise est complétée par l'explosion du dépôt de munitions et le progrès de la colonne Anisimow, fortement secondée par le feu de notre artillerie.

Ensuite l'ennemi, pressé de près par la magnifique attitude de nos troupes, quitte successivement, sur une étendue de 8 verstes, plusieurs positions et enfin est rejeté au delà du chemin de fer, où vous enlevez une forte batterie.

En tout, vous avez pris cinq camps retranchés, huit pièces; vous avez nettoyé toutes les positions ennemies situées des deux côtés du canal, et vous avez mis pied ferme sous les murs du fort, où vous êtes restés pendant quatre heures, subissant un feu terrible de toutes les pièces du fort ennemi.

A la suite de votre courageuse attitude, l'ennemi a abandonné, le lendemain, le fort ainsi que toutes les positions environnantes.

Côte à côte avec nous ont aussi marché les Français et les Allemands, qui, grâce à leur conduite exemplaire au feu, ont beaucoup contribué au succès de l'attaque générale.

J'exprime de tout mon cœur mes remerciements les plus sincères aux chefs de colonnes, à MM. les Officiers, au courage desquels je dois ma victoire, et à vous, mes chers amis : Chasseurs, Sapeurs, Kosaks, Canonniers et Matelots, je vous salue profondément, car je vois qu'il n'existe rien pour vous d'impossible.

De même, je remercie infiniment la batterie française et les compagnies allemandes pour leur participation à notre victoire complète.

Le Général-Major commandant le corps expéditionnaire,

Signé : STESSEL.

P. C. C.

Le Colonel commandant le corps expéditionnaire,

Signé : DE PÉLACOT.

3° *Combat autour de la gare.* — Les Chinois, refoulés par les Russes, cherchent à enlever le poste de la gare, mais le feu des défenseurs de ce poste (une compagnie du 9ᵉ de marine) les tient à distance.

Cette compagnie n'eut ni tués ni blessés par le feu de l'infanterie; mais, de même que l'avant-veille, les tranchées du poste, enfilées par l'artillerie chinoise, furent couvertes, à un moment donné, d'obus à mitraille, qui lui causèrent quelques pertes.

Journée du 14 juillet.

Dans la nuit du 13 au 14, le colonel commandant le corps expéditionnaire fait relever les morts et les blessés et fait parvenir de l'eau et des munitions au commandant Feldmann.

Il donne l'ordre au bataillon Roux de quitter la Concession et de venir, en suivant la digue, jusqu'à l'arsenal. Là, les derrières des troupes alliées étant absolument dégarnis et à la merci d'un mouvement tournant de l'ennemi, le colonel arrête le bataillon et le place en avant-postes, au sud de la digue, face au sud-ouest.

Cette nuit-là, toutes les compagnies françaises furent aux avant-postes :

4 compagnies (lieutenant-colonel Ytasse) à la concession française;

4 compagnies (commandant Roux) couvrant les derrières des forces alliées;

4 compagnies (commandant Feldmann) au contact de l'ennemi, à 400 mètres des murs de la ville.

Les deux batteries reçoivent l'ordre d'emporter tout ce qu'elles pourront de mélinite et d'être rendues à l'arsenal le 14, à 3 h. 1/2 du matin.

A 3 heures du matin, la compagnie de pionniers japonais fait sauter la porte. Les Français et les Japonais s'élancent aussitôt à la baïonnette et entrent en ville. On constate que celle-ci n'est plus occupée que par quelques Boxeurs; les réguliers ont tous évacué la cité pendant la nuit.

Conformément à une entente préalable, les Japonais suivent les remparts à droite et les Français à gauche, jusqu'à ce qu'ils se rejoignent. Toutes les portes de la ville sont ainsi occupées successivement.

Le bataillon Roux, puis le groupe de batteries entrent à leur tour et occupent la partie réservée d'avance aux Français.

C'est l'occupation qui commence.

Pertes éprouvées dans le combat du 13 juillet.

Le colonel commandant le corps expéditionnaire est heureux de signaler la bravoure et l'endurance dont ont fait preuve les troupes placées sous ses ordres au cours d'un combat qui a duré quatorze heures sans un instant d'interruption, par une température de 39 degrés, sans aucun moyen pour se procurer de l'eau fraîche et sous un feu très meurtrier, qui a mis hors de combat, au cours des diverses opérations de cette journée, plus de 800 hommes des troupes internationales.

Le bataillon d'infanterie de marine, engagé sur la route de l'arsenal à la ville, a eu 16 tués, dont 1 officier (lieutenant Piquerez), et 55 blessés, dont 2 officiers (lieutenant Saillens et sous-lieutenant Garrig).

Les pertes des deux compagnies qui ont coopéré à la diversion dirigée par le lieutenant-colonel Ytasse s'élèvent à 4 tués et 18 blessés dont deux officiers (capitaine Pernot et lieutenant Fabre).

L'artillerie (13ᵉ batterie) a eu, au cours de cette journée, 2 officiers blessés (capitaine Julien et lieutenant de Battisti), 4 canonniers européens et 2 indigènes blessés.

La 12ᵉ batterie, de son côté, a eu, dans l'affaire à laquelle elle a participé avec les Russes, 4 blessés dont le capitaine Joseph.

Enfin, le capitaine Bonnabosc, qui occupait la gare, a eu 2 tués et 7 blessés.

Le total des pertes du corps expéditionnaire, dans cette journée, s'élève à 22 tués, dont 1 officier, et 92 blessés, dont 7 officiers.

Il y a lieu d'ajouter à ce total M. le chef d'escadron d'artillerie Vidal, attaché militaire en Chine, chef d'état-major du corps expéditionnaire, qui a reçu une balle dans l'épaule droite, et le capitaine de Lardemelle, adjoint au colonel commandant, qui a reçu une légère contusion au poignet gauche.

Ci-joint l'état des tués et des blessés :

État nominatif des officiers et hommes de troupe tués et blessés pendant la bataille du 13 juillet 1900 (Prise de Tien-Tsin).

NUMÉROS matricules.	NOMS ET PRÉNOMS.	GRADES.	CORPS.	LIEUX DE NAISSANCE.
	MM.	**Tués.**		
	Piquerez (P. A.)	Lieut.	11e mar.	Vesbois, canton de Belfort (H.-Rhin).
C 7718	Bouquinet (G.).	2e classe.	9e mar.	Cognac (Charente).
C 7244	Bourgeois (E.).	Id.	Id.	St-Philippe-de-Seignal (Dordogne).
CC 5489	Bourgoin (F.).	Id.	Id.	Ecuras (Doubs).
A 6716	Lefèvre (A.).	Id.	Id.	Montégu (Aisne).
C 1760	Samouillan (A.).	Caporal.	Id.	Alan (H.-Gar.).
C 4613	Michel (A. E.).	1re classe.	Id.	Landouzy - la - Ville (Aisne).
C 4974	Le Floch.	Id.	Id.	Sans pièces.
D 3883	Levêque (A.)..................	Id.	Id.	Bordeaux (Gironde).
C 7116	Sage (G. A.).	2e classe.	Id.	Bordeaux (Gironde).
C 4191	Padovani (F.).	Sergent.	11e mar.	Cinturi (Corse).
D 7951	Hénin (E.).	1re classe.	Id.	Pierrefonds (Oise).
D 12576	Huber (C.).	Id.	Id.	Bourbon - l'Archambault (Allier).
DD 8314	Vassivières (A.).	2e classe.	Id.	Paris.
D 12383	Berland (L. J.).	Id.	Id.	Limoges (H.-Vienne).
D 7894	Salaun (P. E.).	Id.	Id.	Tlemcen (Algérie).
BB 5568	Mainier (J. C.).	Id.	Id.	St-Etienne (Loire).
D 648	Raynaud (F. A.).	Id.	Id.	St-Etienne (Loire).
DD 11531	Bourez (J. E.).	1re classe.	Id.	Santes (Nord).
D 11972	Douet (P. A.).................	2e classe.	Id.	Colombes (Seine).
AA 2314	Vitasse (J. O.).	Sergent.	Id.	Roy-Boissy (Oise).
DD 9403	Malhautier (S. C.).	2e classe.	Id.	Uzès (Gard).
	MM.	**Blessés.**		
	Joseph (P. E.).	Cap. en 1er	Art. mar.	Guéret (Creuse).
	Julien (G.).	Id.	Id.	Le Grand-Lucé (Sart.)
	Pernot (C. F.).	Capitaine	11e mar.	Largentière (Ardèc.).
	Fabre (J. G.).	Lieut.	Id.	Montpellier (Hérault)
	Saillens (M. M. P.)........	Id.	Id.	Tauriga (Pyr.-Or.).
	*De Battisti (E.) (1).	Lieut. en 2e	Art. mar.	Châteauroux (Indre).
	Garrig.	S.-lieut.	9e mar.	Besançon (Doubs).

(1) Mort des suites de sa blessure.

NUMÉROS matricules.	NOMS ET PRÉNOMS.	GRADES.	CORPS.	LIEUX DE NAISSANCE.
	Blessés (*suite*).			
C 7545	Kieffer (J.).	1re classe.	9e mar.	Elgers-Weier (duché de Bade).
C 7016	*Daudel (L.).	2e classe.	Id.	Cette (Hérault).
A 6164	*Lebeau (J. E.).	Id.	Id.	Estanges (Ain).
C 5707	Tissot (L. J. F.).	1re classe.	Id.	Rennes (I.-et-V.).
C 4794	*Reynier (C.) (1)..........	Sergent.	Id.	Vasselin (Isère).
D 10675	Mercier (J. E.).	2e classe.	Id.	St-Denis-des-Gabarnes (Loire).
D 8995	*Saint-Martin (J.).	1re classe.	Id.	Rimont (Ariège).
D 13182	Tixier (A. B.).	Id.	Id.	Saint-Etienne (Loire).
D 3991	*Schiaretti (P. B.).	Id.	Id.	Bocagnano (Corse).
C 7111	Pourtugnau (B. V.)........	Id.	Id.	Pau (Basses-Pyrénées)
CC 4812	*Tambourg (L.).	Id.	Id.	La Porcherie (H.-V.).
C 7618	Trosley (P. E.).	2e classe.	Id	Paris.
D 11372	Chaix (J. J. S.).	Id.	Id.	La Roche - des - Armands (H.-Alpes).
C 5519	*Marceron (J.).	Id.	Id.	St-Aubin (Dordogne).
D 5213	*Pravaz (L. R.) (2).	1re classe.	Id.	Saint-Jean-de-Maurienne (Savoie).
C 5466	Bibault (G. O.).	Sergent.	Id.	Romagne (Vienne).
DD 5872	*Guyot (E.).	S.-major.	Id.	Beaumont (H.-V.).
CC 4987	Magnat (A.).	Caporal.	Id.	Montmorillon (Vien.).
C 6854	Meunier (E.). ,...........	Id.	Id.	Dammerie (Loiret).
D 10097	*Martin (A. E.).	1re classe.	Id.	Lunéville (M.-et-M.).
C 6981	*Goret (E.).	Id.	Id.	Baignes - Ste - Radegonde (Charente).
C 5858	Proutou (V. L.).............	2e classe.	Id.	Cronseilles (B.-Pyr.).
DD 9652	Jammes (L. V.).	Id.	Id.	Corbeil (Seine).
C 7408	Germond (L.).	Id.	Id.	Jarnac (Charente).
D 9103	Bidault (P. V.).	Id.	Id.	Verneuil (I.-et-Loire).
C 6509	Pasquier (L.).	Id.	Id.	Chenezay (Deux-S.).
DD 11336	Fontanilles (P. P.).	Id.	11e mar.	Balagnier (Aveyron).
CC 6012	Nicolas.	Id.	9e mar.	Sans pièces.
DD 11439	Ciavaldini (P. V.).	Id.	11e mar.	Lama (Corse).
D 5029	Depreux (J.).	Id.	Id.	Flavigny (Aisne).
D 4157	Baroz (L. J.).	Id.	Id.	Niort (Deux-S.).
D 12241	Raoux (L. F.).	Id.	Id.	Frontignan (Gard).
DD 8722	Horel (P. J.).	Id.	Id.	Blain (I.-et-V.).
DD 8667	*Giraud (E.).	Id.	Id.	Aix (B.-du-R.).

(1) Mort des suites de ses blessures le 16 août.
(2)   —   —   le 24 juillet.

NUMÉROS matricules.	NOMS ET PRÉNOMS.	GRADES.	CORPS.	LIEUX DE NAISSANCE.
	Blessés (*suite*).			
D 5049	Courtois (V.)............	2e classe.	11e mar.	Vouziers (Ardennes).
D 10865	Boureliez (E.).............	Id.	Id.	La Bourboule (P-d-D.)
D 9077	Saugey (J. M.)............	1re classe.	Id.	Ruy (Isère).
DD 9730	Semeidei (J. A.)...........	Id.	Id.	Saint-Andrea-di-Bozio (Corse).
D 12625	*Scheit (A.)...............	2e classe.	Id.	Paris.
DD 2837	Génin (E. I.).............	Caporal.	Id.	Paris.
DD 10995	Gérard (P.)..	2e classe	Id.	Montcenis (S.-et-L.).
D 12839	Vignetey (G. A.)...........	Caporal	Id.	Montsaugeon (H.-Marne)
D 13190	Pages (M. L.).............	1re classe.	Id.	Cambrai (Nord).
DD 11500	Laroche (J. J.)...........	Id.	Id.	Montignac (Dord.).
DD 9688	Morachini (A. F.).........	2e classe.	Id.	Bovaresse (Suisse).
DD 11888	Peillon (A. F.)............	Id.	Id.	Lyon (Rhône).
D 12671	Hilaire (C.).	Id.	Id.	Velaine-en-Haye (Nord).
D 7519	Truc (L.).	Id.	Id.	Lorgnes (Var).
DD 9330	*Godar (J.)...............	Id.	Id.	Paris.
DD 11709	*Dumesnil..	Id.	Id.	Sans pièces.
DD 11376	Trouillas (L. H.)..........	Id.	Id.	Payzac (Ardèche).
D 11377	Roussel (J.-M.)............	Id.	Id.	Montferrat (Var).
D 10924	Albertini (P.).	Id.	Id.	Borgo (Corse).
D 1909	Bontoux...	Adjudant	Id.	Sans pièces.
A 1337	Lefèvre (C. J.).............	S.-major.	Id.	St-Denis-le-Vast (Manche).
D 9056	Damotte (C. E.)...........	S. fourr.	Id.	Bois-Sacré (Algérie).
BB 5568	Fagot (G.)...	Caporal.	Id.	Haroué (M.-et-M.).
DD 9567	*Ruffinango (V.).	Id.	Id.	Blida (Algérie).
DD 9087	*Baude (G.)...............	Sergent.	Id.	Lyon (Rhône).
D 11022	Duval (L.).	Caporal.	Id.	St-Jean-de-Rivière (Manche).
DD 9813	Blain (P.).	1re classe.	Id.	Recoubeau (Drôme).
DD 11189	*Molle (C.).	2e classe.	Id.	Mouzières (M.-et-M.).
DD 10043	*Porte (A.)..............	Id.	Id.	Pagny-sur-Moselle (M.-et-Mos.).
DD 11435	Descombes (J.).	Id.	Id.	Sauvignes (S.-et-L.).
D 12652	Marcelin (A.).	Id.	Id.	Nîmes (Gard).
DD 12638	Clary (J.).	Id.	Id.	Marseille (B.-du-R.).
DD 10898	Favalelli..	Id.	Id.	Zalana (Corse).
DD 11103	Guidoni (P.).	Id.	Id.	Calenzana (Corse).
DD 9296	Geisel (E.).	Id.	Id.	Clermont (P.-de-D.).
D 11315	Capillaire (R.).	1re classe.	Id.	Béziers (Hérault).

NUMÉROS matricules.	NOMS ET PRÉNOMS.	GRADES.	CORPS.	LIEUX DE NAISSANCE.
		Blessés *(suite)*.		
C 7586	Dupuy (G.). .	2ᵉ classe.	9ᵉ mar.	Bordeaux (Gironde).
D 11402	Roubau (E.)	Id.	11ᵉ mar.	Paris.
D 11589	Chanel (P. H.).	Id.	Id.	Lescheroux (Ain).
D 10623	Paquet (H. F.).	Id.	Id.	Issoudun (Indre).
C 7595	Millet. . .	1ʳᵉ classe.	9ᵉ mar.	Sans pièces.
4998	Moulin (C.).	1ᵉʳ ouv. en bois	Art. mar.	Marcillat (P.-de-D.).
4836	Orain (E.). .	2ᵉ can. serv	Id.	Cambon (Loire-Inf.).
4411	Perrez (G.). .	1ᵉʳ c. cond.	Id.	Cromagny (H.-Rhin).
4259	Onille (R.). .	Id.	Id.	Bompas (Pyr.-Orient.)
4574	Morisseau (L.). .	Id.	Id.	Olonne (Vendée).
3797	*Le Rouzeau (A.).	1ᵉʳ c. serv.	Id.	Plœrmeur (Morbihan).
3721	Le Bail (V.).	1ᵉʳ c. cond.	Id.	Guéménée (Morbihan).
1387	*Le Léannec. .	2ᵉ can. serv	Id.	Bubry (Morbihan).
110	Lam-Van-Sat. .	1ᵉʳ c. cond.ind.	Id.	San-Hoa (Cochinch.).
208	Dao-Chi. . .	Id.	Id.	Duong-Tuu (Tonkin).
117	*Tran-van-Cua. . .	2ᵉ can. ser. ind.	Id.	Tan-Sgaï (Cochinch.).
29399	Gassendi (H.).	Brigadier	Id.	Dijon (Côte-d'Or).
5452	Mouhat (A. J.).	2ᵉ can. serv	Id.	Moval (H.-Rhin).

Soit 24 *tués* (y compris le sergent REYNIER et le soldat PRAVAZ, morts des suites de leurs blessures).

93 *blessés* dont 21 grièvement.

Plus 2 *officiers de l'état-major*, le commandant VIDAL, blessé assez grièvement d'une balle à l'épaule, et le capitaine DE LARDEMELLE, contusionné légèrement.

NOTA. — Les noms précédés d'un astérique sont ceux des hommes en danger de mort ou d'amputation.

Propositions du colonel commandant le corps expéditionnaire.

La bataille du 13 juillet représente un effort considérable, puisque les troupes françaises y ont perdu le septième environ de leur effectif (120 sur 800 dans l'attaque de la rive droite). De plus, les hommes ont fait preuve d'un entrain remarquable et ont prouvé aux troupes des autres nations que le Français n'a perdu aucune des qualités qui ont fait de lui le premier soldat du monde.

Mais l'effort fourni par tous dans cette journée du 13 appelle des récompenses immédiates.

Le colonel commandant le corps expéditionnaire fait, en conséquence, les propositions suivantes :

Etat-major.

1° Pour le grade de lieutenant-colonel.

M. le chef d'escadron d'artillerie Vidal, attaché militaire en Chine et en Corée, faisant fonctions de chef d'état-major.

A secondé, avec la plus grande intelligence, le commandant du corps expéditionnaire, pendant le combat du 11 juillet et la bataille du 13. A montré, pendant cette bataille, la plus grande bravoure et a reçu une grave blessure à l'épaule droite.

2° Pour le grade de chef de bataillon.

M. le capitaine de Lardemelle (infanterie, armée de terre).

A déployé, pendant le combat du 11 juillet et pendant la bataille du 13, la plus grande activité et a porté, à plusieurs reprises, les ordres du commandant du corps expéditionnaire, en traversant un terrain criblé de projectiles.

A montré la plus grande bravoure, et, à la bataille du 13, a eu la manche droite de son veston traversée par une balle, qui l'a légèrement contusionné. A été l'objet d'une proposition pour le grade de chef de bataillon à l'inspection générale de 1900.

Régiment de marche d'infanterie de marine.

1° Pour le grade de colonel.

M. le lieutenant-colonel Ytasse (commandant le 11ᵉ de marine).

Arrivé à Tien-Tsin avec le 1ᵉʳ bataillon, a organisé, avec intelligence, la défense de la concession française, s'est distingué par son courage dans les combats journaliers qu'il a eu à soutenir avec les Chinois et, en dernier lieu, a conduit avec habileté, pendant la bataille du 13 juillet, une diversion qui a permis à la colonne principale de prononcer son attaque contre la cité chinoise de Tien-Tsin.

2° Pour officier de la Légion d'honneur.

M. le commandant Feldmann (du 11ᵉ de marine).

Vieux serviteur ayant déployé, pendant la journée du 13 juillet, une grande bravoure et une grande énergie. A su maintenir, pendant plusieurs heures, son bataillon sous un feu meurtrier et a exécuté, à la lettre, les ordres du commandant du corps expéditionnaire, en évitant le gaspillage des munitions et en restant sur le terrain conquis. Très méritant à tous égards.

3° Pour chevalier de la Légion d'honneur.

M. le capitaine Pernot (du 11ᵉ de marine).

Officier très méritant, qui a eu la jambe traversée par une balle.

M. le lieutenant Fabre (du 11ᵉ de marine).

Officier qui, bien que jeune, mérite d'être récompensé d'une façon exceptionnelle, en raison de son entrain et de l'exemple qu'il a donné à sa troupe. Coup de feu à la tête.

M. le lieutenant Saillens (du 11ᵉ de marine).

S'est fait remarquer par son ardeur et son entrain. A eu la mâchoire fracassée par une balle.

4° Pour la médaille militaire.

9° de marine.

DD 8995, Saint-Martin, soldat de 2° classe.

Amputé de la jambe gauche. Très bon sujet.

A 6481, Lebeau, soldat de 2° classe.

Criblé de blessures. Belle conduite au feu.

D 5872, Guyot, sergent-major.

Blessé deux fois. Très bon sous-officier.

C 5466, Bibault, sergent.

Blessé grièvement, est resté à la tête de sa section.

CC 4812, Tambourg, soldat de 2° classe.

Blessé grièvement, belle conduite au feu.

11° de marine.

D 6269, Boulet, soldat de 2° classe.

Energique et courageux, a reçu plusieurs blessures, dont une très grave.

D 10623, Paquet, soldat de 2° classe.

Grièvement blessé, a voulu néanmoins continuer le feu.

DD 9730, Semedei, soldat de 1re classe.

N'a pas voulu quitter le rang, malgré une blessure grave au côté droit.

D 9077, Saugey, soldat de 1re classe.

Beaucoup d'entrain et de courage. Blessure grave. 22 ans de services (campagnes comprises).

D 1909, Bontoux, adjudant.

Cuisse traversée. Ancien sous-officier, très bon serviteur.

DD 11709, Dumesnil, soldat de 2ᵉ classe.

Sang-froid et courage remarquables. A eu la poitrine traversée par une balle.

DD 9087, Baude, sergent.

A montré beaucoup d'intelligence et de courage au feu. A eu la poitrine traversée par une balle.

DD 9567, Ruffinango, caporal.

S'est distingué par son courage. Blessure grave, bon serviteur.

D 11402, Rouleau, soldat de 2ᵉ classe.

N'a pas quitté son rang, malgré une blessure grave à la mâchoire.

Groupe de marche d'artillerie de marine.

1°   Pour le grade de capitaine.

M. le lieutenant Lefebvre (du régiment d'artillerie d'Indo-Chine).

A fait preuve d'une grande bravoure et de beaucoup d'entrain pendant le combat du 13.

2° Pour chevalier de la Légion d'honneur.

M. le capitaine Joseph (du régiment d'artillerie d'Indo-Chine).

A commandé sa batterie avec habileté au combat du 13 et a reçu les félicitations du général russe, aux ordres duquel il avait été mis pour cette journée. Blessé légèrement à l'avant-bras.

M. le lieutenant de Battisti (du régiment d'artillerie d'Indo-Chine).

A fait preuve d'une grande bravoure. A eu le genou traversé par une balle et perdra probablement la jambe.

3° Pour la médaille militaire.

A 27391, Darvit, adjudant au régiment d'artillerie de marine d'Indo-Chine, 12ᵉ batterie.

S'est fait remarquer par son zèle et son intelligence depuis l'ouverture des hostilités. Vieux et excellent serviteur, 21 ans de services, campagnes comprises.

A 29399, Gassendi, brigadier au régiment d'artillerie de marine d'Indo-Chine, 12ᵉ batterie.

Très beaux états de services. Blessé le 13 juillet. Figure déjà au tableau de concours pour la médaille militaire.

Propositions pour une citation à l'ordre du jour.

En dehors des propositions ci-dessus, sur lesquelles le ministre sera appelé à statuer, le colonel commandant le corps expéditionnaire a demandé à M. le contre-amiral commandant en chef de vouloir bien citer à l'ordre du jour les militaires dont les noms suivent, qui se sont distingués par leur bravoure, leur entrain et leur intelligence.

Officiers.

M. le capitaine Martin, du 11ᵉ de marine.

Hommes de troupe.

9ᵉ de marine.

Lamouroux, sergent, DD 8990.
Marceron, soldat de 2ᵉ classe, CC 5519.
Darthiailh, soldat de 2ᵉ classe, D 10620.
Tranchant, soldat de 2ᵉ classe, C 1543.

11° de marine :

Lanfranchi, sergent, A 6359.
Tanel, sergent, DD 9210.
Duval, caporal, D 11082.
Sautès, soldat de 1re classe, AA 3509.

12e batterie.

Portanguen, 2e canonnier, A 3218.

13e batterie.

Gaudry, maréchal des logis, A 3080.
Jaffre, 1er canonnier servant, A 3320.
Dao-Chi, conducteur indigène de 1re classe, 208.

Le colonel commandant le corps expéditionnaire ne veut pas terminer ce rapport sans donner une mention toute particulière aux troupes japonaises qui ont marché côte à côte avec les troupes françaises pendant les journées des 13 et 14 juillet.

La bravoure des soldats et l'entrain des officiers sont au-dessus de tout éloge. Et c'est certainement grâce à l'entente qui n'a cessé de régner entre les commandants des troupes japonaises et françaises que l'opération projetée contre la cité chinoise a réussi.

Ce n'est pas tout. Les détachements français, jetés à la hâte dans Tien-Tsin avec leurs armes, leurs munitions et quatre jours de vivres, étaient dépourvus de tout matériel médical et de tous moyens de transport. C'est à peine si les troupes qui ont marché les 13 et 14 juillet avaient quelques brancards et quelques infirmiers régimentaires. Ce sont les Japonais qui, mieux outillés, ont sauvé la situation à ce point de vue. Pendant toute l'action, leurs infirmiers, leurs brancardiers et leurs médecins n'ont cessé de prodiguer leurs soins aux blessés français.

Tout cela mérite d'être dit.

Le général Stessel a jugé bon de proposer pour une croix

russe tous les officiers de la 12ᵉ batterie qui ont pris part à .
l'attaque qu'il dirigeait.

Par analogie et pour les raisons énumérées ci-dessus, le colonel commandant le corps expéditionnaire estime qu'il serait juste de remettre une croix de la Légion d'honneur à quelques officiers japonais qui ont assisté à la bataille du 13 juillet.

Ces officiers pourraient être :

NOMS	PRÉNOMS	GRADES	EMPLOI
MM.			
FUKUSHIMA.........	Yasumasa..	Major général..	Commandant les troupes japonaises au Peï-Tché-Li.
OWAYA............	Miki.......	Colonel.....	Commandant le 11ᵉ d'infanterie.
AOKI..............	Nobuzumi..	Lᵗ-Colonel..	Détaché du grand état-major.
YUI..............	Mitsuyé....	Major......	Chef d'état-major du Général commandant les troupes japonaises au Peï-Tché-Li.

C'est au gouvernement à apprécier l'opportunité d'une telle mesure; mais elle paraît de bonne politique : l'attitude et le degré d'instruction des troupes japonaises, depuis le début de la campagne, sont une véritable révélation; c'est une force qui monte et dont il faut tenir compte.

Tien-Tsin, le 20 juillet 1900.

Le Colonel commandant le corps expéditionnaire,

Signé : DE PÉLACOT.

Quelques semaines après la prise de Tien-Tsin, j'eus la grande satisfaction d'apprendre, par un câblogramme du Ministre de la marine, que toutes les propositions que j'avais faites étaient acceptées. Il y eut cependant une modification en ce qui concerne le capitaine de Lardemelle qui, au lieu d'être inscrit au tableau d'avancement pour le grade de chef de bataillon, ainsi que je le demandais, fut inscrit au tableau de concours pour la croix de chevalier de la Légion d'honneur.

En ce qui me concerne, le contre-amiral Courrejolles n'avait pas cru pouvoir me proposer pour une récompense immédiate, en raison de mon peu d'ancienneté dans le grade de colonel et dans le grade d'officier de la Légion d'honneur (1).

Il se contenta de demander pour moi un témoignage officiel de satisfaction au Ministre, qui me l'accorda avec la lettre d'envoi suivante, conçue dans les termes les plus flatteurs :

Paris, le 19 septembre 1900.

Le Ministre de la marine à M. de Pélacot, colonel d'infanterie de marine.

MONSIEUR LE COLONEL,

M. le contre-amiral Courrejolles, commandant en chef la division navale de l'Extrême-Orient, m'a rendu compte des opérations effectuées à Tien-Tsin par la colonne expéditionnaire placée sous vos ordres.

Vous avez montré dans la défense des concessions et dans l'attaque de la ville chinoise les plus brillantes qualités de commandement, tout en donnant l'exemple du courage personnel.

L'initiative que vous avez prise de provoquer l'attaque de la cité chinoise, les judicieuses dispositions arrêtées pour la répartition de l'artillerie française, la ténacité dont vous avez fait preuve, en maintenant vos troupes toute la nuit sous le feu de l'ennemi, pour reprendre l'attaque au point du jour, sont autant d'actes pour lesquels je suis heureux de vous adresser le témoignage officiel de ma satisfaction.

Ce témoignage officiel sera inscrit à votre calepin avec la mention suivante :

« A fait preuve de réelles qualités militaires dans les journées des 11, 12, 13 et 14 juillet 1900, en prenant les dispositions les plus judicieuses pour l'attaque de la cité chinoise de Tien-Tsin, et en donnant l'exemple du courage personnel. »

Pour le Ministre et par son ordre :

Le Vice-amiral, chef d'état-major général,

Signé : BIENAIMÉ.

---

(1) L'ancien commandant du corps expéditionnaire a eu la satisfaction de voir récompensés tous ceux qu'il a proposés et lui-même a été nommé commandeur de la Légion d'honneur par décret du 12 novembre 1902.

La prise de Tien-Tsin mit fin au bombardement des concessions, bombardement d'une ville ouverte, qui restera certainement mémorable dans les annales militaires.

La bataille du 13 fut une vaste opération; certains militaires l'ont vivement critiquée et ont déclaré que nous aurions évité les pertes sensibles que nous avons éprouvées, en attaquant d'un autre façon. Ils ne disent pas laquelle par exemple ! Il est certain que si nous avions eu devant nous des troupes européennes, notre attaque contre la porte Sud de Tien-Tsin eût été une folie.

Il est bon toutefois de remarquer que la digue par laquelle nous avons mené l'attaque présentait, tous les cent mètres environ, des groupes de maisons, qui nous permirent de reprendre haleine et d'arriver, de proche en proche, jusqu'au faubourg qui précède la porte, faubourg dans lequel le groupe *franco-japonais* prit pied de bonne heure et passa toute l'après-midi et la nuit du 13 au 14.

En agissant comme nous l'avons fait, nous avons tenu compte du fait, maintes fois constaté, que les Chinois ne savent pas manœuvrer et qu'ils ne résistent pas à des mouvements tournants.

Nous comptions que le mouvement effectué par les Russes sur la rive gauche du Peï-Ho entraînerait la retraite des Chinois qui défendaient la cité chinoise de Tien-Tsin, et c'est ce qui est arrivé.

Il y a lieu de considérer également que, dans le conseil de guerre tenu le 12, les généraux alliés m'offrirent de participer à l'attaque directe en première ligne avec les Japonais.

J'aurais eu mauvaise grâce, je pense, de refuser ce poste d'honneur, et j'imagine qu'aucun militaire digne de ce nom ne pourrait me blâmer d'avoir agi en vrai Français, qui ne boude pas devant le danger.

Avant d'aller plus loin, il me paraît indispensable de dire quelques mots sur la concession française de Tien-Tsin.

Cette concession, accordée par l'article X du traité de Tien-Tsin, fut délimitée par une proclamation de Tchong, surintendant des trois ports du Nord, en date du 29 mai 1861, après accord avec M. Trève, consul de France.

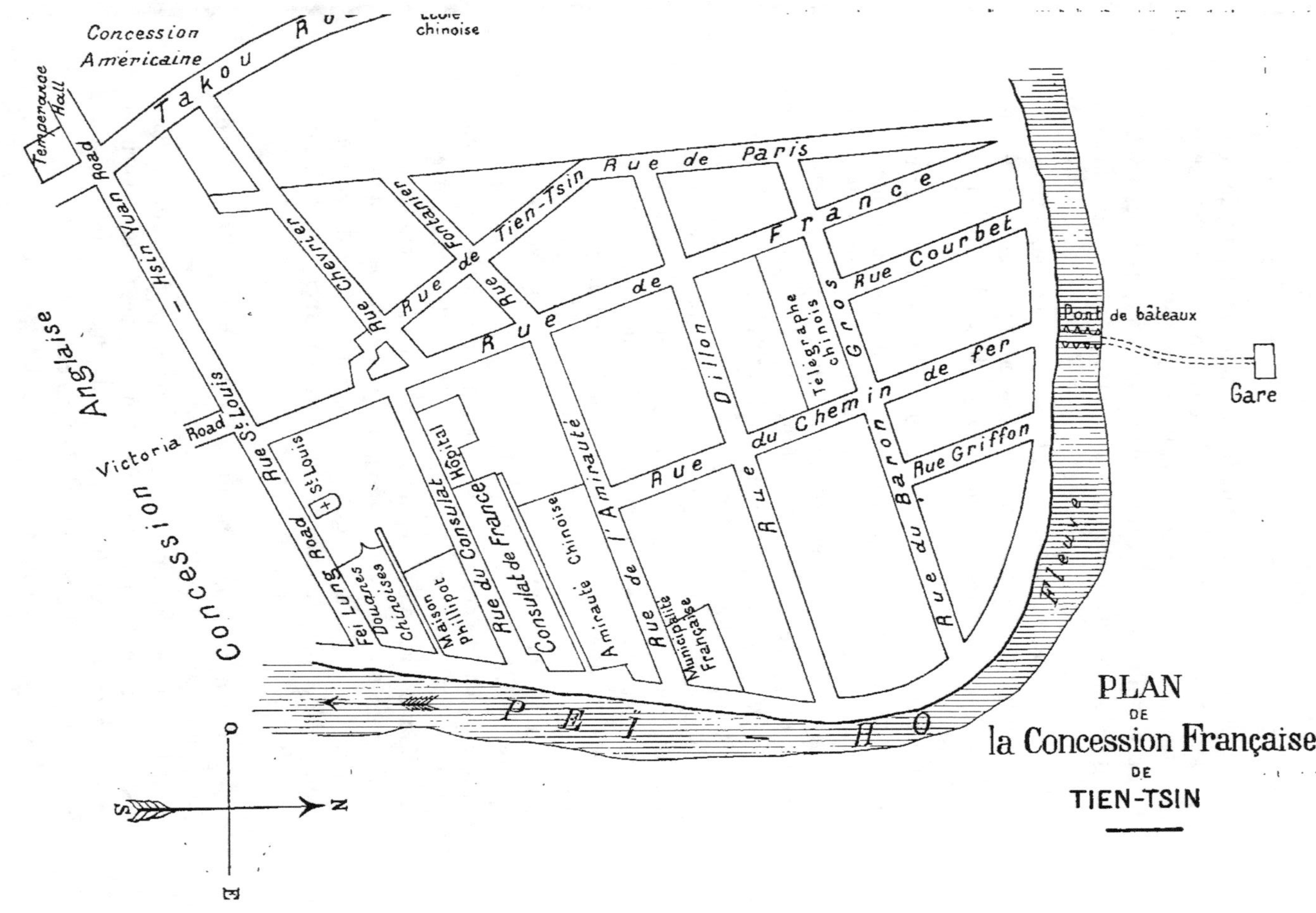

Concession Américaine
Takou Road
Ecole chinoise
Temperance Hall
Hsin Yuan Road
Rue Chevrier
Rue Fontanier
Rue de Tien-Tsin
Rue de Paris
France
Rue de
Rue Courbet
Télégraphe chinois
Gros
Dillon
Pont de bâteaux
Gare
Rue du Chemin de fer
Rue Griffon
Concession Anglaise
Victoria Road
St Louis
Rue St Louis
Fei Lung Road
St Louis
Douanes Chinoises
Maison Phillipot
Consulat Hôpital
Rue du Consulat
Consulat de France
Amirauté Chinoise
Amirauté
Rue de l'Amirauté
Municipalité Française
Rue du Baron
Fleuve
P E I - H O
PLAN
DE
la Concession Française
DE
TIEN-TSIN
O
S
N
E

Les limites étaient déterminées dans les termes suivants :

L'endroit où les Français et les protégés de la France pourront, à l'avenir, affermer à leur gré à Tien-Tsin des terrains, pour y bâtir des maisons et former des établissements commerciaux, sera cette partie sur la rive droite du fleuve du faubourg sud-est de la ville qui confine à la limite nord de la concession anglaise, dans toute sa longueur de l'est à l'ouest, et qui, en suivant la sinuosité du fleuve depuis l'extrémité nord-est de ladite concession anglaise jusqu'à la tour se trouvant sur le bord du fleuve, est comprise entre les deux limites, à savoir la concession anglaise au sud, le fleuve à l'est et au nord-est et une ligne transversale partant directement de la tour et aboutissant à l'extrémité nord-ouest de la concession anglaise.

Un règlement relatif à l'affermage à perpétuité des terrains dans les limites de la concession française à Tien-Tsin, en date du 2 juin 1861, fut signé par le comte Kleczkowski, premier secrétaire de la légation de France à Péking, et Tchong, surintendant des trois ports du Nord.

Ce règlement avait pour objet de déterminer le prix des terrains et des habitations cédés aux Européens dans la concession française (60 taëls d'argent pour chaque arpent), les conditions de paiement, et de spécifier les circonstances dans lesquelles les Français et protégés français pourraient entrer en jouissance des terrains affermés à perpétuité.

La concession française est administrée par une municipalité présidée par le consul.

Ainsi qu'on peut s'en rendre compte par le plan ci-joint, la concession française, qui est limitée au nord et à l'est par le Peï-Ho, est très bien percée; les rues sont droites et assez larges, et, avant les événements qui viennent de ruiner bon nombre de ses constructions, elle avait l'aspect d'une jolie petite ville, très bien tenue.

Les maisons, bien construites, étaient presque toutes dans des jardins, et, le long des rues, on ne trouvait guère que de grands magasins servant d'entrepôts.

La partie comprise entre la rue de France et le fleuve était réservée aux Européens, les Chinois ne pouvant habiter que la partie comprise à l'ouest de la rue de France.

La concession française contient quelques monuments : le

consulat de France, la municipalité française, l'hôtel des douanes chinoises, l'amirauté chinoise, l'église Saint-Louis et l'hôpital français.

Une constatation qu'il est pénible de faire, c'est que la majorité des habitants de la concession française sont des étrangers. Il y a, en effet, peu de négociants français établis à Tien-Tsin.

Un pont de bateaux faisait, avant la guerre, communiquer la concession française avec la gare, qui est située sur la rive gauche du Peï-Ho. Ce pont de bateaux, qui se trouvait à peu près sur le prolongement de la rue du Chemin-de-Fer, a été en partie détruit pendant le siège.

Il a été reconstruit, après la prise de la ville chinoise, par le corps expéditionnaire, sur le prolongement de la rue du Baron-Gros.

Nous avons vu qu'un hôpital chinois et une école de médecine chinoise se trouvaient dans la rue de Takou. Ces deux établissements, créés par l'impératrice douairière, étaient dirigés, avant la guerre, par le regretté docteur Depasse, médecin principal des colonies, qui, pendant tout le siège, dirigea avec un dévouement absolu le service médical et qui mourut à la peine au mois de novembre 1900.

Le docteur Depasse était aidé par le docteur Houillon, médecin de 1re classe des colonies, et par M. Huet, pharmacien des colonies.

Ces trois officiers du service de santé, outre leurs fonctions de professeurs à l'Ecole de médecine chinoise, avaient à diriger l'hôpital français, tenu par des Filles de la Charité, dont le dévouement fut admirable pendant le siège des Concessions.

L'hôpital français était exposé, comme tous les bâtiments de la concession française, aux coups de l'ennemi. Par un hasard providentiel, il fut préservé pendant la plus grande partie du siège, alors que les maisons voisines étaient criblées de projectiles. Ce ne fut que dans les derniers jours que l'hôpital devint l'objectif des artilleurs chinois, et encore quelques obus, tombés isolément et sans blesser personne, servirent-ils d'avertissement préalable; on put, de la sorte, évacuer plus d'une centaine de blessés dans les caves de la maison d'un

négociant russe, M. Batouïef, située dans l'extra-concession, et
les sauver d'une mort affreuse.

La sœur supérieure de l'hôpital français, d'origine belge, succomba dans les premiers jours d'octobre, à la suite des fatigues supportées depuis le commencement de la campagne.

La concession française contient encore deux établissements importants : les procures des Lazaristes et des Jésuites de la province du Peï-Tché-Li. Pendant le siège, ces deux établissements recueillirent une certaine quantité de chrétiens chinois des environs de Tien-Tsin, qui rendirent beaucoup de services aux défenseurs de la concession en faisant les corvées les plus pénibles.

L'église Saint-Louis, qui fait partie de l'établissement des Lazaristes et qui est desservie par eux, est la seule église catholique des concessions étrangères. Cette église fut criblée de projectiles pendant le siège, mais les dégâts ont été vite réparés.

Le lendemain de la prise de la cité chinoise de Tien-Tsin, je me rendis, avec le capitaine de Lardemelle, dans la partie occupée par les troupes françaises, pour me rendre compte de la situation et pour donner l'ordre de rechercher des chevaux et des voitures destinés à organiser un convoi pour la marche sur Péking. Je prescrivis également de s'emparer de tous les bœufs et moutons que l'on pourrait trouver.

Nous eûmes la bonne fortune de nous emparer d'une centaine de chevaux et de mulets et d'un grand nombre de voitures chinoises.

Nous trouvâmes également dans le faubourg de l'Ouest un certain nombre d'animaux de boucherie, qui vinrent à propos pour améliorer notre ordinaire, qui, jusqu'à ce jour, se composait surtout d'*endaubage*.

Je pris, pour me rendre à la cité chinoise, la route de Takou et traversai le quartier de l'École de médecine, où l'on s'était battu nuit et jour pendant vingt-sept jours. Toutes les maisons sans exception étaient brûlées, les murs éventrés par les obus ou crevés par les balles. Sur sept ou huit cents mètres, la route de Takou traversait maintenant des monceaux de ruines calcinées. Au milieu des décombres on apercevait de nombreux cadavres, que des chiens étaient en train de dévorer. Dans l'air, qui conservait l'odeur de brûlé, flottaient des relents de chair en décomposition.

Vite nous franchîmes ces faubourgs dévastés; maintenant, la route suivait le bord du Peï-Ho, laissant à gauche des quartiers à peu près intacts. La plupart des maisons étaient closes, portes barricadées de l'intérieur; d'autres avaient un petit drapeau d'une des puissances alliées — ici, celui des Japonais était partout — ou encore un écriteau dans ce genre : « Soumis aux puissances occidentales et au Japon »; ou bien : « Ami de la civilisation ».

Les Chinois, peu nombreux, qui circulaient par les rues tenaient aussi un petit drapeau ou un écrit de ce genre, à moins qu'ils n'eussent au cou une passe signée d'une autorité militaire ou consulaire. Sur le quai, des barricades en terre, élevées par les Boxeurs, fermaient la rue de distance en distance. De l'autre côté de la rivière, d'énormes tas de sel, hauts de 7 à 8 mètres, longs de 15 à 20 mètres, s'allongeaient obliquement à la rive; c'est de là que partait la fusillade la plus dangereuse pendant le siège.

Près du yamen du vice-roi, au confluent du grand canal et du Peï-Ho, la rive nord a été garnie de casemates faites de madriers et de sacs en terre, pour recevoir des pièces de canon; il y avait là une défense excellente.

Nous passâmes devant l'église de Ouang-Hae-Léou (Notre-Dame des Victoires), l'ancien établissement des missions catholiques.

Construite en 1869 et terminée à la fin de la même année, sur un emplacement donné par le gouvernement chinois et qu'occupaient la mission et le consulat de France, cette église fut brûlée le 21 juin 1870, lors du massacre du personnel du consulat de France et de la mission catholique.

Reconstruite plus tard, lorsque l'ordre eut été rétabli, avec les fonds provenant de l'indemnité versée par le gouvernement chinois, elle devint le lieu de sépulture des malheureuses victimes des massacres, dont les tombeaux furent dressés le long de la nef principale. C'étaient : M. Fontanier, consul de France;

Ruines de la cathédrale de Tien-Tsin et fort Noir.

M. Thomassin, chancelier de la légation de France à Péking, et sa femme; M. et Mme de Chalmaison, négociants; M. Simon, chancelier du consulat de France à Tien-Tsin; MM. Chevrier et Vincent, missionnaires lazaristes; enfin, dix sœurs de la Charité: Marie-Thérèse Marquet, supérieure, Marie Pauline Violet, Marie Clorinde Andréoni, Marie-Josèphe Adam, Marie-Anne Pavillon, Amélie-Caroline Legras, Marie-Joséphine Clavelin, Marie-Anne Noémi Tillot, Marie-Angélique Lenu, Alice O'Sullivan.

Quelques corps avaient été retrouvés mutilés; les autres furent introuvables. Le monument, achevé en 1897, fut béni et inauguré en présence du ministre de France, M. Gérard, et du consul de France à Tien-Tsin, le comte du Chaylard.

Les Boxeurs avaient annoncé, dès le commencement de juin, qu'ils brûleraient de nouveau cette église le jour anniversaire des massacres de 1870, le 21 juin.

Malgré les avis officiels de notre consul au vice-roi, ils ont tenu parole; le 15 juin, vers 11 heures du soir, on aperçut des concessions le feu prendre subitement à la toiture, et en un instant il ne resta que la tour et les murs de la nef, tout comme en 1870. Mais ces ruines ont souffert du bombardement de la ville chinoise par les troupes alliées; seul, le clocher reste debout et encore bien abîmé à sa base; la croix, qui avait été épargnée lors de la première destruction, le surmonte toujours.

Les tombeaux, l'énorme stèle en marbre, reposant sur une tortue, où était gravé le décret impérial assurant la protection officielle de l'édifice, sont en miettes; sans doute, quelque obus à la lyditte ou à la mélinite a tapé dedans.

A 100 mètres plus loin, nous entrâmes dans la citadelle, sur laquelle flottait maintenant le drapeau du Japon. Contrairement à ce que nous pensions, les canons de la citadelle n'ont eu aucune part au bombardement. Ils montraient une gueule menaçante à chaque embrasure, mais c'était tout. Les Chinois eux-mêmes les ont dédaignés, car ils se chargent par la bouche.

Heureusement pour les Japonais qui ont occupé ce fort, ils y ont trouvé une batterie de campagne Krupp prête à être attelée et dont on ne s'était pas servi.

La citadelle masquait, du côté de la ville, les forts véritables,

situés à un kilomètre au nord-ouest, de l'autre côté du Peï-Ho;
de plus, elle contenait une tour assez élevée, d'où la vue s'étendait au loin et qui dut rendre les plus grands services aux pointeurs chinois; cette tour fut détruite, dans les deniers jours du bombardement, par les canons alliés.

Pour aller à ces forts, il fallait franchir le Peï-Ho sur un pont de bateaux derrière le yamen du vice-roi. A une courte distance de la rive gauche, dans l'espace limité par le mur en terre de Tien-Tsin et le canal de Lutai, se trouvaient cinq ou six camps retranchés, où étaient campés la plus grande partie des troupes régulières et des groupes importants de Boxeurs; là aussi étaient les batteries, les principales pièces qui bombardèrent les concessions du 17 juin au 14 juillet.

Les Russes trouvèrent, dans les magasins, des munitions en quantité prodigieuse.

L'armement était des plus variés, canons de siège, de campagne, de montagne, canons-revolvers, mitrailleuses, etc., le tout des modèles les plus perfectionnés, de provenances allemande et anglaise. Il est impossible d'évaluer le nombre des pièces et celui des projectiles.

Mais on ne risque pas de se tromper en affirmant que plus de 100 pièces modernes ont été saisies à Tien-Tsin et à l'arsenal de Sikou. Dans cet établissement, la colonne Seymour, lors de son passage, en avait détruit une grande quantité; néanmoins, les Russes en ont encore trouvé beaucoup sous les décombres qui n'avaient même pas été sorties de leurs caisses d'emballage.

L'approvisionnement en fusils était dans les mêmes proportions.

Que penser alors des renseignements donnés au commencement du siège par des officiers européens, par d'anciens instructeurs de l'armée chinoise, d'après lesquels les Chinois ne possédaient qu'une batterie Krupp de campagne avec 80 coups par pièce ?

Les fournisseurs allemands et anglais, dont plusieurs habitaient Tien-Tsin et ont eu leurs maisons endommagées ou détruites, ne pouvaient ignorer ce qu'ils avaient vendu. En visitant ces forts, qui n'avaient pas été atteints par nos obus, si ce n'est les 13 et 14 juillet, on a le droit de se demander si leur existence même était connue. La citadelle les masquait, et c'est de là, croyait-on, que partaient les coups de canon.

Les troupes alliées, après la prise de la cité chinoise de Tien-Tsin, auraient dû évidemment profiter du succès remporté pour se porter en avant, empêcher les Chinois de se reformer et marcher sur Péking pour délivrer les légations; malheureusement, personne, sauf peut-être les Japonais, n'était prêt pour une telle opération. Tous les détachements étrangers manquaient de moyens de transport, et les approvisionnements en vivres n'étaient pas encore suffisants.

En ce qui concerne le corps expéditionnaire français, nous savons qu'il n'était pas mieux approvisionné que les autres contingents. Faute de remorqueurs, les vivres que nous avions apportés du Tonkin n'arrivaient que par petites quantités, tout juste suffisantes pour vivre au jour le jour. Le jour de l'attaque de la cité chinoise, j'avais été obligé, pour donner au bataillon qui marchait deux jours de biscuit, de vider les sacs des autres bataillons.

Nous étions donc réduits à la portion congrue. Nous n'avions pas mangé de pain depuis notre départ de Takou. Aussitôt arrivé, j'avais bien prescrit la construction de fours, mais, outre que ces fours n'étaient pas terminés, nous n'avions pas encore de farine.

Le jour même de la prise de Tien-Tsin, j'envoyai à la cité le lieutenant de vaisseau Petit, avec des matelots, pour tâcher de se procurer quelques chalands et des remorqueurs, si c'était possible. C'était déjà trop tard : les Japonais et les Russes s'étaient approprié tout ce qui pouvait rendre quelques services. Nous pûmes cependant nous procurer cinq ou six grandes jonques, qui rendirent de grands services par la suite, pour le ravitaillement de la colonne marchant sur Péking.

A partir du 14 juillet, notre existence change complètement. N'ayant plus à craindre le bombardement, nous pouvons nous desserrer un peu et nous installer plus à notre aise.

Il faut maintenant tâcher de nous organiser, de façon à être prêts lorsque la marche sur Péking commencera.

Nous avons tout à créer, puisque nous n'avons ni moyens de transport ni magasins. Je suis très aidé dans cette période d'organisation par deux officiers intelligents et très actifs, M. le lieutenant Pétillot, officier d'approvisionnement, et M. Lecomte, aide-commissaire colonial.

Le premier s'occupa d'organiser, avec les chevaux, les mulets et les voitures qui m'étaient envoyés tous les jours par le chef de bataillon de garde à la cité chinoise, des moyens de transport.

La plupart des animaux n'avaient pas de harnais; il fallut en fabriquer. Quant à M. Lecomte, il créa des magasins dans lesquels il déposa les denrées qui finissaient par arriver; il fit construire des fours, et il passa des marchés avec des Chinois, qui s'engagèrent à lui procurer du bétail.

L'amiral Alexeïeff, qui était le plus élevé en grade des commandants militaires, était venu s'installer à l'extra-concession, dans la maison Batouïeff, après que l'hôpital français eut réintégré ses anciens bâtiments à la concession française. Il réunit les commandants militaires dans le but de nommer un gouvernement provisoire pour la cité chinoise, dans laquelle il n'y avait plus aucune administration.

Après de longues discussions, au cours desquelles les avis les plus extraordinaires et les prétentions les plus invraisemblables furent émis, il fut décidé, dans une deuxième réunion, que trois commissaires, un Russe, un Anglais et un Japonais, seraient nommés pour former le gouvernement provisoire.

J'avais, en ce qui me concerne, fait mes réserves et déclaré que, si je n'exigeais pas que la France fût représentée dans ce gouvernement, c'est parce que son corps expéditionnaire n'était pas assez nombreux, et que je demandais qu'il fût bien entendu que, si le contingent français devenait plus important, nous pourrions réclamer une place de commissaire.

Les trois commissaires nommés par la réunion des commandants militaires furent : le colonel de Wogack, le lieutenant-colonel Aoki, attachés militaires de Russie et du Japon en Chine, et un lieutenant-colonel anglais, dont je ne me rappelle plus le nom.

Le 16 juillet, les commandants des troupes alliées firent paraître la proclamation suivante, qui, traduite en caractères chinois, fut affichée dans tous les quartiers de la ville chinoise de Tien-Tsin.

Aux habitants de Tien-Tsin et des environs.

En bombardant la ville de Tien-Tsin, les troupes alliées ont répondu à l'attaque des rebelles contre les concessions étrangères. Aujourd'hui, que vos autorités, manquant à leur devoir, ont abandonné leur poste, les Alliés se voient dans la nécessité de constituer une administration provisoire à laquelle vous devrez tous obéir. Elle accueillera ceux qui voudront librement commercer avec les étrangers, mais elle châtiera impitoyablement ceux qui voudront recommencer la lutte.

Que les méchants tremblent, mais que les bons se rassurent, rentrent tranquillement chez eux et reprennent leurs occupations ordinaires, et la paix renaîtra pour tous.

Respect à ceci !

Tien-Tsin, le 16 juillet 1900.

Approuvé par :

Allemagne : von USEDOM, capitaine de navire.

Autriche-Hongrie : J. INDRAK, lieutenant de vaisseau.

États-Unis d'Amérique : colonel MADE, american marines.

France : DE PÉLACOT, colonel.

Grande-Bretagne : général DORWARD, captain BAYLY.

Italie : G. SIRIANNI, lieutenant de vaisseau.

Japon : général FUKUSHIMA.

Russie : vice-amiral E. ALEXEIEFF, général-major STESSEL.

Le 18 juillet, à la suite d'une entente avec le général commandant les forces anglaises, je cédai à ces dernières le secteur sud-ouest de la cité chinoise. Les troupes françaises continuèrent à occuper le secteur nord-ouest.

Les Japonais, de leur côté, avaient cédé le secteur sud-est aux Américains et avaient conservé le secteur nord-est.

C'est vers le 17 ou le 18 juillet que nous apprîmes, à Tien-Tsin, que le général Frey était désigné pour venir prendre le commandement du corps expéditionnaire.

Avant de signaler son arrivée à Tien-Tsin, je dois raconter dans quelles circonstances je fus amené à prendre possession des *tas de sel* qui s'étendaient sur la rive gauche du Peï-Ho, depuis le nord de la gare jusqu'à hauteur de la cité chinoise.

J'ai déjà dit plus haut qu'une énorme quantité de tas de sel se trouvaient sur la rive gauche du fleuve, en face de la concession française. Ces tas de sel, derrière lesquels pendant le siège se faufilaient les tirailleurs boxeurs, nous avaient causé des pertes sensibles et rendaient les quais de la concession inabordables.

Ils appartenaient à des fermiers du gouvernement chinois, qui avaient le monopole du sel dans la province du Peï-Tché-Li.

Dans la matinée du 25 juillet, nous causions, M. du Chaylard et moi, sur le quai, lorsque, me montrant le drapeau russe qui était hissé sur les tas de sel au sud de la gare, le consul général me demanda pourquoi je ne prenais pas possession de tous les autres tas de sel; il ajouta qu'il y avait là une véritable fortune et qu'il se chargerait volontiers de négocier la vente de ces tas de sel, à condition que je lui donne un tant pour cent pour aider à la reconstrution de la concession française.

Je lui répondis que l'idée de prendre possession de ces tas de sel m'était bien venue à l'esprit, mais que je n'avais donné aucune suite à cette idée, parce que je présumais que ces tas de sel appartenaient à des particuliers. J'ajoutai que, du moment qu'il m'affirmait qu'ils étaient la propriété de fermiers du gouvernement chinois, j'allais donner l'ordre de s'en emparer.

Je fis appeler immédiatement le lieutenant-colonel Ytasse, et je lui prescrivis de faire confectionner trois pavillons français et d'aller les planter : un sur le premier tas de sel, situé au nord, vis-à-vis du faubourg de la cité chinoise; le second sur un tas situé approximativement au centre de la ligne; le troisième sur un tas de sel voisin du dernier tas occupé par les Russes.

Je lui donnai l'ordre, en même temps, de placer un petit poste devant chacun des tas de sel portant le pavillon français.

A 2 heures du soir, ces ordres étaient exécutés.

Le général Frey arriva le 25 juillet, à 6 heures du soir; il amenait avec lui le capitaine Sicre, comme major de brigade, et le capitaine Bobo, comme officier d'ordonnance.

En même temps, arrivait le commandant Fanyard, qui venait de Saïgon pour commander l'artillerie.

Cet officier supérieur fit toute la première partie de la campagne et rentra au mois de novembre en Cochinchine, où il mourut quelques jours après son arrivée.

Un renfort en artillerie nous arriva également à peu près au même moment : une batterie de 80 de campagne venant du Tonkin et commandée par le capitaine Duboys.

Dès le début de sa prise de commandement, le général Frey se préoccupa de l'organisation du service des transports pour la marche sur Péking, dont on parlait beaucoup à ce moment-là.

Vers le 28 juillet, on reçut à Tien-Tsin plusieurs messages de Péking, prevenant du ministre d'Angleterre, du chargé d'affaires d'Allemagne, de sir Robert Haart, directeur des douanes chinoises, ce dernier du 23 juillet.

On apprit ainsi que les réfugiés avaient pu tenir dans la légation d'Angleterre, la seule qui ait été épargnée par le feu et le bombardement. La légation de France était détruite par les obus, mais notre détachement en occupait toujours les ruines.

Au 23 juillet, les pertes totales semblaient être de 54 tués et 80 blessés environ. Les malheureux assiégés se défendaient avec une énergie inlassable, combattant jour et nuit, creusant des tranchées et éteignant des incendies. Leurs munitions devenaient rares, mais ils avaient des vivres en abondance, du riz et du cheval.

Les attaques des Chinois avaient cessé depuis le 16, et, le 20, Yung-Lu aurait proposé un armistice que sir Claude Mac-Donald aurait accepté, à la condition que les Chinois se tinssent éloignés.

Pendant ce temps, les chefs des détachements étrangers préparaient la marche sur Péking. On prétendait même que le commandant des forces américaines avait reçu de son gouvernement l'ordre de marcher sur Péking coûte que coûte.

L'opinion publique, aux Etats-Unis et en Europe, s'impatientait des retards mis à la marche sur la capitale et n'en saisissait pas les motifs.

Il fallait bien cependant laisser aux généraux le temps nécessaire pour leurs préparatifs.

On était, à Tien-Tsin, dans une profonde anxiété sur le sort des malheureux réfugiés à la légation d'Angleterre et au Pé-Tang, dont les nouvelles arrivaient goutte à goutte, pour ainsi dire.

Mais on connaissait, par expérience, les forces de l'ennemi et les difficultés de la marche de 150 kilomètres sur Péking, à travers les plaines détrempées du Peï-Tché-Li, sous un soleil de feu, dans une région entièrement dévastée.

Evidemment, si les troupes réunies avaient été sous le commandement d'un chef unique, elles auraient été déjà en mouvement, car bien des lenteurs, des discussions, etc., eussent été évitées. Mais à qui en incombait la faute ? Ce n'est pas aux chefs militaires, c'est aux rivalités politiques, qui, malgré tout, ne perdent jamais leurs droits.

Parmi les plus impatients de la marche en avant, se trouvaient les Japonais, qui, ayant reçu des renforts considérables — une division de 12.000 hommes, sous les ordres du lieutenant général Yamagoutchi — avaient hâte de se porter sur Péking.

Cette division était arrivée dans les derniers jours de juillet et avait amené avec elle une armée de coolies. D'autre part, les Japonais avaient organisé des moyens de transport très complets sur le Peï-Ho à l'aide des embarcations prises à Takou et d'une flottille de petits vapeurs envoyés du Japon en même temps que la 5ᵉ division.

Ils étaient donc prêts, et, dans les premiers jours d'août, ils envoyaient dans toutes les directions des reconnaissances offensives ayant pour objet de se renseigner sur les positions que les Chinois occupaient et sur les effectifs de l'ennemi.

Le 1ᵉʳ août, ils poussèrent du côté du Peï-Tsang une reconnaissance, forte de trois bataillons d'infanterie, un escadron de cavalerie et une batterie d'artillerie, qui se heurta à des positions fortement occupées. Cette reconnaissance perdit pas mal de monde; mais les Japonais avaient obtenu la certitude que les Chinois occupaient le village de Peï-Tsang avec des forces considérables et qu'ils avaient organisé cette position d'une façon très forte.

A l'état-major de la 5ᵉ division japonaise se trouvait le commandant Arada, qui avait suivi les cours de Saint-Cyr et de l'Ecole de guerre française et qui s'était pris d'une grande sympathie pour moi. Il venait à chaque instant me trouver et me dire que les Japonais seraient très heureux de voir les Français marcher avec eux. Il aurait voulu que nous prissions part à ces reconnaissances journalières, qu'ils faisaient de leur côté, et que, dans la marche sur Péking, nous conservassions avec eux le tact du coude.

Je ne pouvais répondre au commandant Arada qu'une seule chose : c'est que je serais heureux de marcher avec les Japonais pour lesquels, depuis la bataille de Tien-Tsin, j'avais la plus grande sympathie et une véritable estime, mais que je n'avais plus le commandement et qu'il fallait s'adresser au général Frey.

Avant de clore ce chapitre, je dois signaler un télégramme de l'empereur d'Allemagne, qui fut affiché en caractères chinois, par les soins du consul d'Allemagne sur les murs de la ville chinoise de Tien-Tsin. En voici la traduction :

> Je donne ma parole impériale de payer 1.000 taëls pour chacun des étrangers des différentes nationalités enfermés à Péking, s'ils sont remis vivants aux autorités allemandes ou d'autres nationalités étrangères.
>
> Toutes les dépenses faites pour transmettre ce message à Péking seront remboursées.
>
> GUILLAUME II.

Dans le chapitre suivant je raconterai le départ de Tien-Tsin et la marche sur Péking.

Je dois ajouter que, pour le récit du siège de Tien-Tsin et pour les opérations autour des concessions étrangères, j'ai puisé de nombreux et utiles renseignements dans les articles parus dans le journal *le Temps*, sous le titre : « Notes et impressions de Tien-Tsin », et signées : A. M.

Je connais l'auteur de ces articles; je sais qu'il était à bonne source pour se renseigner, et j'estime que les articles précités sont les meilleurs qui aient paru sur les événements qui se sont déroulés autour de Tien-Tsin.

3ᵉ PARTIE

**Combats de Peï-Tsang et de Yang-Tsoun. — Marche
sur Péking. — Délivrance de Péking.**

J'ai dit, dans la deuxième partie, que les Japonais, ayant
reçu des renforts considérables amenés par le général Yamagoutchi avec la 5ᵉ division et ayant organisé un système de
ravitaillement très complet sur le Peï-Ho, avaient hâte de marcher sur Péking et avaient même opéré, le 1ᵉʳ août, une reconn-
naissance offensive, qui leur avait permis de se rendre compte
des positions occupées par les Chinois autour du village de Peï-
Tsang.

Pendant ce temps, les détachements des autres armées, ayant
été également beaucoup renforcés, se préparaient, de leur côté,
à la marche sur la capitale.

Pressés par les Japonais, les chefs militaires se décidèrent
à tenter une action contre Peï-Tsang, gros bourg sur la rive
gauche du Peï-Ho, à une douzaine de kilomètres de Tien-Tsin.

Dans une réunion qui eut lieu au quartier général du général
Linéwitch, commandant le corps expéditionnaire russe et doyen
des généraux, il avait été décidé qu'il était nécessaire de se
porter, sans plus de retard, à l'attaque des forces chinoises
retranchées autour de Peï-Tsang, puis, si les circonstances le
permettaient, de marcher sur Yang-Tsoun. Dans cette dernière
ville, une garnison suffisante serait laissée, les autres troupes
devant rentrer à Tien-Tsin, où une nouvelle réunion des généraux devait être tenue.

La question de marcher sur Péking avait été posée, mais n'a-
vait pas été résolue; la situation actuelle ne permettait pas de

se prononcer sur l'opportunité et la possibilité d'une opération de cette importance.

En aval de Peï-Tsang, le Peï-Ho reçoit, sur la rive gauche, un petit affluent, qui traverse une partie de la plaine en contrebas. Ce terrain, défendu, en temps ordinaire, par les levées de terre qui enserrent le cours du Peï-Ho, ainsi que par la chaussée du chemin de fer, avait été complètement inondé, grâce à des tranchées ouvertes dans les digues. Sur la rive droite, le sol est légèrement relevé jusqu'à une vaste dépression marécageuse située à 5 ou 6 kilomètres à l'ouest.

Sur ce mouvement de terrain, les Chinois avaient établi de fortes défenses, consistant en une ligne de tranchées à deux et à trois étages pour les tirailleurs et, en arrière, en épaulements d'artillerie, derrière lesquels 21 pièces étaient en batterie, 6 de montagne, 9 de campagne, 3 de siège et 3 de calibres divers.

L'attaque devait comprendre une action contre le front, menée par le gros des troupes alliées, Japonais, Anglais et Américains, et un mouvement tournant opéré par les Russes et les Français, en suivant les chemins à l'est de la ligne du chemin de fer en partant de You-Fou et en se dirigeant sur Yun-Nan-Chin et Tchao-Tcheng, afin de tenter de couper la ligne de retraite de l'ennemi.

En conséquence de ces dispositions, la colonne de gauche, composée des Japonais, Anglais (troupes indiennes) et Américains, se mit en mouvement à partir du 3 août au soir.

Les Russes et les Français composant la colonne de droite partirent le 4, dans l'après-midi, pour aller bivouaquer au nord du canal de Lutai.

L'ordre de mouvement donné par le général Frey aux troupes françaises portait qu'une première colonne, composée de quatre compagnies d'infanterie et deux batteries d'artillerie de montagne, devait quitter Tien-Tsin à 3 h. 1/2 du soir, sous le commandement du colonel de Pélacot, et se diriger vers un pont de bateaux construit par les Russes sur le canal de Lutai, et sur lequel nous devions traverser le canal.

Une deuxième colonne, composée d'un bataillon d'infanterie

de marine, devait, sous le commandement du général, quitter Tien-Tsin à 4 heures et suivre la même direction que la première.

La batterie de 80 de campagne arrivée récemment en Chine, sous le commandement du capitaine Duboys, devait se placer sous les ordres du général Linéwitch, commandant des troupes russes.

Il restait à Tien-Tsin un bataillon, composé des malingres et des malades, sous le commandement du chef de bataillon Roux.

Les hommes emportaient les vivres du sac et 185 cartouches, l'artillerie 72 coups par pièce.

En outre, deux jours de vivres pour la colonne, chargés sur roues ou sur coolies, constituaient le train régimentaire, et deux autres jours de vivres étaient placés, avec une forte provision d'eau potable, sur des jonques qui devaient se rendre à Tsi-kou, puis, suivant la tournure des opérations, remonter le Peï-Ho jusqu'à Peï-Tsang.

En ce qui me concerne, j'eus la mauvaise chance de voir le mulet qui portait mes provisions, mon campement et mes effets de rechange tomber dans le Peï-Ho, en traversant le pont de bateaux de Tien-Tsin.

Il résulta de cet accident que, pendant cinq ou six jours, je fus obligé de coucher à la belle étoile et de vivre en empruntant à droite et à gauche quelques biscuits et quelques boîtes d'endaubage.

Les troupes françaises bivouaquèrent, pendant la nuit du 4 au 5 août, au nord du canal de Lutai, à côté des troupes russes et de détachements allemands, autrichiens et italiens. Vers 3 heures du matin, le général Frey m'envoya dire par le capitaine de Lardemelle que les Chinois ayant tendu une inondation dans la plaine, qui s'étend de Tchao-Tcheng à You-Fou, le terrain sur lequel la colonne franco-russe devait opérer, le lendemain matin, était devenu impraticable; que, dans ces conditions, le général russe Stessel avait renoncé à s'engager sur ce terrain, et qu'il avait résolu de se porter, par une marche de flanc, vers la droite de la position ennemie, de façon à soutenir, si cela était nécessaire, l'attaque de front que devait prononcer la colonne japonaise-anglo-américaine.

Le général Frey ajoutait qu'il allait de sa personne, accompagné de la compagnie Bonnabosc et de la batterie Joseph, se diriger vers You-Fou, qui était occupé par la compagnie des volontaires russes, commandée par le capitaine Gorski.

Le général m'ordonnait, en outre, de prendre le commandement des troupes françaises qui restaient au camp et de suivre le mouvement de la colonne russe.

Cette colonne partit du camp à 4 heures du matin; le détachement français prit sa gauche et fut suivi lui-même par un faible détachement allemand et par une centaine d'Italiens. Cette marche de flanc, opérée pendant la plus grande partie du temps derrière un mur en terre de 2 mètres de hauteur, fut très fatigante.

Les Russes sont très résistants à la marche; ils sont plus grands que nos hommes, marchent par conséquent plus vite, et ils ne font pas de haltes horaires.

Pendant cette marche, qui ressemblait à une course au clocher, effectuée sous une chaleur accablante, nous entendîmes la canonnade et la fusillade du combat acharné qui se livrait à notre droite. Nous ne pouvions rien voir, et nous nous demandions si nous arriverions à temps pour prendre part à la bataille. Vers 8 heures, nous entendîmes la fusillade diminuer d'intensité et les coups de canon devenir moins fréquents. Nous en conclûmes que le combat touchait à sa fin.

A ce moment, nous débouchions dans la petite plaine qui s'étend au sud de la poudrerie. Nous commençâmes à trouver les traces du combat : cadavres de Chinois et d'animaux, nombreux postes de secours japonais encombrés de blessés et de morts.

Arrivés au nord de la poudrerie, à peu près à l'endroit où les tranchées de l'infanterie chinoise s'appuyaient à la digue en terre, j'envoyai le capitaine de Lardemelle rendre compte au général russe que mes hommes étaient très fatigués et lui demander l'autorisation de faire une grand'halte pour permettre à mon monde de se reposer et de manger. A ce moment, on n'entendait plus un coup de feu, et le combat avait complètement cessé.

Le général Stessel m'ayant fait répondre qu'il me donnait liberté de manœuvre, j'installai mes hommes sous de grandes

tentes et sous des abris que les Chinois avaient organisés, sur
le revers nord de la digue, et je prescrivis le repos jusqu'à
2 heures.

A la reprise de la marche, nous prîmes le chemin que j'avais
vu suivre par les Russes le matin. Le chemin passait derrière

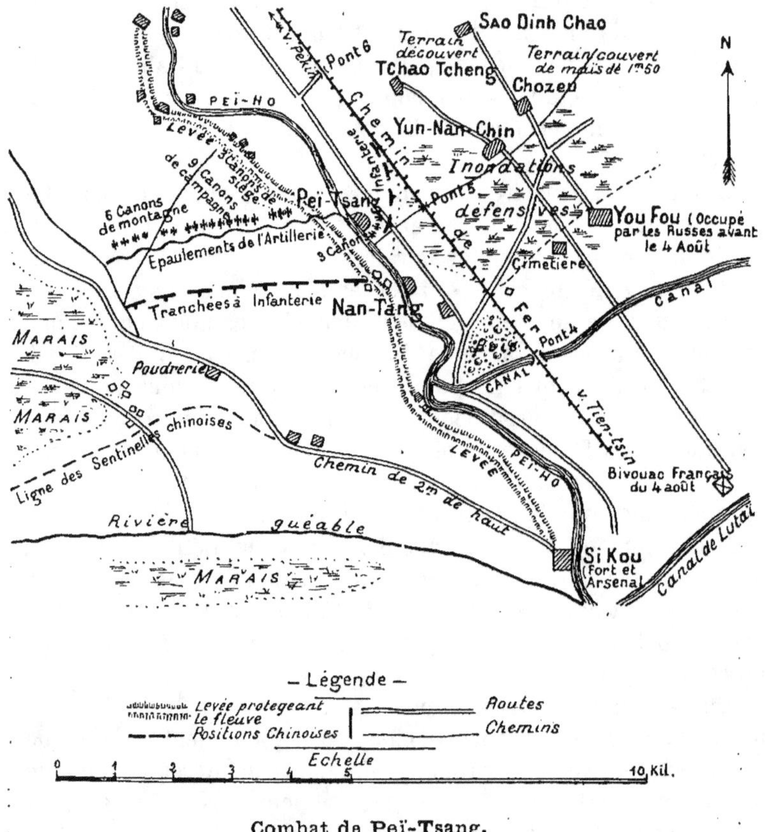

Combat de Peï-Tsang.

la ligne de retranchements qui avait été défendue dans la matinée
par les Chinois et qui avait été brillamment enlevée par les
Japonais, après un combat des plus sanglants. Nous trouvâmes
derrière ces retranchements des centaines de cadavres chinois,

et nous remarquâmes que presque tous avaient reçu des blessures à la tête. Nous fûmes surpris, en outre, de constater que le plus grand nombre de ces corps avaient une baïonnette enfoncée dans le cou.

Comment expliquer cette anomalie ? Les uns pensent que les Japonais, furieux de la résistance qu'ils avaient rencontrée devant les tranchées et des pertes sérieuses qu'ils avaient éprouvées, avaient marqué la trace de leur passage en enfonçant dans le cou des cadavres chinois leurs propres baïonnettes.

D'autres estiment que les Chinois, avant de se retirer, avaient achevé leurs blessés.

En arrivant à l'extrémité de la ligne de tranchées du côté de Peï-Tsang, nous nous trouvâmes sur une chaussée bordant le Peï-Ho, encombrée de troupes de toutes nationalités et surtout de convois entremêlés les uns dans les autres.

Nous eûmes une peine énorme à nous frayer un passage dans cette cohue.

Je mis ma colonne en marche dans la direction du mouvement général, et, au bout d'une heure, j'aperçus, à ma grande joie, un immense camp russe.

Un espace suffisant pour établir notre campement se trouvait auprès des Russes; je m'empressai de m'y installer, et mes hommes purent enfin se reposer.

Il fallait maintenant songer à procurer à mon détachement de l'eau et des vivres.

Un officier m'ayant dit qu'on avait aperçu sur le Peï-Ho une jonque portant à son mât le pavillon français, j'envoyai un sous-officier sur le bord du fleuve pour s'assurer de l'exactitude de ce renseignement et pour donner l'ordre, le cas échéant, à la jonque de s'arrêter à hauteur de notre campement.

Au bout d'une demi-heure, je vis revenir le sous-officier, qui m'annonça qu'une jonque escortée par un détachement français était amarrée sur le bord du fleuve. Cette jonque portait des vivres et de l'eau.

Grâce à cette embarcation, qui fut saluée par des cris de joie, nous eûmes de quoi manger le soir du 5 août et nous pûmes nous approvisionner pour deux jours.

Tel est le récit de ce que j'ai vu dans la bataille de Peï-Tsang.

L'effort principal dans cette affaire fut donné par les Japonais, auxquels revient tout l'honneur de la victoire. Ils n'hésitèrent pas à sacrifier du monde pour arriver à ce résultat, et ils eurent 300 hommes mis hors de combat. Les Anglais et les Américains restèrent en réserve; les Russes, les Français, les Allemands et les Italiens ne prirent aucune part à la bataille. Il faut cependant signaler que la batterie française de 80 de campagne qui avait été mise à la disposition du général russe Linéwitch rendit un grand service à la cause commune en bombardant les positions chinoises.

Il faut également citer le rôle joué par le général Frey, à l'extrême gauche de l'ennemi.

La *Revue militaire des armées étrangères*, rédigée à l'état-major général de l'armée (numéro de février 1902), donne le récit suivant des événements qui se produisirent de ce côté :

Sur la rive gauche, les conditions topographiques étaient telles qu'on dut renoncer à suivre le plan arrêté; le terrain, complètement inondé, était impraticable, et le général Stessel décida de repasser sur la rive droite, en réserve; son effectif ne fut donc pas engagé ce jour-là.

Toutefois, le général Frey, estimant qu'on pourrait, avec un petit détachement, agir efficacement sur le flanc gauche des Chinois, demanda et obtint l'autorisation de tenter cette opération; il partit avec une compagnie et une batterie, auxquelles se joignirent ultérieurement deux compagnies russes.

Parvenu au village de Yunnan-Chin vers 7 h. 1/2 du matin, il ouvrit avec sa batterie un feu d'enfilade et de revers sur les lignes chinoises.

L'effet produit par cette intervention fut tellement décisif que le général russe Linéwitch, commandant en chef et alors au centre de la ligne de bataille sur la rive droite, crut que le corps entier du général Stessel était parvenu à Yunnan-Chin et déterminait la retraite des Chinois, alors que le corps russe se trouvait tout à fait en arrière de l'arsenal de Tsi-kou.

Au même moment, les Japonais donnaient l'assaut sur la droite de l'ennemi, qui abandonnait ses tranchées et se retirait

vers le nord. Si le général Frey avait eu alors à sa disposition
des forces plus importantes, la plus grosse partie des troupes
chinoises auraient dû mettre bas les armes.

Vers 9 heures du matin, le combat était pratiquement terminé.

Par suite de l'éloignement du général Frey, je restai sans
nouvelles de lui pendant toute cette journée; dans la soirée
du 5, le général russe me fit appeler au camp de Peï-Tsang,
pour me donner des ordres pour la journée du lendemain.

— Nous marchons demain sur Yang-Tsoun, où nous aurons probablement un rude combat à soutenir, me dit le général, et je tiens
beaucoup à ce que les Français marchent avec nous.

— Dans ces conditions, mon général, lui répondis-je, vous pouvez
compter sur moi. Nous marcherons avec vous demain, et je puis mettre à votre disposition un bataillon et deux batteries d'artillerie
dont une de campagne, celle qui a combattu aujourd'hui sous vos ordres.

Avant de quitter le camp russe, j'assistai à une cérémonie
véritablement émouvante : la prière du soir. Toutes les troupes
ayant été rassemblées en colonne, derrière les faisceaux, une
sonnerie lente se fait entendre, qui est répétée de la droite à
la gauche du camp. Après cette sonnerie, la prière est récitée
par tous les hommes. Puis, l'hymne russe est joué par toutes
les musiques.

On ne peut se faire une idée de l'impression que l'on ressent,
en assistant, le soir d'une bataille, à une cérémonie pareille !

Aucune parole, aucune phrase ne peut rendre l'effet produit
par cette prière, récitée à haute voix, en plein air, par 4.000
hommes.

Plusieurs soldats français, qui s'étaient approchés du camp
russe, en entendant la musique, ne purent s'empêcher de pousser à pleine voix, lorsque l'hymne eut cessé, le cri de : « Vive
la Russie ! »

Le général russe, en entendant ces cris, donna l'ordre de
jouer la *Marseillaise*, et, se tournant vers moi, il me dit, en
me tendant les deux mains :

— Colonel, vous direz à votre gouvernement que, le soir de la bataille de Peï-Tsang, les deux armées russe et française ont fraternisé sur le champ de bataille.

Je retournai au camp français après cette cérémonie, et je donnai mes ordres pour le lendemain.

Un assez grand nombre de soldats étant fatigués et incapables de marcher, je prescrivis d'en former un détachement qui, sous les ordres d'un capitaine, rentrerait le lendemain à Tien-Tsin à bord de la jonque qui nous avait apporté des vivres.

Je formai, avec ce qui me restait d'hommes, un bataillon sous les ordres du commandant Feldmann.

Avant de me coucher, j'écrivis au général Frey pour lui faire part de la conversation que je venais d'avoir avec le général Linévitch et des mesures que j'avais prises à la suite de cette conversation.

Le lendemain matin, à 4 heures, tout mon monde était prêt à partir, et nous prîmes dans la colonne russe la place qui nous avait été affectée.

Les hommes, bien reposés, étaient pleins d'entrain, dans l'espoir que cette journée nous permettrait de prendre part à un combat, coude à coude avec nos amis les Russes, et de nous dédommager de la journée de la veille, où nous avions fait une marche très fatigante pour arriver trop tard sur le champ de bataille.

Dans cette bataille de Peï-Tsang, on put remarquer, une fois de plus, que les Chinois, fort habiles à disposer leurs retranchements, ignorent à peu près complètement la tactique, et qu'il suffit, pour les mettre en déroute, de manœuvrer pour les déborder et de les prendre en flanc ou à revers.

En arrivant sur les positions de Peï-Tsang, les Japonais délivrèrent un missionnaire français, le Père Deus, qui avait été conduit la veille au général chinois Ma. Il se passa même, au sujet de ce missionnaire, un incident qui faillit lui coûter cher. Les Japonais, n'ayant pas reconnu que le Père était Européen et le prenant pour un Chinois, voulaient le fusiller. Il eut toutes les peines du monde à se faire reconnaître. Les

Japonais achevèrent ensuite la déroute des Chinois, qu'ils poursuivirent dans la direction de Yang-Tsoun.

Le lendemain 6 août, toutes les troupes alliées se mirent en marche sur Yang-Tsoun.

Les Japonais suivirent la rive droite du Peï-Ho, sur laquelle ils rencontrèrent beaucoup d'obstacles provenant de ponts détruits qu'ils durent reconstruire, ce qui retarda beaucoup leur marche les empêcha d'arriver assez tôt à Yang-Tsoun pour prendre part au petit combat qui fut livré devant cette ville.

Les Russes, les Anglais et les Américains passèrent sur la rive gauche du fleuve et le traversèrent sur un pont de bateaux, improvisé en amont de Peï-Tsang.

J'ai dit plus haut que le détachement français avait pris rang dans la colonne russe.

Cette colonne, après avoir franchi le Peï-Ho, suivit un chemin assez bon qui traversait une plaine couverte, à perte de vue, de sorgho et de maïs.

Le sorgho, ayant une hauteur d'au moins 2 mètres, ne permettait pas de voir au loin, et il semblait que nous cheminions dans un couloir entre deux murs.

Non seulement ces plantes gigantesques nous enlevaient la vue, mais elles arrêtaient le peu d'air qu'il y avait, et notre étape s'effectuait dans des conditions de chaleur épouvantables.

D'un autre côté, nos amis les Russes marchaient un pas d'enfer, sans haltes horaires.

Il en résultait pour nos soldats une grande fatigue; mais, excités par l'idée qu'ils allaient combattre, ils marchaient avec ardeur et il n'y avait aucun traînard.

Cette marche dura, sans incidents, jusqu'à 9 heures environ. A ce moment, le canon commença à se faire entendre dans la direction de Yang-Tsoun.

Sur ces entrefaites, un officier d'état-major japonais vint nous dire, de la part du général Yamagoutchi, que les Japonais, ayant rencontré sur la rive droite du Peï-Ho des obstacles considérables, ne pouvaient marcher à la même hauteur que la colonne russe, et qu'ils ne pourraient pas, si l'on continuait à marcher aussi vite, contribuer à l'attaque de Yang-

Tsoun. Le général Yamagoutchi priait, en conséquence, le général Linéwitch de vouloir bien ralentir la marche.

Le cheval de l'officier japonais ne pouvant plus avancer, j'envoyai le capitaine de Lardemelle auprès du général Linéwitch porter le message du général Yamagoutchi.

A partir de ce moment, la marche fut un peu ralentie; mais, le canon continuant à tonner, ce ralentissement ne fut pas de longue durée, et nous reprîmes notre marche accélérée.

Vers 11 heures, au moment où nous arrivions à l'entrée d'un village, je reçus l'ordre du général russe de masser mon monde dans un terrain vague, à droite du village, et d'attendre ses instructions.

Nous étions au repos, depuis un moment, lorsqu'un soldat vint me prévenir qu'on apercevait en arrière, sur notre droite, une petite colonne qui venait dans notre direction. Le soldat croyait avoir reconnu le pavillon français.

Je montai sur un petit tumulus qui se trouvait à ma portée, et, avec ma jumelle, je reconnus en effet notre pavillon national, qui flottait en tête d'une petite troupe.

J'envoyai aussitôt un cavalier pour reconnaître cette troupe et quelques instants après ce cavalier revenait en me disant que la troupe qui se dirigeait vers nous était bien française et que le général Frey était avec elle.

Je me portai immédiatement à sa rencontre, et je lui rendis compte, en quelques mots, de ce qui s'était passé de mon côté depuis notre séparation; j'ajoutai qu'en ce moment je me trouvais dans une colonne russe, avec un bataillon et deux batteries, dont la batterie de campagne, que le combat était commencé du côté de Yang-Tsoun et que j'attendais les instructions du général Linéwitch. Le général Frey me répondit alors :

— C'est bien, à partir de maintenant vous n'avez plus d'ordres à recevoir que de moi.

Sur ces entrefaites, le capitaine de Lardemelle, que j'avais envoyé auprès du général Linéwitch, revenait pour me dire que le général me priait de lui envoyer une batterie et me prévenait qu'il aurait probablement besoin, dans un moment, de mon bataillon et de l'autre batterie.

Le général Frey, ayant entendu la communication du capitaine de Lardemelle, donna l'ordre au capitaine Duboys de se porter en avant avec sa batterie de campagne et de suivre un officier russe qui devait le conduire à l'endroit indiqué par le général Linéwitch.

Le général Frey, après avoir laissé les hommes se reposer pendant une demi-heure environ, me donna l'ordre de faire rompre les faisceaux et de faire former le détachement français en lignes de colonnes de compagnie face à l'est, dans la plaine qui se trouvait entre le remblai du chemin de fer et le fleuve.

Les deux batteries d'artillerie devaient se placer un peu en arrière du centre de la ligne.

Le mouvement ordonné par le général étant exécuté, celui-ci donna une direction vers l'est au porte-fanion et mit la ligne de colonnes en marche.

Nous traversâmes le remblai du chemin de fer, et nous aperçûmes, à 2 kilomètres environ dans la direction de l'est, deux villages assez importants, dans lesquels des incendies étaient allumés.

Le général me dit alors :

— Nous allons attaquer le village qui se trouve exactement devant nous, et nous nous rabattrons ensuite sur Yang-Tsoun.

Faites mettre trois compagnies en première ligne. Vous les conduirez ; les deux autres compagnies resteront avec moi et l'artillerie.

Conformément à cet ordre, je fais déployer trois compagnies, et je marche dans la direction du village que nous devons attaquer.

Nous étions arrivés à 800 mètres environ du village, et, à ma grande surprise, nous ne recevions pas de coups de fusil, lorsque je rencontre un groupe de deux soldats américains couchés à l'ombre d'une touffe de sorghos. Un de ces soldats, qui parlait admirablement le français, était blessé au pied; il m'interpella en me demandant à boire.

Je profite de l'occasion pour lui demander si le village que nous avons devant nous est occupé par des Chinois. Il me répond que ce village a été pris, il y a environ deux heures, par un détachement américain. Il était occupé du reste par quelques Chinois seulement, qui se sont retirés après avoir tiré quelques coups de fusil, dont un l'a blessé.

J'envoie un officier pour rendre compte au général de ce que je viens d'apprendre; il me fait répondre de continuer à marcher sur le village et de m'y installer.

Quelques instants après, nous arrivions dans ce village, qui avait été incendié.

Le général décide alors que nous ferons dans ce village une halte de deux heures et que nous irons ensuite camper aux environs de Yang-Tsoun.

Tel est le rôle joué, pendant la journée du 6 août, par le détachement français.

Pendant que nous faisions la manœuvre racontée ci-dessus, les Russes s'emparaient de Yang-Tsoun, qui n'offrit pas une résistance sérieuse.

Les Chinois se mirent en retraite dans la direction de Péking.

A partir de ce moment, les forces alliées ne rencontrèrent plus aucune résistance, jusque sous les murs de la capitale.

Le soir du 6 août, les troupes françaises vinrent camper sur les bords du Peï-Ho, dans la plaine qui se trouve immédiatement au sud du pont du chemin de fer.

Elles se trouvaient encadrées par les Américains, qui étaient à leur droite, et par les Anglais, qui étaient derrière eux.

Dans le conseil de guerre tenu à Tien-Tsin le 4 août, les généraux commandant les troupes alliées avaient simplement décidé d'attaquer les positions fortifiées par les Chinois et de forcer ces derniers à battre en retraite.

La marche sur Péking, que réclamaient énergiquement les Japonais, n'avait pas été encore résolue.

Ce n'est que le lendemain du combat de Yang-Tsoun, le 7 août, que les chefs militaires, dans un conseil de guerre tenu dans ce village, ayant constaté que la résistance des Chinois manquait de fermeté et que leur moral était fortement ébranlé, prirent la résolution de se diriger le plus rapidement possible sur la capitale.

Le général japonais avait déclaré, du reste, dans ce conseil, qu'il avait l'intention, quelle que fût la résolution prise par ses collègues, de poursuivre sa marche sur Péking. Les Russes, ne voulant pas laisser les Japonais arriver seuls dans la capitale, se rallièrent à ce projet; les Anglais, les Américains et les Français firent de même, et il fut décidé que la colonne internationale, après une journée de repos, se mettrait en route le 8 pour Toung-Tchéou, qu'elle comptait atteindre en quatre jours.

Le général Frey avait annoncé au conseil de guerre la nécessité où il se trouvait de rentrer à Tien-Tsin pour y préparer la marche de toutes les troupes françaises dont il disposait; qu'il ne pourrait, par suite, se conformer qu'ultérieurement au mouvement en avant qui venait d'être décidé, mais que le corps français aurait l'honneur de se trouver aux côtés des alliés devant Toung-Tchéou et devant Péking; en attendant, il se chargeait de garder le point important de Yang-Tsoun.

Quelques instants après le retour au camp du général Frey, les décisions du conseil de guerre étaient connues de tous, et nous nous réjouissions de la résolution prise, lorsque, vers 4 heures de l'après-midi, le général me fait appeler et m'apprend qu'il profite d'une chaloupe à vapeur qui vient de remorquer des jonques de vivres pour rentrer à Tien-Tsin. Il me passe le commandement de la colonne et m'ordonne d'aller, le lendemain, cantonner dans le village de Yang-Tsoun, qui se trouve à environ 3 kilomètres du camp.

Il m'enjoint, en outre, d'envoyer deux officiers, dans la matinée du lendemain, pour reconnaître la route qui de Yang-Tsoun se dirige sur Péking, en passant par Toung-Ngan et Tsaï-Yu-Tcheng, qui lui paraît plus courte que la route qui longe le Peï-Ho.

Dès son arrivée à Tien-Tsin, le général envoya au ministre de la marine le télégramme suivant, dans lequel il rendait compte de la situation :

La marche sur Péking a été provoquée par les renseignements particuliers des Russes et des Japonais, d'après lesquels les Chinois auraient l'intention de proposer la paix après un simulacre de défense à Toung-Tchéou.
De retour à Tien-Tsin, j'ai offert aux Allemands, aux Autrichiens

et aux Italiens, qui ne sont pas représentés actuellement dans la colonne, de faciliter l'envoi d'un détachement pour coopérer, le cas échéant, à la prise de Péking. Ils ont tous accepté avec reconnaissance. Les forces françaises, qui avaient été laissées à Tien-Tsin, rallient avec eux la colonne, en doublant les étapes. M. d'Anthouard part avec elle.

À Tien-Tsin, pendant les journées des 8 et 9 août, le général organise le ravitaillement en vivres de la colonne appelée à marcher sur Péking.

Les convois d'eau partent dès le 8 au matin et se succèdent, sans interruption, tous les jours suivants.

Le général fixe l'organisation de la ligne d'étapes entre Tien-Tsin et Toung-Tchéou, destinée à servir à l'alimentation du détachement à Péking.

Le premier convoi de jonques n'arrive à Toung-Tchéou que vers le 20 août.

Puis le général constitue la colonne de marche elle-même et fait partir de Tien-Tsin, le 8 et le 9, différents détachements.

Dans la matinée du 8, j'envoyai, ainsi que j'en avais reçu l'ordre, deux officiers pour reconnaître la route qui se dirige sur Péking en passant par Toung-Ngan.

Ces deux officiers revinrent à 10 heures et me rendirent compte que cette route était impraticable; elle était sous l'eau, et ils avaient éprouvé les plus grandes difficultés pour faire une dizaine de kilomètres.

Ils ajoutèrent qu'ils avaient aperçu quelques bandes de Chinois, qui leur avaient envoyé des coups de fusil.

J'avais également envoyé le capitaine de Lardemelle, avec un petit détachement, pour préparer le cantonnement de la colonne française dans le village de Yang-Tsoun. Cet officier revint à 11 heures et me rendit compte que la plus grande partie du village était brûlée, mais qu'il restait néanmoins assez de maisons intactes pour abriter tout notre monde.

La partie du village située sur la rive droite du Peï-Ho n'était occupée par aucun contingent étranger.

Sur la rive gauche, les Japonais s'étaient installés dans un grand *yamen*, dont ils avaient fait un magasin. Un pont de bateaux construit par les Russes faisait communiquer la rive droite avec la rive gauche.

Le capitaine de Lardemelle me rendit compte, en outre, qu'il avait découvert, sur la rive droite, à peu près à mi-chemin entre Yang-Tsoun et le campement, un fortin dont les parapets en terre étaient assez élevés et qui pourrait contenir environ une compagnie.

Muni de ces renseignements, je donnai l'ordre de lever le camp à 2 heures; la compagnie du capitaine Poch, réduite à un peloton par l'envoi qui avait été fait à Takou de l'autre peloton la veille du départ de Tien-Tsin, devait, à la même heure, traverser le Peï-Ho sur une jonque d'approvisionnements qui venait d'être vidée et aller occuper le fortin signalé par le capitaine de Lardemelle.

La levée du camp se fit à l'heure prescrite, et nous allâmes cantonner à Yang-Tsoun, dans les bâtiments reconnus le matin.

Dès que nous fûmes installés, l'officier russe qui était chargé de la garde et de la manœuvre du pont de bateaux vint me dire qu'il avait reçu l'ordre de rejoindre son corps et me demanda de vouloir bien le faire relever et donner des instructions pour que la garde et la manœuvre du pont fussent assurées par les Français.

Je prescrivis aussitôt à un officier d'artillerie de se mettre au courant de la manœuvre, et, à partir de ce moment, le service de ce pont fut assuré par un détachement français.

Pendant la journée du 9, je fis une reconnaissance du village de Yang-Tsoun, qui s'étend pendant plus de 1.800 mètres sur la rive droite du Peï-Ho. Je constatai que les abords et les rues de ce village étaient couverts de cadavres de Chinois, de chiens et de cochons.

Les Chinois, avant de déguerpir, avaient tué tous ces animaux pour que les alliés ne profitassent pas de ces ressources alimentaires. Les cochons, je le comprends, mais les chiens !...

Tous ces cadavres, en décomposition depuis deux jours, empestaient l'air. Il fallait s'en débarrasser.

Nous avions, dans la colonne, comme aumônier volontaire chargé en même temps de la direction d'un certain nombre de coolies chinois catholiques qui nous suivaient depuis Tien-Tsin, le Père lazariste Dérumeaux.

Je le priai de vouloir bien donner l'ordre à ces coolies d'enterrer tous les cadavres qui se trouvaient dans les environs immédiats du village et dans les rues.

Ce brave religieux, dont je ne saurais trop louer le dévouement, assista lui-même à l'opération et la dirigea sans se laisser rebuter par l'odeur nauséabonde qui se dégageait de tous ces corps en putréfaction.

Je visitai également, ce jour-là, le fortin occupé par le capitaine Poch, et je reconnus qu'il pouvait non seulement servir de point d'appui, mais encore être organisé comme magasin pour la colonne française et comme dépôt de malades.

Dans l'après-midi, je reçus un ordre du général Frey, daté de Tien-Tsin le 8 août, me prescrivant de pousser, le 9, le commandant Feldmann avec deux compagnies et une batterie dans la direction de Péking.

Cet ordre avait été exécuté le jour même à 6 heures du soir, et le commandant Feldmann était parti avec les compagnies Verdant et Martin et la batterie Joseph. Le lendemain 10, le général Frey arrivait en chaloupe à vapeur à Yang-Tsoun vers 9 heures du matin. A peine débarqué, il me donnait l'ordre de faire partir le plus tôt possible une nouvelle colonne commandée par le commandant Brenot, qui était, lui aussi, arrivé le matin de Tien-Tsin.

Cette colonne, composée des compagnies Marty et Bonnabosc, des batteries de 80 de campagne Duboys et de 80 de montagne Julien, quitta Yang-Tsoun à 5 heures du soir et suivit la route de Péking.

Une heure après, la compagnie Legrand et la compagnie Janiatkowsky, qui étaient arrivées le matin même à pied de Tien-Tsin, prenaient la même direction, sous le commandement du chef d'escadron Fanyard. Cette dernière colonne était suivie d'un convoi d'artillerie, sous le commandement du capitaine Bianchi.

Le général Frey et son état-major quittaient Yang-Tsoun un peu plus tard, me laissant dans cette localité avec la mission d'en assurer la garde et d'organiser les services de l'arrière.

Je devais rejoindre la colonne expéditionnaire avec la compagnie Vincent, qui venait de Cochinchine et qui, d'après les avis reçus par le général, devait arriver à Yang-Tsoun le lendemain.

Cette compagnie n'arriva que le 12 au soir, et je partis avec elle le soir même.

Je dois avouer que, en recevant l'ordre de rester à Yang-Tsoun pendant que le corps expéditionnaire, dont toute l'infanterie appartenait à mon régiment, se dirigeait à marches forcées sur Péking, j'eus le cœur très serré; mais l'ordre était formel, et je n'avais qu'à obéir.

Après le départ de Yang-Tsoun du général Frey, je m'occupai de placer un poste pour garder le pont de bateaux, puis, comme je n'avais aucune troupe disponible avec moi, je me retirai dans le fortin, occupé par la compagnie du capitaine Poch.

Le premier peloton de la compagnie Vincent étant arrivé le 12 au soir, je décidai de partir le lendemain, en prescrivant au deuxième peloton, qui arriva le 13 au matin, de suivre le mouvement et de partir le 14 de très bonne heure. Parti le 13 à 5 heures du soir, j'arrivai le lendemain à 6 heures du matin dans un gîte d'étape que le général avait installé à 4 ou 5 kilomètres avant Ho-Siou. Ce poste était commandé par l'adjudant Boubaix, qui me remit une note dans laquelle le général disait aux commandants de détachements que, l'armée alliée devant entrer à Péking le lendemain 15, il devenait inutile pour les détachements en marche sur la capitale de doubler les étapes, et il recommandait de marcher de façon à ne pas trop fatiguer les hommes.

Cette note venait bien à propos pour moi : la compagnie Vincent arrivait de Cochinchine, où elle avait été formée avec des hommes fatigués qui avaient été éliminés lors des premiers détachements formés à Saïgon.

Ces hommes étaient éreintés en arrivant à Ho-Siou, et il fallait, sous peine de les laisser tous sur la route, marcher avec une extrême prudence. Ce fut ma règle de conduite à partir de Ho-Siou, et c'est ce qui fit que je n'arrivai à Toung-Tchéou que le 18, après avoir traversé Tchang-Kia-Houan, ville où eut lieu un des combats les plus importants de l'expédition de 1860, et qui est située à environ 6 kilomètres de Toung-Tchéou.

Toung-Tchéou était, avant l'expédition de Chine de 1900, une ville très importante; c'était le port de Péking sur le Peï-Ho ou plutôt sur le Cha-Ho, affluent du Peï-Ho.

C'est dans cette ville qu'en 1860 eut lieu l'infâme trahison qui amena le massacre d'une partie de la commission anglo-française qui avait été envoyée pour régler les conditions de la paix.

Les Chinois, en voyant la marche des alliés sur Péking s'accentuer, avaient demandé la réunion d'une conférence à Toung-Tchéou. Une commission anglo-française vint dans cette ville pour tout préparer; mais, lorsqu'elle voulut revenir au camp, elle s'aperçut de la trahison des Chinois et fut inopinément attaquée. Chacun s'en tira comme il put; le capitaine Chanoine, grâce à un domestique chinois nommé Simon, et à un excellent cheval, rejoignit l'armée; mais le colonel Grand-champs, le sous-intendant Dubut, le Père Duluc, M. Ader, officier d'administration, ainsi que plusieurs Anglais et soldats de l'escorte, furent massacrés. M. d'Escayrac de Lauture, M. Parkes, interprète de lord Elgin, et plusieurs autres furent retenus prisonniers.

Toute l'armée chinoise, forte de 30.000 hommes, se prépara à attaquer le corps expéditionnaire et vint lui offrir le combat à Tchang-Kia-Ouan, le 18 septembre.

En quelques heures, 2.000 Anglo-Français mirent en fuite cette armée, qui perdit plus de 2.000 hommes, 80 pièces de canon et une immense quantité d'armes et de munitions.

La colonne Feldmann, partie de Yang-Tsoun le 9 à 6 heures du soir, arriva le 12 à 8 h. 30 du matin à Toung-Tchéou, où elle entrait avec les premières troupes alliées.

Elle avait rencontré, la veille, le général Frey à Tchang-Kia-Ouan, où il avait établi son quartier général.

Quant aux colonnes Brenot et Fanyard, qui s'étaient rejointes à Ho-Siou, elles n'arrivèrent à Toung-Tchéou que le 13 à 9 h. 30

du soir. Les troupes qui composaient ces trois colonnes étaient
très fatiguées; la marche avait été très rapide, et, en raison
de l'extrême chaleur, elle avait eu lieu presque exclusivement
la nuit. Les quelques heures de repos prises pendant le jour,
au moment de la plus forte chaleur et dans des maisons chinoises peu confortables, étaient insuffisantes pour réparer les
forces. Il en résulta que beaucoup d'hommes fatigués durent
rester dans les gîtes d'étapes d'Ho-Siou et de Matou, qui avaient
été créés sur la route.

Toung-Tchéou, conformément aux prévisions, de source se-
crète et sûre, que possédait certain commandant de corps allié,
n'avait même pas opposé un semblant de résistance.

La chose eût été facile cependant pour les Chinois, car Toung-
Tchéou est entouré de murailles très élevées, qu'il eût été
impossible d'enlever de vive force.

Dans la soirée du 13, les diverses unités françaises ayant
achevé de se concentrer à Toung-Tchéou, le général Frey disposait de six compagnies d'infanterie, donnant un effectif de
450 hommes, et de trois batteries d'artillerie, dont deux de
montagne et une de campagne. Ces trois batteries étaient d'ail-
leur très incomplètes.

Chaque homme portait des effets de drap roulés dans la
toile de tente, trois jours de vivres de réserves et 185 cartouches.

Pour le récit de la marche de Toung-Tchéou sur Péking et
la prise de cette ville, j'ai dû puiser mes renseignements auprès des officiers de mon régiment qui ont pris part à cette
marche. Il me paraît intéressant, avant de commencer ce récit,
de reproduire l'ordre du jour que le commandant des troupes
françaises adressa à ses troupes le 13 août, avant son départ
de Toung-Tchéou.

ORDRE DU 13 AOUT.

I. Ce soir, 13 août, une colonne composée de soldats allemands, autrichiens et italiens, sous les ordres d'un capitaine de vaisseau allemand, doit cantonner au milieu des troupes françaises à Toung-
Tchéou.

Vous montrerez, par le bon accueil qui sera fait à tous, que nous plaçons bien haut le sentiment de confraternité militaire qui doit animer tous ceux qui combattent côte à côte pour la même cause.

Cette colonne marchera et bivouaquera avec les troupes françaises. Son bivouac devra être préparé par le cantonnement français, en arrière de celui des colonnes françaises.

II. Au bivouac de demain, 14 août, sous les murs de Péking, au moment où les hymnes nationaux des nations étrangères seront joués, il sera fait un silence complet, et chaque hymne sera écouté avec recueillement. Lorsque l'hymne national français sera joué, il sera chanté à pleins poumons, en cadence, par tout le corps expéditionnaire français. Des fusées de signaux seront tirées à ce moment.

Le silence le plus absolu devra régner dans le camp français aussitôt après la dernière mesure de notre hymne national.

Nos compatriotes et les personnes des légations, de l'autre côté des murailles, en entendant notre beau chant de guerre, sauront que l'heure de la délivrance est arrivée.

Signé : Général FREY.

Dans la conférence qui eut lieu à Toung-Tchéou le 13 août, les généraux avaient décidé que les troupes alliées marcheraient le lendemain sur Péking et qu'elles bivouaqueraient le plus près possible des murs de la capitale.

Il était entendu que les généraux se réuniraient, à nouveau, le 14 dans la soirée, au bivouac du général Linéwitch, pour régler les détails de l'entrée dans Péking.

Pour la marche du lendemain, les Japonais, les Américains et les Anglais devaient suivre la route qui passe au nord du canal du Toung-Tchéou à Péking; les Français et les Russes devaient suivre la route qui passe au sud de ce canal.

Dès le 13 au soir, les Japonais quittèrent Toung-Tchéou et vinrent bivouaquer à 3 kilomètres de la porte Toung-dje-men, au nord-est de la ville tartare.

Les Russes partirent également le 13 au soir et vinrent s'établir assez près de la porte Toung-pien-men, au nord-est de la ville chinoise.

Les Anglais et les Américains, de leur côté, partirent dans la nuit du 13 au 14 et vinrent s'installer au bivouac au sud du canal de Toung-Tchéou, à 4 kilomètres environ des remparts de Péking.

Les troupes françaises quittèrent leurs cantonnements après minuit et suivirent la rive nord du canal jusqu'au pont de Pa-li-k'iao.

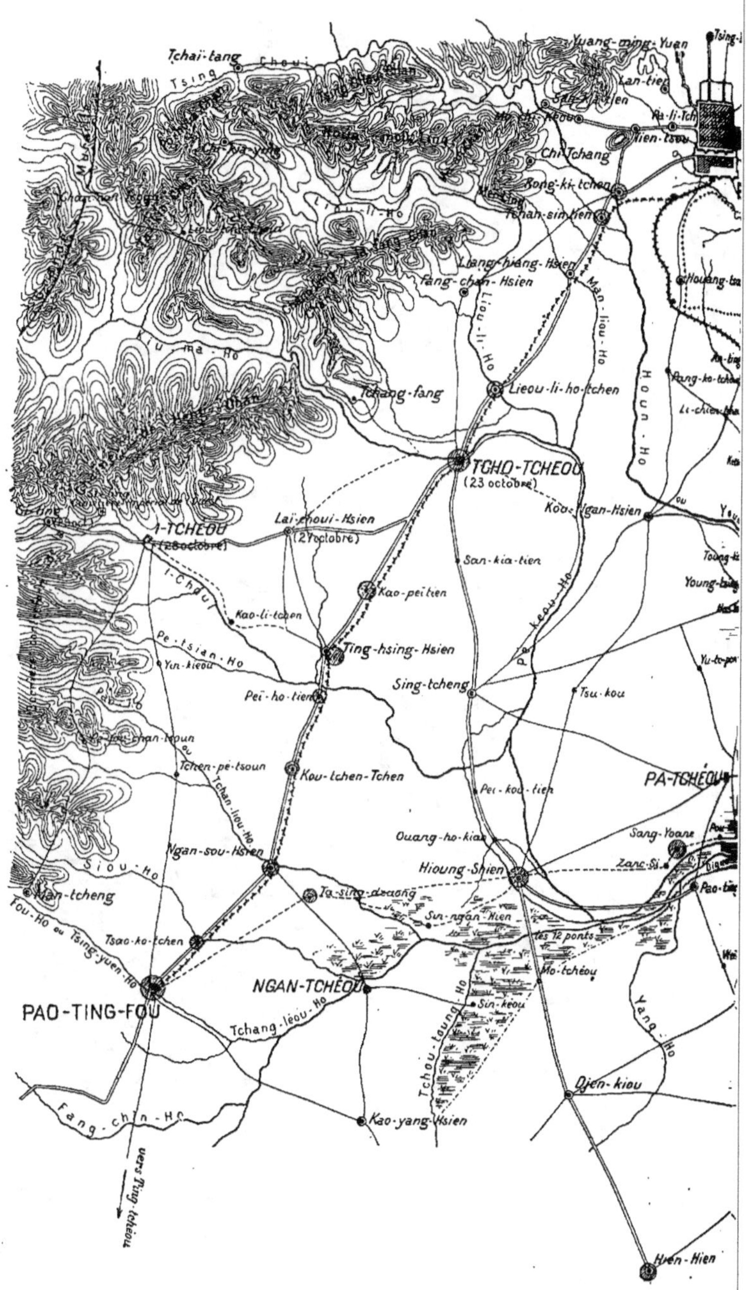

Tchai-tang
Tsing
Yuang-ming-Yuen
Tsing-
Lan-tien
Kia-li-Tch
Chi-Tchang
Tchan-sin-tien
Bong-ki-tchen
Hang-hiang-Hsien
Fang-chan-Hsien
Houang-tsa
Man-liou-Ho
Liou-li-Ho
Kiu-ma-Ho
Tchang-fang
Lieou-li-ho-tchen
Houn-Ho
TCHO-TCHEOU
(23 octobre)
Kou-Ngan-Hsien
Lai-choui-Hsien
(27 octobre)
San-kia-tien
I-TCHEOU
(28 octobre)
I-Chou
Kao-pei-tien
Kao-li-tchen
Ting-hsing-Hsien
Yu-to-pon
Pe-tsian-Ho
Yin-kieou
Sing-tcheng
Tsu-kou
Pei-ho-tien
PA-TCHEOU
Tchen-pe-tsoun
Kou-tchen-Tchen
Pei-kou-tien
Tchen-liou-Ho
Ouang-ho-kia
Sang-Yoane
Ngan-sou-Hsien
Hioung-Shien
Zanc-Si
Siou-Ho
Ta-sing-dzaong
Pao-tin
Man-tcheng
Sin-ngan-Hien
les 12 ponts
Tou-Ho ou Tsing-yuen-Ho
Tsao-ko-tchen
Ho-tcheou
PAO-TING-FOU
NGAN-TCHEOU
Sin-kieou
Tchang-lieou-Ho
Tchou-toung-Ho
Yang-Ho
Fang-chin-Ho
Djen-kiou
vers Ting-tcheou
Kao-yang-Hsien
Hien-Hien
Carte de la

KI-TCHÉOU
San-ho-Hsien
NG-TCHÉOU
(obre)
ng-kia-ouan Ouo-teou-Ho
Siao-po-ko-tchouang
Me-li-tchouang
Kia-yun-Ho
Kiu-keou-tchen
a-teou
Hiang-ho-Hsien
Pao-ti-Hsien
Ta-ngan-ping
Siou-tchen-Ho
Lou-tchouang
Ho-si-ou
Pei-Ho
fang
Kien-Ho
Ou-tsing-Hsien
Tchouang-tcheng
Nan-tsai-tsoun
Lo-fa
g-ngan-Hsien
Hoang-heou-tien
Yang-tsoun
iao
Keou-Hai
Ta-si-Ho
Yin-Ho
Tsi-li-Hai
Lieou-koue-Tcheng
Toung-yin-Ho
g-tchin-to-tcheng
Ta-ho-tien
Tche-tien-tan
Pei-Tsang
Si-yin-Ho
Tsin-koun
Kien-Ho
Yang-lieou-tsing
Arsenal
(23 juin)
Tche-tien-tan
(4 et 11 juillet)
Ft du Nord
(18 au 23 juin)
Pe-tang
TIEN-TSIN
Koan-eul-tchouang
Ft du Sud
Ta-tché-kou
Sin-Ho
Tchin-liang-tcheng
Tang-kou
Pe-tang-Ho
Ta-kou (17 juin)
Teou-kia-fou
Ta-Po
Sien-choui-keou
Ft du Nord
(21 décembre)
Yao-kiao-Ho
Ko-kou
Sin-tcheng
Ft du Sud
Yun-Ho
Tsing-hai-Hsien
g-tsin
Toun-tchang-toun
Canal Impérial
Tang-kouan-toun
-ma-ou
Ma-tchang
LÉGENDE
Gites d'étapes occupés militairement
Chemins de fer en exploitation
d°   en construction
10   5   0   10   20   30   40   50 Kil.

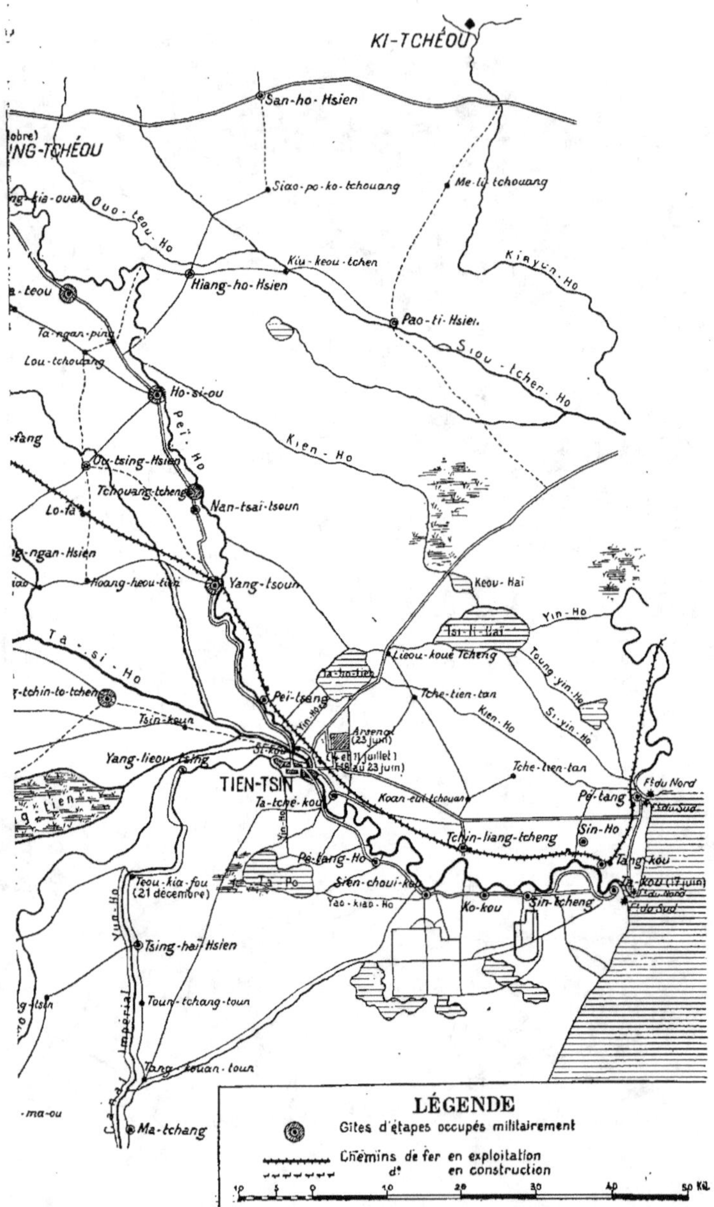

Péking.

A cet endroit, la colonne traversa le canal sur ce pont et s'engagea sur la route sud.

Le détachement français arriva, à 6 heures du matin, à 6 kilomètres environ des murailles de Péking, après avoir dépassé le campement des troupes américaines.

Une reconnaissance, composée d'une section d'infanterie, fut envoyée pour chercher un point de passage sur la rive nord, où le général espérait trouver les troupes russes. Cette reconnaissance, après avoir refoulé par quelques feux de salve les tirailleurs ennemis, arriva au pont de l'Ecluse.

Toute la colonne française passa alors sur la rive nord du canal de Toung-Tchéou et s'établit au bivouac près du pont de l'Ecluse.

Pendant la marche de la colonne, vers 3 heures du matin, les Français ne furent pas peu surpris d'entendre une fusillade assez vive dans la direction de Péking. Au lever du jour, une forte canonnade se fit également entendre du même côté. D'où pouvaient bien provenir ces bruits ?

On sut plus tard que les Russes avaient donné l'assaut à la porte Toung-pien-men le 14, à 2 heures du matin, et qu'ils avaient fait des pertes assez sérieuses.

Les Japonais, de leur côté, avaient attaqué, dès l'aube, les deux portes situées à l'est de la ville tartare; ils avaient également perdu beaucoup de monde.

Le général Frey, ne pouvant se douter que les généraux alliés ne s'étaient pas conformés aux résolutions prises dans la conférence de Toung-Tchéou, perdit la plus grande partie de la journée du 14 à rechercher le bivouac du général Linéwitch, et ce n'est qu'à 6 heures du soir qu'il apprit que les Russes et les Japonais étaient déjà entrés dans Péking.

Il envoya aussitôt des ordres pour que la colonne française se mît en mouvement.

Deux compagnies d'infanterie (les compagnies Marty et Verdant) et la batterie Joseph, sous le commandement du chef de bataillon Feldmann, partent dès que l'ordre est reçu et pénètrent dans Péking à minuit. A 4 heures elles entrent dans la ville tartare, par la porte de Ha-ta-men, et, au point du jour, elles arrivent sur l'emplacement de la légation de France.

Le reste de la colonne, composé des hommes fatigués et de deux batteries d'artillerie, arrive dans la matinée dans le quartier des légations.

Tel est le récit de cette marche de Toung-Tchéou sur Péking, qui fut, on peut le dire, une course au clocher, où chacun des généraux alliés fit tous ses efforts pour arriver bon premier dans la capitale. Dans cette course, le général Frey, qui crut devoir se conformer aux décisions prises à la conférence de Toung-Tchéou, se mit en retard en recherchant le bivouac russe où devait avoir lieu une nouvelle réunion des commandants étrangers et entra dans Péking après tous les autres.

Les deux télégrammes suivants, l'un d'origine russe, l'autre d'origine japonaise, prouvent que les Russes et les Japonais rencontrèrent une résistance assez sérieuse dans l'attaque des portes Toug-pien-men, Toung-dje-men et Tsi-hoa-men, et que les pertes subies par les contingents russes et japonais ne sont pas à dédaigner.

Télégramme russe.

Dans la nuit du 13 au 14, à 2 heures, nos troupes ont donné l'assaut à la porte Orientale de Péking, située sur le canal ; elles sont entrées les premières dans la ville et ont arboré le drapeau russe sur le mur d'enceinte. Le bombardement a duré quatre heures. Le major-général Vasilewski, commandant l'avant-garde, et le colonel Modl sont montés avec les troupes sur le mur d'enceinte et y ont arboré le drapeau russe.

Les Chinois occupaient l'Observatoire et d'autres tours. Ils ont dirigé sur nos troupes un feu croisé très vif, jusqu'au moment où ils ont été chassés de leurs positions par le feu de l'infanterie et de l'artillerie.

Le général Vasilewski et le colonel Modl ont été malheureusement blessés, ainsi que 5 officiers et 102 soldats.

Le colonel Antioukoff et 20 soldats ont été tués.

Les troupes alliées ont donné l'assaut aux autres portes de Péking, les ont prises le même jour et ont pénétré dans la ville.

Il semble résulter d'une façon évidente, du télégramme qui précède, que la fusillade et la canonnade entendues par les Français, vers 3 heures du matin, annonçaient l'attaque donnée par les Russes contre la porte Toung-pien-men.

Voyons, maintenant, ce qui se passait du côté des Japonais ;

nous l'apprenons par le télégramme suivant, qui émane du gé-. néral commandant les forces japonaises :

Le 14 août, dès l'aube, les forces alliées ont attaqué Péking par l'est. Au début, elles ont attaqué avec de l'artillerie les remparts, que l'ennemi a défendus avec opiniâtreté.

Les Japonais et les Russes ont attaqué par le côté nord du canal de Toung-Tchéou ; les Anglais et les Américains, par le sud.

Pendant la nuit, les Japonais faisaient sauter deux portes à l'est de la cité tartare et pénétraient dans la ville, tandis que les Anglais et les Américains entraient par la porte de Toung-pien dans la cité chinoise.

Les alliés envoyèrent aussitôt des détachements qui se réunirent aux légations, où ils trouvèrent les ministres et le personnel sains et saufs.

Les Japonais ont eu plus de cent tués ou blessés, y compris trois officiers. Quant aux Chinois, ils ont laissé plus de quatre cents morts.

Il résulte de ce télégramme que les Japonais sont entrés dans Péking dans la nuit du 14 au 15, après avoir fait sauter les deux portes Est de la ville tartare (Toung-dje-men et Tsihoa-men) et avoir subi des pertes assez considérables.

Quant aux Anglais, par quelles portes sont-ils entrés ? Je crois que le général japonais se trompe en disant qu'ils ont pénétré par la porte Toung-pien-men.

Il est très probable qu'ils ont trouvé la porte Cha-koué-men ouverte et qu'ils sont entrés dans la ville chinoise, suivis des Américains.

Ce qu'il y a de certain, c'est que les Anglais, toujours habiles, ont trouvé le moyen d'entrer dans Péking sans tirer un coup de fusil et d'arriver bons premiers aux légations à 3 h. 30 de l'après-midi du 14. Les Américains venaient après eux.

CONCLUSION :

Les Russes sont entrés les premiers à Péking le 14, vers 4 heures du matin; ils ont songé, tout d'abord, à s'installer définitivement sur les remparts et à la porte Toung-pien-men.

Les Anglais sont entrés dans la ville chinoise dans la journée du 14, et, n'ayant rencontré aucune résistance, ils ont pu arriver jusqu'aux légations, où ils pénétraient à 3 h. 30 de l'après-midi en passant sous la muraille de la ville tartare dans le canal qui longe la légation anglaise.

Je crois utile de faire remarquer que la colonne française, en se dirigeant de Tong-Tchéou sur Péking, traversa le canal sur le pont de Pa-li-k'iao.

Près de ce canal eut lieu, en 1860, le dernier combat de la campagne. Après son échec de Tchang-kia-Ouan, le général chinois Sang-ko-lin-sin s'était retranché, avec ses troupes et la cavalerie tartare qu'il avait pu réunir, derrière le petit canal qui va de Toung-Tchéou à Péking. A 4 kilomètres ouest de cette première ville, se trouve le pont de Pa-li-k'iao, qu'il avait mis en état de défense; c'est là qu'il comptait arrêter les alliés dans leur marche sur Péking. Le 21 septembre, les troupes européennes attaquèrent, à 7 heures du matin, l'armée chinoise, retranchée dans les villages; le colonel de Bentz-mann battit le pont avec l'artillerie française et le général Collineau l'emporta; à midi tout était fini. Plus de 50.000 cavaliers tartares cédaient la route de Péking à 1.200 Français et s'enfuyaient, par toutes les issues, de la *Grande muraille* jusqu'en Mongolie. Les fusées, les pièces d'artifices lancées au milieu de ces chevaux mongols à demi sauvages les avaient rendus furieux, et 4 à 5.000 Tartares périrent piétinés par leurs montures.

Quelques soldats français, blessés par les flèches mongoles, furent étonnés de ces blessures, qu'ils ne connaissaient pas, mais aucun d'eux ne fut tué.

Le célèbre San-ko-lin-sin, criant victoire et annonçant la défaite complète des Barbares, s'enfuit sur la route dallée jusqu'à Péking, dont on lui ouvrit les portes.

Tel est le fait d'armes qui valut au général de Montauban le titre de comte de Palikiao (Palikao).

Nous verrons, dans la quatrième partie, la situation dans laquelle se trouvaient les légations au moment de leur délivrance, et nous ferons le récit du siège soutenu par elles, de la délivrance du Pé-Tang et du siège soutenu par cet établissement religieux.

Pour la clarté du récit de la délivrance de Péking, voir le plan de la capitale, qui se trouve dans la 5ᵉ partie.

4ᵉ PARTIE

Historique du siège des Légations. — Délivrance du Pé-Tang. — Historique du siège du Pé-Tang.

Au moment où les troupes alliées arrivèrent pour délivrer les légations, elles trouvèrent le quartier dans lequel elles sont situées presque entièrement en ruines.

Un article paru dans le *Journal* et signé « Tristan » donne une idée bien exacte de ce qu'était ce quartier à ce moment.

La légation française est presque complètement détruite. Par sa situation, elle était de beaucoup la plus exposée de toutes les constructions européennes.

Le quartier assiégé forme en effet un rectangle, dont deux côtés adjacents, adossés à de hautes et puissantes murailles, ne furent jamais menacés. A l'angle des deux autres côtés, formés par les rues des Légations et de la Douane, se trouve la légation de France.

Comme toutes les troupes chinoises arrivaient par ces deux rues, la légation de France eut toujours à subir l'effort de leurs attaques et fut le théâtre de combats quotidiens.

Aussi n'est-elle plus aujourd'hui qu'un amas de ruines.

La légation d'Autriche était située en dehors du quadrilatère de défense, dans une position isolée, tout à fait en l'air.

Elle fut sacrifiée et abandonnée dès les premiers jours, et ses défenseurs, vingt marins autrichiens de la corvette *Zenta*, avec le commandant de ce navire, vinrent se joindre au détachement français de notre légation.

Celui-ci se composait de quarante-cinq marins de notre division navale des mers de Chine, sous les ordres du lieutenant de vaisseau Darcy, du *D'Entrecasteaux*, et de l'aspirant Herbert, du *Descartes*. Le capitaine Labrousse, de l'infanterie de marine, en voyage d'agrément au début des troubles, avait rallié la légation dès le premier jour et s'était joint aux défenseurs.

Tous les hommes du personnel de la légation s'étaient armés et rangés sous les ordres du lieutenant de vaisseau Darcy, qui se trouva à la tête d'une soixantaine de combattants.

PLAN DU QUARTIER DES LÉGATIONS

Par E. Saussine, élève interprète.

(Extraits du Livre jaune.)

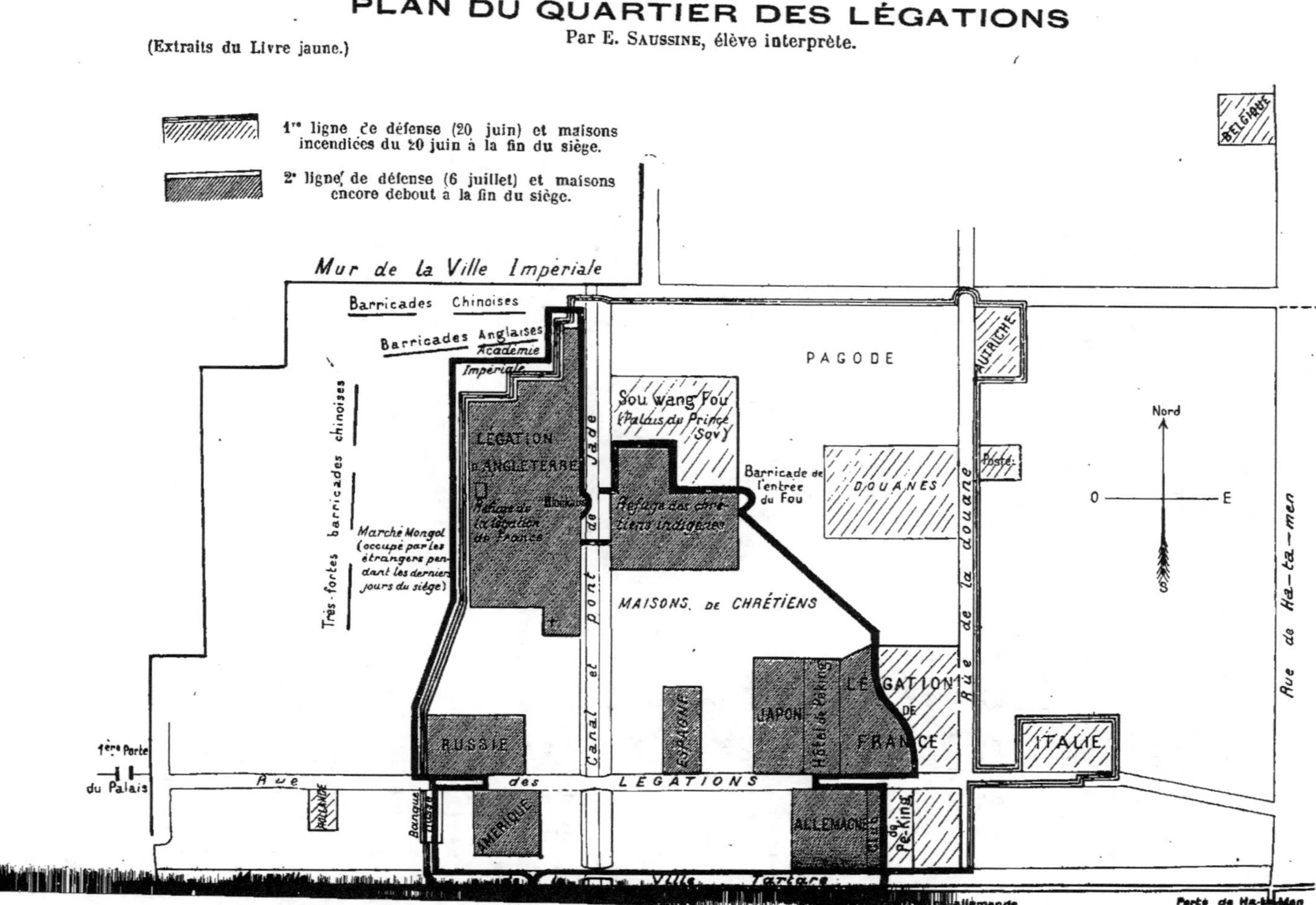

Dès les premiers jours du siège, les premières maisons de la légation furent criblées de balles et d'obus.

L'artillerie chinoise les mitraillait à moins de cent mètres.

Bientôt, les premières mines explosèrent, projetant en l'air des cités entières, ébranlant et lézardant les dernières murailles restées debout. L'abri formé par ces malheureuses maisons devenait illusoire ; des pans entiers de murs tombaient à l'ébranlement seul des coups de canon. On les abandonna donc après les avoir enduits de pétrole et incendiés, afin de les détruire complètement et empêcher ainsi les Chinois de s'y abriter pour tirailler sur les assiégés. Une tranchée fut creusée au milieu du parc de la légation, et marins et volontaires se retranchèrent dans les maisons placées derrière elle.

A côté de la légation de France s'élève celle d'Allemagne, qui fut, après la nôtre, la plus éprouvée par le siège (1).

Les autres n'éprouvèrent que des dommages sans importance.

Celle d'Angleterre, située très en arrière, dans l'angle abrité du quadrilatère de défense, formait l'abri le plus sûr de tout le quartier menacé.

C'est là que, dès le premier jour, se réfugièrent les femmes et les enfants.

Sir Mac-Donald, ministre d'Angleterre, conseilla à ses collègues des autres nations de s'y mettre à l'abri avec lui.

Cette proposition contenait, évidemment, une intention généreuse, mais elle présentait aussi un avantage que le ministre anglais était loin de négliger.

Les ministres, quittant leurs légations pour venir s'installer chez sir Mac-Donald, devenaient ainsi les hôtes de l'Angleterre.

Offrant asile et protection à ses collègues sous les plis du pavillon anglais, le ministre britannique se trouvait d'emblée président du conseil de défense et acquérait sur ses collègues une influence et un ascendant considérables.

Le ministre d'Autriche, M. de Rosthorn (2), le comprit fort bien. Il envoya les femmes et les enfants de sa légation à l'abri chez le ministre anglais, mais lui-même resta au milieu de ses marins, qui s'étaient joints, comme nous l'avons vu, aux matelots français défendant la légation de France.

Nous verrons plus loin, dans un article du *Figaro* qui vaut la peine d'être reproduit, que la femme du chargé d'affaires. d'Autriche, Mme de Rosthorn, vint rejoindre son mari, qu'elle resta à la légation de France pendant tout le siège et qu'elle eut une conduite héroïque.

Nous avons vu, dans la troisième partie, que la colonne

____

(1) L'auteur de l'article oublie les légations d'Italie, de Belgique, de Hollande qui furent incendiées dès les premiers jours.

(2) M. de Rosthorn n'était que chargé d'affaires.

française était arrivée dans le quartier des légations le 15 août, vers 4 heures du matin. Cette colonne, après avoir, sur la demande de M. Pichon, ministre de France, bombardé, à titre de représailles, pendant près d'une heure, différents édifices de la ville impériale, qui était encore occupée par les réguliers chinois, alla s'établir en cantonnement au sud et près de la porte de cette ville.

Dans cette journée du 15, les troupes alliées occupèrent la plus grande partie de la ville de Péking : les Anglais et les Américains s'établirent dans la ville chinoise; les Russes, les Japonais et les Français, dans la ville tartare.

Les réguliers chinois et les Boxeurs se retirèrent dans la partie ouest de la ville tartare, entre le mur ouest de cette ville et la ville impériale, gardant toutes les portes, depuis celle de Choun-dje-men comprise jusqu'à celle de Teu-chang-men; ils occupaient, en outre, toute la ville impériale et continuaient à assiéger la mission catholique du Pé-Tang, qui est située à l'intérieur de cette ville.

La délivrance des légations avait été le plus beau et le premier résultat de l'entrée des troupes alliées dans Péking.

Le ministre de France, M. Pichon, avait signalé au général commandant le corps expéditionnaire français, dès l'arrivée des troupes dans la capitale, l'urgence qu'il y avait à se porter au secours de la mission catholique du Pé-Tang, à la tête de laquelle se trouvait Mgr Favier, et que les réguliers chinois et les Boxeurs continuaient à assiéger, malgré l'occupation des trois quarts de la capitale chinoise par les contingents alliés.

Plus de 1.500 chrétiens, une quarantaine de marins et tout le nombreux personnel français de la mission étaient en effet bloqués dans le Pé-Tang, et depuis cinquante-cinq jours les légations étaient sans nouvelles des événements qui avaient pu s'y passer.

L'ennemi avait apporté un acharnement particulier dans ses opérations contre le Pé-Tang; la continuation de ces opérations après l'entrée des alliés dans Péking décelait son ardent désir de perpétrer la ruine de cette mission avant qu'on eût pu la secourir.

Une action militaire en vue de la délivrance de la mission

nécessitait une préparation sérieuse, en même temps qu'elle intéressait la direction générale des opérations des troupes alliées, car cette action devait conduire à l'entrée de ces troupes dans la ville impériale, qui était encore entièrement aux mains de l'ennemi et fortement occupée par lui.

D'autre part, la position à enlever était trop fortement organisée et défendue pour qu'il fût possible de songer à conduire cette opération uniquement avec la colonne française.

Pour ces divers motifs, le général Frey fit part de ces projets aux généraux commandants des troupes alliées, réunis en conférence le 15 août dans l'après-midi, et leur demanda de faire participer à l'opération contre le Pé-Tang, fixée au lendemain 16 août, un bataillon russe de 600 hommes, un peloton de 50 Cosaques et un bataillon anglais de 400 hommes.

Ces dispositions furent consenties par tous les officiers généraux.

Le général commandant le corps expéditionnaire français reçut du ministre de France, M. Pichon, et des personnes attachées à la légation, sur les localités qui allaient être le théâtre de l'opération du lendemain, des renseignements précis, qui lui permirent de la préparer dans les conditions désirables.

Nous verrons plus loin le détail de cette opération, qui aboutit à la délivrance du Pé-Tang, et je donnerai sur le siège mémorable que cet établissement eut à soutenir, depuis le 14 juin jusqu'au 16 août, tous les détails qui permettent de se rendre compte de l'héroïsme de ses défenseurs.

Pour le moment, il me paraît utile de reproduire ici le télégramme que M. Pichon envoya au gouvernement français le 19 août :

Les troupes internationales sont entrées dans la journée du 14 ; elles ont continué leurs opérations le lendemain et ont bombardé la ville impériale et quelques pavillons du palais, d'où les soldats chinois tiraient sur elles.

Les troupes françaises ont délivré le Pé-Tang le 15, après un brillant combat, auquel les détachements anglais, japonais et russes ont participé. J'ai assisté à cette affaire avec la plupart des membres du personnel de la légation, y compris le premier secrétaire, M. d'Anthouard, arrivé de Tien-Tsin avec le général Frey. L'ennemi a ensuite été délogé des environs, et nous avons pénétré dans les jardins du palais impérial, où le général Frey s'est installé provisoirement.

L'empereur, l'impératrice et les membres du gouvernement se sont enfuis après avoir fait exécuter cinq ou six des membres du Tsong-Li-Yamen qui passaient pour être les moins hostiles aux étrangers.

La résidence actuelle de l'empereur et de l'impératrice est inconnue.

Les généraux ont décidé, après entente unanime avec le corps diplomatique, d'entrer dans le palais impérial pour en chasser les soldats chinois, mais de se borner à traverser le palais, sans y camper et en n'y faisant qu'un défilé militaire.

Une des principales préoccupations est de rétablir les communications avec Tien-Tsin par le chemin de fer et le télégraphe. L'insécurité des routes rend cette œuvre assez difficile, mais elle est urgente et nécessaire. Les retours offensifs des Boxeurs et des réguliers sont à craindre, et il y a lieu de prendre contre eux de sérieuses précautions.

Péking a été divisé en districts, dont la police a été confiée à chacun des corps de troupe, sous la direction des généraux.

Aux pertes signalées dans mon télégramme n° 1, il faut ajouter deux matelots et un volontaire, le capitaine Labrousse, qui ont été tués avant l'arrivée des troupes, ce qui porte à 14 le chiffre des morts du détachement, qui a défendu la légation.

Au Pé-Tang, il y a eu 5 tués, dont l'enseigne de vaisseau Henry. Tout le personnel des légations, y compris les domestiques européens, est en misérable santé.

Je suis logé à la légation espagnole, avec MM. Morisse et Berteaux; les autres agents sont installés dans ce qui reste de notre légation ou dans les maisons chinoises du voisinage.

La plupart des quartiers de la ville ne sont plus que des monceaux de ruines.

Ici doivent naturellement prendre place :

1° Le rapport de M. Pichon, ministre de France à Péking, au ministre des affaires étrangères sur les événements qui se sont produits à Péking du 19 juin au 15 août 1901;

2° L'annexe au rapport de M. Pichon du 28 août 1900;

3° Le journal de siège du lieutenant de vaisseau Darcy, commandant le détachement français qui a défendu la légation de France.

Rapport de M. Pichon, ministre de France à Péking, au ministre des affaires étrangères, sur les événements qui se sont produits à Péking du 19 juin au 15 août 1900.

Péking, le 28 août 1900.

J'ai l'honneur de vous adresser ci-joint le récit des faits qui se sont produits à Péking du 19 juin au 15 août 1900.

Il me semblerait superflu d'ajouter de longues considérations à l'historique, déjà suffisamment détaillé, des événements que je rapporte et aux documents qui l'accompagnent.

Du 20 juin au 14 août, les légations ont été assiégées par les troupes impériales. Elles ont eu à lutter contre l'incendie, les fusillades, la canonnade et les mines. Les escortes qui les défendaient se composaient (officiers compris) de 409 hommes, auxquels on peut ajouter 80 volontaires, armés de carabines de divers modèles ou de fusils de chasse. Elles possédaient un canon italien de 37 millimètres, un canon Maxim, une mitrailleuse autrichienne et une mitrailleuse américaine. Les détachements italien, japonais et russe n'avaient, les deux premiers surtout, que très peu de munitions.

On peut évaluer à 5.000 ou 6.000 soldats le chiffre des troupes contre lesquelles cette poignée d'étrangers de toutes nationalités a dû combattre ; ces troupes, munies de fusils Mauser ou Mannlicher, disposaient d'une artillerie considérable, dont elles n'ont utilisé que quelques pièces. Elles avaient une quantité énorme de munitions. Elles étaient soutenues et servies par plus de Boxeurs et de coolies qu'elles ne pouvaient en employer. Tous les arsenaux et magasins d'approvisionnement, admirablement pourvus, leur étaient ouverts. Le gouvernement leur aurait libéralement donné tous les renforts qu'elles auraient jugé nécessaires. Elles ont usé plus de 3.500 projectiles de canon et des millions de cartouches de gros et petit calibre.

On peut se demander comment les assiégés ont résisté et ont été sauvés. Il a fallu, pour empêcher le massacre général auquel tout semblait les condamner, une série d'événements extraordinaires, dont l'origine tient peut-être moins à la volonté des hommes qu'à un concours de circonstances échappant à toutes les prévisions.

Si, le 20 juin, le corps diplomatique était allé au Tsong-Li-Yamen comme il en avait manifesté l'intention, aucun de ses membres n'aurait échappé à la mort ou, pour le moins, à la fusillade des soldats chinois. Le hasard a voulu que, seul, le ministre d'Allemagne se rendît à l'audience qu'il avait demandée : il a été assassiné.

Si, le 22 juin, l'évacuation des légations de France, d'Allemagne, d'Amérique et de Russie avait été maintenue, ou si elle avait eu lieu quelques jours plus tard, comme il en était sérieusement question, la légation d'Angleterre aurait succombé en moins d'une quinzaine.

Si, dès le commencement du siège, nous n'avions pas découvert dans des maisons abandonnées assez de riz et de blé pour nourrir 900 réfugiés et 2.400 chrétiens indigènes pendant plus de deux mois, nous aurions été pris par la famine.

Si nos agresseurs, au lieu d'envoyer la plupart de leurs artilleurs à Tien-Tsin, avaient conservé quelques bons pointeurs à Péking, nous aurions été hors d'état de nous protéger contre leurs canons.

Si, d'ailleurs, les Chinois avaient eu quelque courage et tenté l'assaut de nos murs et de nos barricades, nous aurions été écrasés par la supériorité numérique qu'ils pouvaient nous opposer.

Si, à partir du 17 juillet, nous n'avions profité d'une sorte d'armistice intermittent, dont il est difficile de démêler toutes les causes (1), les pertes que nous aurions subies — en les évaluant suivant les mêmes proportions que celles qui nous avaient été infligées jusqu'à la suspension partielle du feu — nous auraient réduits à l'impuissance. En outre, nos munitions auraient été absorbées complètement avant la possibilité de notre libération.

Si l'armée internationale, arrivée le 14 août dans la capitale chinoise, avait ajourné de vingt-quatre heures son entrée, il est probable qu'elle ne nous aurait plus trouvés vivants. Les Chinois avaient creusé sous la légation d'Angleterre une mine de 54 mètres de long, qui, en éclatant, aurait pu tuer 100 personnes et aurait ouvert aux assaillants le refuge des femmes et des enfants. Ils avaient effectué sur la muraille un travail de même nature qui aurait fait sauter la barricade russo-américaine, et ils étaient près d'aboutir au même résultat à la légation de France.

Notre salut tient donc à un ensemble d'événements qui ne peuvent s'expliquer par un raisonnement logique et par un enchaînement de considérations rationnelles. J'ajoute que la saison, qui risquait de créer de sérieux obstacles aux mouvements de l'armée envoyée à notre secours, nous a été particulièrement clémente. Au lieu des pluies habituelles du mois de juillet, nous avons eu, sauf quelques orages rafraîchissants et bienfaisants, une température sèche et peu élevée. Tout rendait possible et pratique, même à une date plus rapprochée que celle qui a été choisie, un coup de main sur Péking, d'où les Chinois se seraient enfuis (comme ils l'ont fait du reste à l'approche de notre artillerie).

Je dois vous dire, pour être tout à fait juste, que l'intervention des Japonais nous a été tout spécialement favorable. Ce sont eux qui, connaissant le mieux la Chine et les Chinois, ont donné aux troupes alliées les informations les plus sûres et les plus véridiques ; eux qui ont, pendant le siège, réussi à faire parvenir à Tien-Tsin des courriers qui portaient des nouvelles précises de notre situation désespérée ; eux qui ont fait décider la marche en avant sans attendre de renforts, après le combat de Peï-Tsang, où les troupes françaises se sont brillamment montrées. Ce sont les Japonais qui ont été chargés au premier rang, avec l'appui du détachement italien et avec des marins volontaires français et anglais, de la défense des chrétiens chinois que nos faibles forces ont arrachés à une mort encore plus menaçante pour eux que pour nous-mêmes. Ils se sont acquittés de cette tâche avec un courage au-dessus de tout éloge et avec une remarquable

---

(1) Cet armistice a été la conséquence de la prise de la cité chinoise de Tien-Tsin.

intelligence, et le colonel Shiba, qui les commandait, a été l'un des officiers dont les qualités ont été le plus appréciées.

Il est curieux, à ce propos, de faire la comparaison des pertes subies par chaque détachement :

	Tués	Blessés
Sur 82. les Anglais ont eu............................	3	19
— 87, les Russes ont eu............................	4	19
— 58, les Américains ont eu........................	7	10
— 51, les Allemands ont eu.........................	12	15
— 48, les Français ont eu...........................	11	12
— 35, les Autrichiens ont eu.......................	4	11
— 29, les Italiens ont eu...........................	7	12
— 25, les Japonais ont eu..........................	5	20

A ce total de 53 tués et 119 blessés, il faut ajouter 12 tués et 23 blessés parmi les volontaires, ce qui fait, pour moins de 500 hommes, 65 tués et 142 blessés. Les 35 volontaires tués ou blessés sont, pour la plupart, des Japonais, des Anglais ou des Russes. Nous avons eu toutefois à déplorer la mort de trois Français : le capitaine d'infanterie Labrousse, qui était de passage à Péking ; M. Wagner, fils de notre ancien consul général à Shanghaï, qui appartenait au service des douanes, et M. Gruintgens, interprète du chemin de fer de Han-Kéou-Péking.

Enfin, nous avions au Pé-Tang 30 marins et un officier. Nous avons eu 5 tués, dont l'enseigne de vaisseau Henry, et 9 blessés. Les Italiens avaient, au Jen-Tseu-T'ang (établissement des sœurs du Pé-Tang), 10 marins et un officier ; ils ont eu 6 tués et 3 blessés, dont l'officier.

Sauf pour le Pé-Tang, qui n'a bénéficié d'aucun armistice, c'est, à quelques exceptions près, avant le 17 juillet que les vides se sont faits dans les rangs de nos matelots et de nos volontaires. A partir de cette date, nous n'avons guère eu à enregistrer que le quinzième des pertes que nous avions éprouvées antérieurement.

Le moment n'est pas venu de fixer les responsabilités engagées dans ce drame horrible, que couvrent encore tant d'obscurités. Ce qu'on peut dire dès maintenant, c'est que le rôle principal y a été joué par trois personnages dont les noms sont à retenir et dont le châtiment ne saurait être trop sévère : le prince Tuan, père de l'héritier présomptif du trône ; le général Tong-Fou-Siang, commandant des troupes du Kan-Sou, connu pour une hostilité sauvage contre tout homme civilisé, et le grand secrétaire d'Etat Kang-Yi.

En dehors de ces meneurs de haute marque, il y a eu des comparses d'un rang moins élevé et d'une influence moins grande, comme Li-ping-Heng, ancien gouverneur du Chann-Tong, révoqué sous la pression allemande, lors de la prise de Kiao-Tchéou ; le prince Lan, frère de Tuan, et le prince Tchouang, qui avait été désigné pour enrôler et diriger les Boxeurs.

L'action du triumvirat formé par Tuan, Tong-Fou-Siang et Kang-Yi s'est exercée dictatorialement sur l'impératrice, dont je suis loin d'excuser ou d'atténuer les entreprises, mais qui n'a été, sous ses allures autoritaires, qu'un instrument à la disposition de ces fanatiques imbéciles.

On peut dire que, du 20 juin au 15 août, Péking a été gouverné officiellement par les Boxeurs, qui s'y sont livrés aux pires brigandages, volant, pillant, assassinant les chrétiens ou les habitants paisibles qui refusaient de prendre part ou de payer tribut à leurs orgies. Ces actes se sont accomplis au milieu d'une anarchie sans pareille, les pillards tirant les uns sur les autres et les soldats se combattant réciproquement pour se disputer les meilleures proies.

Les leçons infligées par les victoires européennes (la prise de Tien-Tsin surtout) et par l'approche de l'armée internationale ont, par intervalles, jeté le trouble et le désarroi dans l'entourage de la souveraine. L'infatuation des mandarins, qui s'étaient crus de taille à faire la guerre au monde, a reçu le contre-coup de nos succès et s'en est plusieurs fois ressentie. L'élément modéré, personnifié par le prince King, et le tiers parti, dont Yong-Lou semble avoir été l'incarnation, ont essayé de réagir contre les odieuses folies qui conduisaient l'empire aux catastrophes. Mais le courage n'est pas ce qui distingue les hauts mandarins chinois, et ceux-là mêmes qui comprenaient le péril n'osèrent pas faire ce qu'il fallait pour le conjurer. Ils s'arrêtèrent à mi-route, préférant avoir les mains ensanglantées et laisser les légations sous la menace des mines et des barricades, plutôt que de s'exposer personnellement à la vengeance des fous furieux auxquels l'impératrice obéissait. Ils avaient d'ailleurs sous les yeux des exemples faits pour entretenir cette lâcheté : quatre membres du Tsong-Li-Yamen et un ministre de la maison impériale furent exécutés, peu de jours avant l'entrée de nos troupes à l'endroit où l'on coupe la tête aux criminels de droit commun. Parmi les victimes de ce supplice, que le raffinement barbare de ses auteurs avait rendu plus infamant qu'aucun autre, deux (Hu-King-Tching, ancien ministre à Pétersbourg et à Paris, et Su-Yong-Yi) étaient principalement coupables d'avoir fait acheter un cercueil pour le ministre d'Allemagne, assassiné sur l'ordre exprès de Tong-Fou-Siang. Les trois autres (Yuan-Tchang, Lien-Yuan et Li-Chan) étaient accusés de tiédeur dans les tentatives de massacres dont les étrangers étaient l'objet.

La docilité avec laquelle l'impératrice se prêtait à ces représailles impressionnait ceux qui redoutaient d'en être victimes à leur tour. De là, le caractère instable et équivoque de l'armistice, qui nous a néanmoins permis d'atteindre vivants le terme de nos épreuves. De là, de sourdes luttes entre les divers partis représentés au pouvoir, luttes dont nous pouvions constater les effets par le degré de violence des attaques que nous avions à repousser. Suivant que le prince Tuan et ses acolytes étaient plus ou moins confiants dans leur dictature, ou que le prince King et, à un degré moindre, Yong-Lou se sentaient ou non rassurés, nous étions plus ou moins en butte à la fusillade ennemie. Ce sont ces alternatives de persévérance et de défaillance dans le mal qui ont contribué à l'échec de l'attentat organisé par un gouvernement qui prenait sur lui d'ordonner le massacre général des étrangers vivant dans sa capitale, en particulier de tous les membres du corps diplomatique, sans excepter les femmes et les enfants.

Signé : PICHON.

Annexe au rapport de M. Pichon du 28 août 1900.

*Notes prises chaque jour par M. Pichon, sur les faits qui se sont passés
à Péking, du 19 juin au 15 août.*

Siège des légations par les troupes chinoises.

19 juin. — Vers 5 heures du soir, arrive une lettre du Tsong-Li-Yamen annonçant que M. du Chaylard a signifié, au nom des amiraux,
la nécessité de faire passer entre leurs mains les forts de Takou, avec
fixation d'un délai de vingt-quatre heures pour l'exécution de cette
mesure, sous peine de recours à la force. Le gouvernement chinois invite les représentants des puissances, leurs familles, leur personnel et
tous les étrangers à quitter Péking avant le lendemain soir, à 4 heures.

Le corps diplomatique répond, dans une première dépêche, qu'il est
matériellement impossible d'organiser le départ dans un aussi court
délai. Il réclame une audience aux princes pour le lendemain à 9 heures du matin.

20 juin. — Aucune réponse ne lui étant parvenue, le corps diplomatique adresse au Tsong-Li-Yamen, le 20, à 7 heures du matin, une
seconde dépêche, par laquelle il demande à être mis en communication
avec les amiraux.

A 9 heures du matin, en présence des informations qui lui viennent
et qui lui représentent la situation comme des plus dangereuses et le
péril comme tout à fait imminent, il rédige une troisième note priant
le gouvernement chinois de donner aux détachements toutes les facilités possibles pour arriver, avec cette réserve qu'ils ne pénétreraient
pas dans Péking et que, dès que leur présence serait signalée aux
portes de ville, il se rendrait au milieu d'eux pour se diriger sur Tien-
Tsin.

Le baron de Ketteler, ministre d'Allemagne, déclare, au cours de la
réunion dans laquelle les termes de cette communication ont été arrêtés et qui a été tenue à la légation de France, qu'il compte se rendre
personnellement au Tsong-Li-Yamen pour s'efforcer d'élucider les
grosses questions qui sont posées. Malgré les instances de ses collègues, qui lui font remarquer que la demande d'audience formulée la
veille n'a été l'objet d'aucune réponse et qu'il y a lieu tout au moins
d'attendre des explications, il persiste dans son intention. Il dit qu'il
a annoncé sa visite pour 9 heures, et qu'il va partir avec son interprète, M. Cordès. Le danger possible de cette démarche lui est, en
particulier, signalé par moi. Il passe outre à ces observations et nous
quitte en nous avisant qu'il viendra nous rendre compte de ce qui se
sera passé entre lui et les ministres chinois.

Un quart d'heure après son départ, les *mafous* qui l'accompagnaient reviennent précipitamment, en apportant la nouvelle qu'il a été assassiné par des soldats chinois et que son interprète a été grièvement blessé. Le guet-apens est évident. Les soldats qui l'ont préparé se tenaient à un poste de police voisin du Tsong-Li-Yamen. Ils ont tiré à bout portant sur le représentant de l'Allemagne, qui a été tué raide par une balle qui a traversé la vitre de sa chaise à porteurs. Ils ont blessé l'interprète, qui venait derrière lui et qui, à leurs coups de feu, s'était dressé dans sa chaise, de sorte qu'au lieu d'être atteint à la tête, comme son ministre, il l'a été à la partie supérieure de la jambe. Il a pu s'enfuir sous une pluie de balles et a été recueilli à une mission méthodiste américaine, où il a été soigné avant d'être ramené à sa légation.

A 2 heures de l'après-midi, le Tsong-Li-Yamen reconnaît que le voyage de Péking à Tien-Tsin présentait de grands dangers, comme aussi le trajet des légations au Tsong-Li-Yamen (ceci évidemment pour atténuer, dans l'avenir, la portée de l'assassinat du baron de Ketteler), et il prie les ministres étrangers de lui faire connaître explicitement les intentions de leurs gouvernements, en se félicitant d'avance qu'elles soient pacifiques.

Saisi par le corps diplomatique d'une demande de renseignements sur ce qu'il est advenu du ministre d'Allemagne (demande faite aussitôt que la nouvelle de l'assassinat a été connue), il n'a garde d'y répondre, mais il envoie, à 4 heures, une lettre confirmant que « les ministres, secrétaires et interprètes doivent se garder, avec soin, de se rendre en personne au Yamen, ce qui pourrait amener des malheurs ».

A 4 heures, des soldats chinois ouvrent le feu sur les barricades de la légation d'Autriche, qui est évacuée. Un marin français, qui faisait partie d'un renfort envoyé à cette légation, est tué. Un marin autrichien est blessé. Conformément à une décision prise unanimement par les officiers des détachements, le personnel marié des diverses légations est envoyé à la légation d'Angleterre.

Cet endroit a été choisi comme le seul qui, en raison de sa superficie, du nombre de ses maisons, de sa situation et des moyens de défense qu'il est susceptible d'offrir, puisse abriter les étrangers menacés. De leur côté, les ministres ont résolu de s'y concentrer pour y former un comité supérieur de la défense, sous la direction de sir Claude Mac-Donald, qui était major dans l'armée anglaise avant d'être représentant de Sa Majesté britannique à Péking. Ils ont estimé qu'en restant isolés ils risqueraient d'avoir leurs communications coupées, et qu'en présence de la violence de l'attaque qu'ils ont à repousser il importait d'assurer l'unité de vues dans le commandement.

Ce n'est toutefois qu'à 9 heures du soir, alors que la bataille est engagée sur tous les points et que les balles sifflent dans tout le quartier, que je vais, accompagné de ma femme et du ministre d'Espagne, rejoindre, à la légation d'Angleterre, mes collègues et ceux des membres du personnel de la légation qui ont reçu l'ordre de s'y rendre. Je ne manquerai pas, bien entendu, de concilier mes devoirs de ministre avec les exigences d'une situation probablement sans précédents et d'aller chaque jour au milieu des marins et des volontaires français, placés au poste de combat et d'honneur qui leur est échu.

Conformément à une autre décision prise par les officiers des détachements, c'est sur la légation de France que se sont repliés les marins autrichiens, après avoir été contraints d'abandonner leur barricade. Si bien qu'indépendamment des volontaires, nos forces réunies comprennent 75 hommes et 7 officiers, dont 47 Français et 35 Autrichiens. Les volontaires sont au nombre de 19, dont 12 Français, 3 Belges, 2 Autrichiens, 1 Italien et 1 Suisse.

Pendant toute la nuit, les légations sont attaquées par une vive fusillade. Dans la soirée, un professeur américain de l'Université chinoise, M. Huberty James, a été tué et peut-être fait préalablement prisonnier par les Boxeurs.

21 juin. — Le corps diplomatique arrête sa réponse à la dépêche du Tsong-Li-Yamen, demandant à connaître les instructions des représentants des puissances ; il dit que ces instructions ont toujours été très amicales pour la Chine et n'ont jamais eu d'autre but que d'y assurer la sécurité des ministres étrangers. Il signale le feu continu tiré sur les légations depuis la veille, exprime l'espoir que c'est seulement le fait des rebelles ou des soldats agissant isolément et réclame des mesures pour y mettre un terme.

On annonce l'incendie de la légation de Belgique. Les missions méthodistes américaines brûlent également, puis une banque chinoise voisine de la légation d'Autriche, puis cette dernière légation, dont l'incendie se voit pendant toute la nuit.

La fusillade est extrêmement nourrie. On prétend, ce qui est bien peu vraisemblable, que les troupes du prince King font des salves sur les Boxeurs.

22 juin. — A 6 h. 30 du matin, je trouve, à la légation de France, des détachements prêts à se retirer sur l'indication du commandant autrichien, qui, étant le plus ancien et le plus élevé en grade, a le pas sur le lieutenant de vaisseau sous les ordres duquel les forces françaises sont placées.

Une des raisons de cette retraite est que les soldats chinois ont commencé à tirer du haut de la muraille sur les Allemands, qui ne peuvent maintenir leur position. J'insiste pour la résistance, et je vais m'en entretenir avec sir Claude Mac-Donald, qui est de mon avis. Puis je retourne à la légation de France, qui n'est pas encore évacuée. Mais, à 8 h. 45, nos hommes arrivent à la légation d'Angleterre, où j'étais revenu pour me concerter avec mes collègues sur les mesures à prendre. Les légations d'Italie, d'Allemagne, du Japon, d'Amérique et de Russie sont également évacuées. Les ministres intéressés donnent, en même temps que moi, l'ordre de reprendre les postes abandonnés. Ces instructions sont immédiatement exécutées. Mais la légation d'Italie est déjà en flammes, quand ses marins y sont de retour, et ils sont obligés de la quitter. La douane est également en flammes. Fusillades très vives jusqu'à 1 heure.

A 5 heures, grande alerte. Le feu, allumé par les Boxeurs, vient de se déclarer à un bâtiment voisin du mur est de la légation d'Angleterre. Il est éteint après une heure et demie de travail environ.

23 juin. — Nuit relativement calme. Grand vent du nord-est. Tout s'est bien passé, la nuit précédente, à la légation de France, mais on craint, dans la matinée, des incendies de divers côtés, en raison de la violence du vent, propice à ces actes criminels. En effet, vers 11 heures, le tocsin sonne à la légation d'Angleterre. C'est l'une des annexes de l'Académie impériale des Han-Lin, située à quelques mètres du mur nord de la légation qui brûle.

L'inquiétude est extrême. L'incendie est sur le point de gagner les écuries près desquelles nous avons des avant-postes très importants. En deux heures de travail on est maître du feu. D'autres bâtiments sont incendiés aux alentours des légations de France, de Russie, des Pays-Bas, d'Amérique. La situation est extrêmement critique, quoique le vent se soit un peu apaisé.

Des canons chinois envoient, de la muraille, des obus aux diverses légations.

Vers 5 heures, nouvelle alerte excessivement grave. C'est une autre annexe de l'Académie des Han-Lin qui est en feu. La maison des élèves interprètes est grandement menacée. Un arbre de 50 centimètres de diamètre, qui se trouve entre le bâtiment en flammes et un temple attenant à la légation, s'embrase. Il est abattu à coups de hache. Au bout d'une heure le péril est conjuré, mais la superbe bibliothèque du Han-Lin, que semblaient préserver à la fois ses richesses, son ancienneté et des décrets souverains gravés sur deux stèles, est à peu près entièrement détruite. C'est un nouveau sacrilège commis par les Boxeurs. Fusillades pendant toute la nuit.

24 juin. — Vers 11 heures du matin, la légation d'Angleterre est attaquée par des soldats et par une troupe considérable de Boxeurs qui poussent des cris féroces. Une des portes de la légation, heureusement fortifiée à l'intérieur avec des pierres et des sacs de terre, est criblée de balles par les assaillants. Cela dure pendant plus de trois quarts d'heure.

Nous ouvrons une brèche dans un mur voisin. Des marins y passent et tuent un assez grand nombre de soldats. Ceux-ci se retirent avec les Boxeurs, en poussant des hurlements. L'incendie sévit de tous les côtés. Les légations sont entourées de flammes. La banque russo-chinoise est en feu. Les murs de la légation de France sont léchés par les flammes, qui anéantissent les maisons voisines. Dans l'une d'elles nos marins tuent 21 soldats.

Les Allemands et les Américains occupent la muraille. Ils essayent d'y construire une barricade, qu'ils perdent et reprennent alternativement, sous les projectiles d'un canon chinois. Ils finissent par s'y installer, malgré les attaques qu'ils subissent et grâce à l'obscurité de la nuit.

A 5 heures du matin, les Boxeurs et les soldats chinois paraissent être principalement dans les environs du palais impérial. Ils auraient, dit-on, pratiqué des meurtrières dans le mur de l'une des portes qui y mènent et qui est très peu éloignée de la légation d'Angleterre. Ils poussent des cris sauvages. On ne sait exactement la direction qu'ils prennent et l'attaque qu'ils méditent.

25 juin. — Matinée relativement tranquille au début. Tout à coup, à 10 heures, la fusillade chinoise commence partout : au sud, à l'ouest et au nord de la légation d'Angleterre, sur toutes les légations, et à l'endroit où sont réfugiés plus de 2.300 chrétiens chinois (protestants et catholiques), particulièrement visés par les Boxeurs et par les troupes impériales. Cet endroit, appelé le Fou, est la résidence d'un haut dignitaire, le prince Sou. C'est un parc d'une superficie très étendue, planté de grands arbres, avec de vastes pavillons et des maisons spacieuses. Il est situé entre les légations de France, du Japon et d'Angleterre et en communication avec chacune d'elles. Sa défense est confiée aux Japonais, sous le commandement du colonel Shiba, ancien attaché militaire à Paris. Le détachement italien s'y est également retranché, après la destruction de la légation qu'il avait tout d'abord mission de protéger. Il y a, d'autre part, des renforts autrichiens et français en permanence, et des renforts anglais, en cas de besoin. C'est un des points les plus importants du quadrilatère, où les légations sont concentrées, car son occupation permettrait aux Chinois d'isoler au moins trois d'entre elles (celles de France, d'Allemagne et du Japon), ou de les obliger à se réfugier à la légation d'Angleterre. Cette dernière serait, en outre, exposée à bout portant, au feu de l'ennemi par des brèches et des meurtrières qui pourraient être percées dans un mur du parc parallèle au sien et plus élevé que lui, d'où il serait difficile aux plus mauvais tireurs d'user inutilement leur mitraille.

La fusillade se prolonge, sans aucune interruption, jusqu'à 5 heures du soir, faisant un vacarme effrayant. Les balles crépitent de toutes parts. Le bruit du canon s'y ajoute ; il n'y a, de notre côté, que des ripostes très rares, vu la pénurie de nos munitions. Les nouvelles sont des plus alarmantes. Les Américains continuent à abandonner et à reprendre la muraille. Les Boxeurs sont au pied de l'un des murs du Fou, qu'ils essayent de démolir, sans qu'on puisse les atteindre par les trous d'où on leur riposte. Nous subissons des pertes sensibles : un marin français, un Japonais et un Allemand tués, plusieurs blessés.

A 5 heures, le feu cesse comme par enchantement. Une grande pancarte vient d'être apposée sur le pont situé au nord de la légation d'Angleterre, près du mur de la ville impériale. Ecrite en caractères chinois, sa traduction est la suivante :

« Reçu un édit impérial ordonnant de protéger les ministres et défendant de faire feu. Dépêche transmise au pont du canal impérial. »

Pendant assez longtemps, on n'entend plus que quelques coups de fusil. On se demande si c'est vraiment la paix qui commence ou si ce n'est qu'une trêve. Les uns croient à un acte sérieux, les autres soupçonnent une comédie. L'incrédulité domine.

Il en est pourtant — ceux qui connaissent les Chinois — qui sont confiants. Mais bientôt l'incertitude cesse. Les attaques recommencent sur les légations d'Amérique et de Russie. Heureusement. toutes les précautions ont été prises ; notre vigilance est restée en éveil ; elle a même été plus grande que jamais depuis le début du siège, tant le guet-apens semblait possible. Aucun émissaire ne s'est présenté dans la soirée pour apporter la dépêche dont la venue paraissait être annoncée par l'affiche. Seuls, quelques Chinois ont traversé le pont, et l'un deux a dit, à ce qu'on raconte, que c'était Yong-Lou qui avait reçu l'ordre impérial qui devait être notifié.

Communication singulière, car, subitement, à minuit, une attaque générale se dessine. C'est une fusillade terrible qui commence, plus bruyamment encore que celle de la journée. Dans l'obscurité, les balles se croisent en sifflant, s'aplatissent avec fracas sur le mur et démolissent les toits de briques.

Chacun conserve assez bien son sang-froid. Nous ne répondons pas plus à cette attaque de nuit que nous ne l'avons fait à celles de la journée. Le feu cesse à 1 heure du matin. On n'entend plus que, çà et là, des coups de fusil. Mais la dépêche promise demeure dans le domaine des chimères.

26 juin. — Les Chinois ont dressé une barricade dans la rue des Légations, au delà de celle qui défend la légation de Russie. Ils tirent de cet endroit pendant toute la journée. Les balles arrivent à la légation de France, où tombent également des éclats d'obus envoyés de la porte Ts'ien-Men, par deux canons.

La fusillade, très vive à l'entrée de la nuit du côté des légations de France et d'Allemagne, ne tarde pas à se généraliser. A 3 heures du matin, elle est particulièrement violente à la légation d'Angleterre, où elle se prolonge pendant une heure, puis elle diminue peu à peu, mais part de tous les points.

Un de nos volontaires, M. de Giéter, professeur à l'Université chinoise, a reçu derrière la tête une balle qui s'est logée au-dessus du cou, à l'extrémité du cuir chevelu. Facilement extraite, elle n'a causé aucune lésion aux os.

27 juin. — Les fusillades continuent sans s'arrêter. Bientôt, l'attaque a lieu partout, plus furibonde qu'elle ne l'a jamais été. La légation de France, le Fou, la légation d'Angleterre en sont spécialement l'objet. On croit, un moment, que le Fou va être gagné par les assaillants. Des renforts y sont envoyés. Au moment où le mur dans lequel les Chinois ont fait brèche cède, les Japonais, qui ont ouvert une tranchée derrrière, balayent la place. La fureur de ces agressions ne se calme que vers 8 heures du soir.

C'est, chaque jour, sous une grêle de balles que — presque toujours, matin et soir — je me rends, avec M. Berteaux, à la légation de France par le Fou, la rue n'étant plus tenable. Et tout autour de nous les obus éclatent, perçant les toits ou les murs, ou tombant plus ordinairement dans le vide, grâce à l'heureuse inhabileté des pointeurs.

A 10 heures du soir, la fusillade recommence à la légation d'Angleterre, derrière la maison que nous habitons. Au bout de vingt minutes environ, elle cesse jusqu'au matin.

28 juin. — Calme jusqu'à midi, excepté à la légation de France, où le feu n'a, pour ainsi dire, pas discontinué depuis la nuit précédente.

A 4 heures du soir, l'attaque y fait rage. Les Chinois sont embusqués aux portes, dans les ruines des maisons calcinées. Ils tirent sur les murs et sur les barricades. Quelques-uns d'entre eux, postés assez haut derrière ce qui reste de la légation d'Italie, font beaucoup de mal à nos hommes. Ceux-ci réussissent à mettre le feu à une barricade ennemie en y jetant de la paille imbibée de pétrole. Le chargé d'affaires d'Autriche et sa courageuse femme, Mme de Rosthorn, prennent part sous mes yeux à cette opération.

Les Chinois, qui ont trois grandes bannières déployées à quelques mètres de nous, poussent des cris féroces et nous jettent des pierres par-dessus le mur, qui nous protège.

Mme de Rosthorn est assez grièvement brûlée à la figure, aux mains et aux jambes, par des tisons enflammés qui tombent sur elle.

Quand je rentre à la légation d'Angleterre, la fusillade y est engagée. Des obus éclatent dans les cours. Les Chinois ont réussi à pointer un canon sur une maison à étages d'où l'on pouvait observer leurs mouvements. Ils en percent le toit, en démolissent les chambres et menacent de la faire crouler. On tire sur eux, et on parvient à leur imposer silence ; mais le danger n'est évidemment évité que provisoirement. Pendant toute la nuit l'attaque continue avec une sauvagerie croissante, mais sans autre résultat.

29 juin. — La plus rude journée et la plus rude nuit depuis le début de cette tragique aventure : 170 coups de canon, de 7 heures du matin à 3 heures de l'après-midi. Une fusillade continuelle. L'attaque est partout à la fois. Dans la journée, l'aspirant du détachement français, M. Herber, que j'avais quitté quelques minutes auparavant plein de bravoure et de vie, est tué sur le haut d'un toit de la légation de France, dont une partie (les écuries) est la proie des flammes. Il a fallu abandonner la barricade du dehors et se fortifier à l'intérieur, ouvert déjà par deux brèches.

— Situation très grave, mais non désespérée, me dit le lieutenant de vaisseau Darcy, qui commande notre détachement et qui est d'un courage admirable.

Les marins autrichiens et français, officiers et soldats, sont, d'ailleurs, aussi intrépides les uns que les autres ; il n'y a qu'une voix pour le constater.

A 10 heures du soir, une fusillade effrayante commence à la légation d'Angleterre, derrière la maison où nous sommes. En même temps, un orage éclate, des éclairs illuminent le ciel, le tonnerre roule des grondements sourds et prolongés; la pluie tombe en abondance; la nature donne un décor d'une nature féerique au spectacle d'atrocité qui nous étreint l'âme et le cœur. Cette scène terrible se prolonge jusqu'à 2 heures du matin, puis les coups de fusil décroissent jusqu'à 5 heures, et un silence relatif s'établit peu à peu.

A la légation de France, les Chinois ont voulu pénétrer par une brèche. Ils ont été tués en assez grand nombre. Ils ont également éprouvé des pertes à la légation d'Allemagne.

30 juin. — Soixante et onze coups de canon jusqu'à midi. Nos hommes ont légèrement reculé et sont abrités derrière des pans de mur, d'où ils guettent, à quelques mètres de distance, les Chinois qui braquent leurs fusils sur eux à travers des meurtrières.

1er juillet. — Journée de tristesse poignante. A la légation de France, où je me trouve à 9 heures du matin, l'attaché militaire allemand vient annoncer précipitamment que les Américains, du côté de Ts'ien-Men, et les Allemands, du côté de Ha-Ta-Men, ont dû quitter leurs barricades sur la muraille. En présence de la gravité de cette nouvelle, je me hâte de rentrer à la légation d'Angleterre, pour demander que des renforts soient envoyés et que les ordres nécessaires soient donnés en vue de la reprise des positions abandonnées. A peine ces ordres étaient-ils écrits par sir Claude Mac-Donald qu'un volontaire de la légation de France, M. Picard-Destelan, venait nous apprendre qu'un coup de canon, parti de 150 mètres au maximum, avait démoli le mur de la légation dans la rue de la Douane et tué M. Wagner, fils de l'ancien consul général à Shanghaï. Notre détachement s'était replié sur l'hôtel de Péking. Heureusement, je suis informé, presque immédiatement après, que cette retraite n'a été que momentanée et que nous avons réoccupé le terrain d'où nous nous étions retirés.

En outre, les Américains ont, sur des instructions du comité de la défense et avec quelques renforts, regagné leur barricade de la muraille. Mais les Allemands, trop éprouvés par les pertes qu'ils ont subies et en trop petit nombre pour se maintenir, ont renoncé à reprendre le poste qu'ils ont évacué.

Toute la journée, le canon tonne aux alentours de la légation de France, dont le grand péristyle, dit *Hall des Abeilles*, est percé d'énormes trous ; des obus passent sur la légation d'Angleterre ; la fusillade est continuelle. On apporte plus de morts et de blessés qu'à aucun moment. Une sortie courageuse a été tentée au Fou, sous le commandement du capitaine italien, M. Paolini, pour s'emparer du canon qui fait brèche dans le mur. La petite colonne qui a été chargée de cette manœuvre, et dans laquelle figuraient cinq de nos marins, s'est trouvée en face d'une barricade chinoise très forte, d'où elle a été mitraillée. Deux Italiens ont été tués; le capitaine Paolini et un caporal français ont été blessés.

J'assiste à l'enterrement de M. Wagner avec la plus grande partie du personnel de la légation de France et de l'administration des douanes, à laquelle il appartenait. Cérémonie particulièrement douloureuse, au milieu de la morne stupeur de tous.

Jusqu'au soir la légation de France est attaquée. Elle se défend avec succès.

Vers 10 heures, le ministre d'Angleterre est allé observer des fusées de lumière, signalées déjà plusieurs fois.

— Ce sont indubitablement, me dit-il, des signaux faits par une armée européenne en marche.

Cette nouvelle, donnée dans les termes les plus affirmatifs, cause une satisfaction profonde. Elle rencontre pourtant des incrédules, tant les déceptions se sont accumulées depuis quelque temps.

2 juillet. — Journée calme du côté des légations, violente du côté du Fou. Le colonel Shiba me dit qu'il ignore s'il pourra tenir un jour encore.

Pendant la nuit, les Américains et les Russes enlèvent sur la muraille une barricade rapprochée jusqu'à 25 mètres. Il a fallu déloger l'ennemi à la baïonnette. Il a subi un assez grand nombre de pertes, parmi lesquelles celle de son porte-étendard. De notre côté, le capitaine américain a été blessé et deux marins ont été tués.

Il tombe une pluie torrentielle. On se demande, avec des angoisses croissantes, si des troupes viennent à notre secours.

3 juillet. — Journée entièrement calme, sauf quelques coups de canon isolés, qui ne produisent pas de conséquences graves.

Dans la soirée, les Chinois se concentrent autour de la légation de France, avec huit bannières déployées. A 11 heures, ils attaquent violemment. Le canon fait une brèche au-dessus de la grande porte d'entrée. Il fait un trou dans une barricade qui barre la rue devant l'hôtel de Péking. Mais, après une vive fusillade, qui n'atteint aucun des hommes de notre garnison, les assaillants cessent le feu.

4 juillet. — Très peu de coups de fusil dans la journée. En revanche, 200 coups de canon environ, dirigés en général sur l'hôtel de Péking. A cette date, les pertes générales des forces qui défendent les légations s'élèvent (en ne comptant que les tués) à 38 hommes, se répartissant ainsi : Français, 7 ; Allemands, 6 ; Italiens, 6 ; Américains, 6 ; Japonais, 5 ; Autrichiens, 3 ; Russes, 3 ; Anglais, 2. C'est nous, comme on voit, qui payons le plus fort tribut dans cette guerre.

5 juillet. — M. Bouillard, ingénieur du chemin de fer de Han-Kéou-Péking, m'apporte la liste des canons chinois. Les pièces seraient probablement au nombre de quatre : un Krupp de $0^m,07$ et un de $0^m,055$; un petit canon rayé de $0^m,037$ et un canon lisse de $0^m,05$. Il convient d'y ajouter de vieilles pièces lançant des boulets pleins de 3, 6 et 12 livres.

Pendant cette journée, le pointage sur la légation de France est assez bon; la plupart des projectiles portent. La chapelle est atteinte, le toit de la salle à manger est presque complètement détruit, une bonne partie du plafond s'écroule. Rien n'est lugubre comme la vue de notre pauvre légation, jonchée de ruines et de branches enlevées, pour la défense, aux arbres, coupées par les balles et les obus. Dans le parc dévasté, où seules restent debout quelques maisons éventrées, les marins autrichiens et français campent où ils peuvent avec nos volontaires, sans que la bonne humeur et le courage leur manquent et sans qu'ils se laissent abattre par toutes les douleurs qui nous affligent.

Nuit relativement calme, sauf des alertes sans grande importance un peu partout.

6 juillet. — Une centaine de coups de canon dans la journée. Peu de coups de fusil. A la légation de France, les obus détruisent partiellement le porche de la grande porte d'entrée. Au Fou, les Japonais font une sortie pour s'emparer d'un canon chinois. Ils échouent, perdent

un officier et un matelot. Un volontaire chinois est tué et un Japonais
blessé. Nuit tranquille. Fusillade à la légation de France et au Fou.

7 juillet. — On me dit, dans la matinée, à la légation de France,
qu'on entend depuis minuit de nombreux coups de canon dans la direction du Sud. Le capitaine Darcy, très catégorique, les considère
comme ne pouvant indiquer qu'une bataille qui serait livrée à 10 kilomètres environ de Péking. Le commandant autrichien est du même
avis. J'entends moi-même ces coups lointains. Je vais annoncer cette
nouvelle à la légation d'Angleterre. Sera-ce encore une illusion ?

A 3 h. 25 de l'après-midi, les Chinois ont déjà tiré cent vingt-deux
coups de canon. La légation de France est attaquée. Des Chinois ont
pénétré dans la cour des communs, près de la cave. Une quinzaine ont
été tués. Les autres se sont enfuis. Nous sommes contraints de reculer notre ligne de défense. Chaque jour nous perdons un peu de terrain.

Dans la soirée, une idée ingénieuse est mise en pratique à la légation d'Angleterre. Des obus sont fabriqués pour un petit canon italien dont les munitions sont presque épuisées. On emploie pour cela
de l'étain trouvé dans les maisons chinoises, et on utilise les douilles
qui ont servi. En outre, on a découvert, dans un magasin du voisinage, un vieux canon hors d'usage. C'est une pièce se chargeant par
la bouche, couverte de rouille et sans affût. Elle est mise en état par
un armurier du détachement américain, qui s'occupe en même temps
de lui confectionner des projectiles. Elle est baptisée *The Empress
Dowager* ou *Betsy*. En dehors des boulets qu'on lui prépare, on tâchera de le charger avec des obus, que le détachement russe a apportés et qui sont restés inutilisés, la pièce à laquelle ils étaient affectés
ayant été laissée à Tien-Tsin.

8 juillet. — Canonnade énorme pendant toute la journée. On compte
jusqu'à 325 coups jusqu'à la nuit. Les Chinois se sont procuré de
nouveaux engins. Ils tirent des obus perfectionnés. Leurs attaques
visent surtout le Fou et la légation de France, d'où je viens à peine de
rentrer quand j'apprends que le commandant du détachement autrichien, M. de Thomann, a été tué. Il a reçu un éclat d'obus en pleine
poitrine. C'était un officier d'une bravoure admirable et un homme
d'une éducation parfaite. Sa mort consterne toute notre petite garnison. Au moment où nous déposons des fleurs sur sa tombe, dans
un petit coin de notre parc où gisent déjà trop de ses soldats, à côté
des nôtres (quelquefois dans la même tombe, unis et solidaires dans
la mort comme aux derniers jours de leur vie), la mitraille défonce nos
murs et les balles sillonnent l'espace. Le canon démolit la maison qui
servait auparavant de domicile au premier interprète, M. Morisse.
Nos toits croulent et les décombres envahissent nos demeures, dont les
poutres et les plafonds s'effondrent.

Nos marins tiennent malgré tout. Leur courage est héroïque. Celui
des défenseurs du Fou ne l'est pas moins. L'incendie les environne.
Leurs barricades tombent en morceaux. Ils plient forcément devant
les flammes et sous les projectiles des canons. Mais ils ne cèdent que

tout juste le terrain qu'ils ne peuvent garder. Ils creusent des tranchées pour se couvrir, s'abritent derrière les barricades improvisées, se jettent entre l'ennemi et les chrétiens, que les Chinois pourchassent avec un acharnement de bêtes fauves.

Betsy, qui fait un bruit formidable, envoie ses boulets aux incendiaires et les met en fuite.

Avec des moyens d'action presque nuls, c'est toute une armée, parfaitement outillée, mais dont la lâcheté et l'ignorance égalent la scélératesse, qui est tenue en échec par une poignée de désespérés.

9 juillet. — Deux cent dix coups de canon dans la journée. La démolition de la légation de France se poursuit. Des incendiaires sont surpris dans des ruelles voisines et fusillés. L'un d'eux, qu'on interroge, dit que Pé-Tang, au sujet duquel nous n'avons pu nous procurer jusqu'à présent aucun renseignement, n'a été ni brûlé ni pris.

Nuit très agitée. Cinquante coups de canon de 8 heures du soir à 7 heures du matin.

Un messager reçu par la légation d'Amérique dit que la ville de Péking est tranquille, que la *Gazette officielle* continue sa publication, que l'impératrice est encore au palais et qu'on n'a pas de nouvelles — hélas ! des troupes européennes. Il confirme que le Pé-Tang n'a pas succombé.

10 juillet. — Soixante-dix coups de canon avant midi. Une quinzaine envoient des obus devant notre porte. Les éclats de l'un d'eux volent sur notre toit. Quarante coups dans l'après-midi ; vingt dans la nuit, assez calme à la légation d'Angleterre ; vives alertes à la légation de France et au Fou. A ce dernier endroit, la situation s'aggrave sans cesse. Les balles de l'ennemi arrivent à la hauteur des hommes courbés dans les tranchées, et pleuvent de tous côtés.

11 juillet. — Dans la matinée, seize incendiaires sont tués aux environs de la légation de France. Deux autres, fait prisonniers, racontent que les soldats chinois pratiquent des mines dans un égout pour faire sauter la légation. On décide de mettre l'égout à découvert. Ils prétendent ne rien savoir au sujet de la venue des troupes européennes.

Quatre-vingt-quinze coups de canon dans la journée. Le Fou est vivement attaqué. Deux matelots japonais sont tués, un volontaire est blessé. Nous perdons également un Chinois, employé aux travaux de nos barricades. Calme relatif à la légation de France. Nuit tranquille à la légation d'Angleterre. Une vingtaine de coups de canon.

12 juillet. — A 8 h. 30 du matin, le secrétaire de la légation de Belgique, M. Merghelynk, qui figure parmi les volontaires de la légation de France, en ramène un Boxeur, qu'il a fait prisonnier. D'après les déclarations de cet individu, la nouvelle serait parvenue à Péking, depuis deux semaines, que les forts de Takou auraient été pris par les troupes étrangères. Il y aurait, dans ce port, plus de 100 navires de guerre.

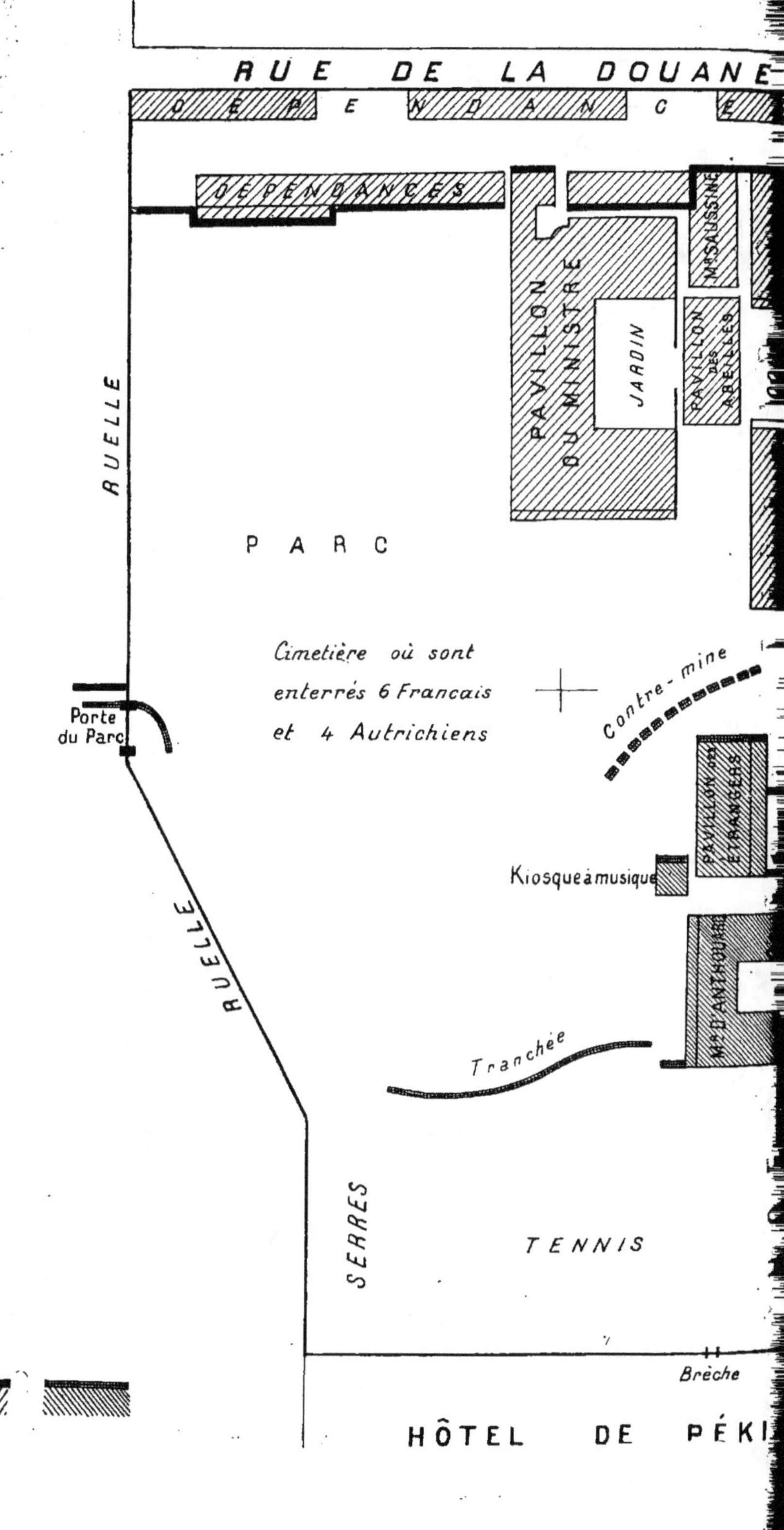

RUE DE LA DOUANE
DÉPENDANCE
DÉPENDANCES
Ms SAUSSINE
PAVILLON DU MINISTRE
JARDIN
PAVILLON des ABEILLES
RUELLE
PARC
Cimetière où sont enterrés 6 Français et 4 Autrichiens
Contre-mine
Porte du Parc
RUELLE
Kiosque à musique
PAVILLON des ÉTRANGERS
Mon D'ANTHOUARD
Tranchée
SERRES
TENNIS
Brèche
HÔTEL DE PÉKIN

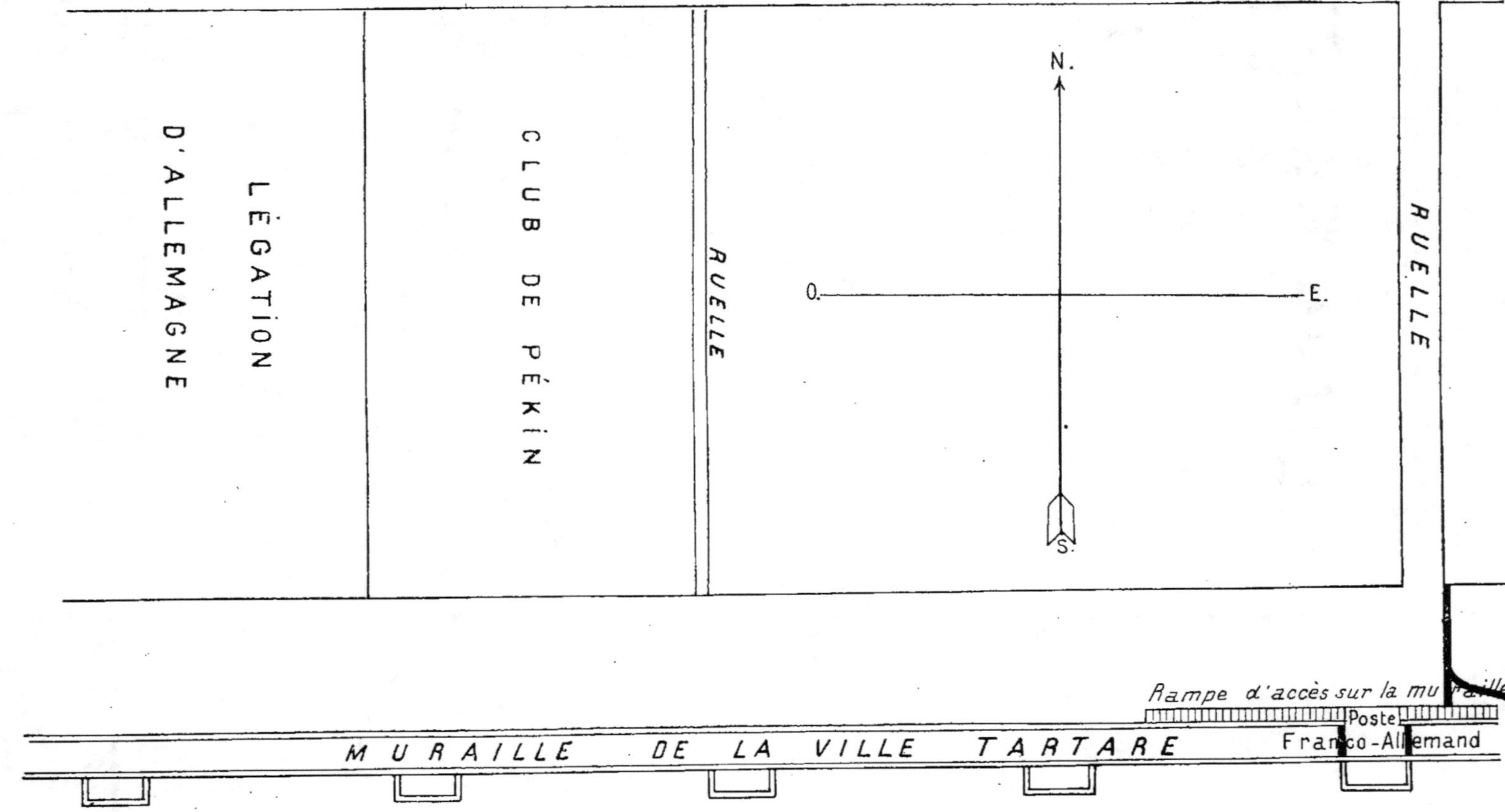

LÉGATION
D'ALLEMAGNE
CLUB DE PÉKIN
RUELLE
RUELLE
N.
O.
E.
S.
Rampe d'accès sur la muraille
Poste Franco-Allemand
MURAILLE DE LA VILLE TARTARE

L'empereur et l'impératrice seraient à Péking, où le pouvoir serait exercé par le prince Tuan, Yong-Lou et Tong-Fou-Siang. Le prince King se tiendrait à l'écart. L'impératrice favoriserait l'attaque des légations. Elle aurait cependant refusé de livrer aux soldats chinois qui nous bombardent de gros canons fondus au temps de K'anh-Hi, mais ce ne serait pas par affection pour nos personnes. Elle aurait pris cette résolution de crainte que, par maladresse, ses troupes ne détruisent ce qui reste de sa bonne ville et de sa loyale population. Nos agresseurs, qui auraient perdu plus de 2.000 hommes, nous considéraient comme très dangereux. Ils auraient résolu de nous prendre par la famine.

Dans l'après-midi, un autre volontaire de la légation de France, M. Pelliot, nous apporte un grand drapeau, qu'il a pris aux Chinois. C'est un étendard de l'aile droite de l'armée de Yong-Lou, appartenant à un général de brigade expectant, Li. Cette prise a exaspéré les Chinois. Ils nous attaquent avec violence, blessent mortellement à la gorge un de nos volontaires, M. Gruitgens, et plus légèrement à la main un autre de nos volontaires, M. de Cholet. Deux de nos matelots sont également blessés.

A la légation d'Angleterre, l'exaspération de l'ennemi est la même, 'pour la même raison : on lui a pris un drapeau de l'armée de Tong-Fou-Siang.

13 juillet. — Plus de cent coups de canon avant midi sur la légation d'Angleterre et sur le Fou. A la légation de France, continuation de la fusillade à la place où a été pris le drapeau. De plus, les Chinois ont essayé, la veille, de couper les communications entre les deux légations. Pour parer à ce danger, nous avons élevé une forte barricade d'un côté à l'autre du canal qui sépare la légation d'Angleterre du Fou.

La canonnade augmente d'heure en heure. Elle part des quatre points cardinaux. Tout à coup, à la tombée du jour, c'est une fusillade terrible qui s'y mêle du côté de la légation de France. Les Chinois y sont plus nombreux que jamais. Une sentinelle de la légation d'Angleterre déclare qu'elle a entendu, dans cette direction, une ou plusieurs explosions. Cette indication ne tarde pas à être confirmée. Ce sont des mines qui ont éclaté. La maison de M. Saussine a été détruite. Un quartier-maître, nommé Pesqueur, qui comptait vingt-deux ans de service, et un matelot sont sous les décombres. Le chargé d'affaires d'Autriche, M. de Rosthorn, a failli y rester, ainsi que M. Picard-Destelan. Le capitaine Darcy a été légèrement blessé à la tête.

L'ennemi pénètre dans les maisons effondrées, la torche à la main. L'incendie succède aux explosions de mines. Le salon bleu, ses dépendances, la serre, la salle à manger, le grand et le petit salon, ma chambre à coucher, mon cabinet de travail disparaissent dans les flammes, qui montent au ciel, en anéantissant tout ce que je possédais personnellement et tout ce que l'Etat avait, depuis quarante ans, prodigué pour l'appropriation et l'entretien de sa légation.

Nos marins sont obligés de se retirer sous les balles, qui tombent partout, jusqu'à une tranchée qui a été faite dans la journée et qui réunit la maison du premier secrétaire au mur de la ruelle du Nord. Nos lignes sont ainsi déterminées : la maison de l'aumônier, la chapelle, le pavillon des étrangers, la maison du premier secrétaire et la tranchée d'où elle part.

Des feux de salves accueillent les Chinois qui se hasardent dans le jardin. Enfin, un calme relatif s'établit. Mais la légation d'Allemagne est, à son tour, attaquée avec furie. Les Allemands font une charge à la baïonnette. Ils tuent une quarantaine de soldats. En même temps, les Américains balayent du haut de la muraille les ruelles qui sont au bas et où les Boxeurs ont pénétré.

Il m'avait semblé difficile que l'horreur de certaines nuits précédentes fût dépassée. Je me trompais : elle l'a été par celle-ci. C'est le massacre final qui se prépare, malgré les prodiges d'héroïsme accomplis pour y échapper. Bilan de l'après-midi et de la nuit : 350 coups de canon.

14 juillet. — Rendez-vous était pris pour célébrer la fête nationale à la légation de France. Hélas ! quand j'y vais, à 8 heures du matin, c'est la douleur au cœur. Il faut se raidir pour ne pas sentir défaillir son courage et sa foi dans la délivrance devant le spectacle qui s'offre à ma vue. Notre légation n'existe plus ; le pétrole, la poudre et les balles, les boulets et les obus n'en ont laissé debout que des murs carbonisés qui dressent, en face de nos barricades, leurs silhouettes noircies et trouées et autour desquels sont plantés des drapeaux chinois, comme en un pays conquis. C'est une vision lamentable — avec une consolation pourtant : celle de l'intrépidité de nos défenseurs.

Le capitaine Darcy, ses matelots, les chefs et les matelots autrichiens, les volontaires, sont admirables : il serait difficile de trouver, dans les annales des luttes où la bravoure supplée au nombre, une page plus belle que celle sur laquelle ils gravent leurs noms. Mais sera-t-elle jamais connue ? Que deviendront les lignes que j'écris ? Survivra-t-il un seul témoin des faits que je raconte ? L'incendie guette ce journal du siège, comme la mort nous guette nous-mêmes : une mort que nous sommes résolus à nous donner de nos propres mains, si les projectiles chinois nous épargnent, dans le cas où nous serions définitivement sacrifiés à la destinée qui s'abat sur nous.

Un messager que nous avions envoyé, quelques jours auparavant, au-devant des troupes, revient en racontant qu'il a été arrêté et battu par les Chinois, qu'il a été conduit au quartier de Yong-Lou, et que celui-ci lui a remis une lettre avec des propositions de paix. La lettre de Yong-Lou nous offre de nous rendre au Tsong-li-Yamen, sans escorte armée, sous la protection des troupes impériales, et d'y résider jusqu'au jour où nous pourrons regagner notre pays. Cette proposition est accompagnée de protestations d' « affection » pour nos personnes.

Est-ce une mystification ? Est-ce une tentative de pourparlers sérieuse ?

Sir Claude Mac-Donald, auquel la lettre est adressée, répond en son nom personnel. Il dit qu'il ne voit pas comment nous serions plus en sécurité, sans armes, au Tsong-li-Yamen que dans les légations, où nous sommes gardés par nos détachements.

Il fait prévoir des représailles terribles pour le jour où les troupes étrangères seront à Péking et expose que, si l'on veut éviter cette conséquence dont nous sommes victimes, il ne serait que temps d'y mettre un terme. Il ajoute que, si l'ennemi veut traiter, il n'a qu'à envoyer un parlementaire avec un drapeau blanc.

Jour et nuit relativement calmes. Cent deux coups de canon. Fusillade à la légation de France pendant la nuit.

15 juillet. — On soupçonne les Chinois de creuser des mines autour de la légation d'Angleterre et dans la direction de la chapelle de la légation de France. On cherche à mettre à jour les égouts ; on creuse des tranchées pour conjurer ces périls. Depuis longtemps, ils ont été signalés aux autorités militaires anglaises, qui ont négligé les avertissements qui leur ont été donnés.

L'explosion de la légation de France les a rendus moins sceptiques, bien qu'elles paraissent encore peu convaincues. Bilan des coups de canon pendant les vingt-quatre heures écoulées : 245.

16 juillet. — A 7 heures du matin, j'apprends que le capitaine Strouts, commandant le détachement anglais, a été blessé mortellement au Fou. Le docteur Morisson, correspondant du *Times*, a reçu, à côté de lui, une balle à la jambe. Une troisième balle est arrivée en même temps et au même endroit dans les vêtements du colonel Shiba.

Calme très grand pendant la journée. Que se passe-t-il ? A 6 heures du soir, au moment où nous assistons à l'enterrement du capitaine Strouts et tandis que trois obus passent au-dessus de nos têtes, un homme porteur d'un drapeau blanc se présente à la légation d'Angleterre. C'est le messager qui a apporté la lettre reçue le 14 juillet. Il nous en remet une autre. C'est une réponse à celle par laquelle sir Claude Mac-Donald a accusé réception de la précédente. Elle nous est adressée, comme la première communication d'ailleurs, sous la rubrique suivante : « Prince King et autres ». Elle dit que c'était pour nous protéger plus facilement qu'on nous avait proposé de nous concentrer au Tsong-li-Yamen, mais que, sans insister sur ce procédé, de nouveaux efforts vont être faits par la Chine pour empêcher la continuation de l'attaque des légations. Elle demande, en retour, d'arrêter le feu.

Les ministres étrangers se réunissent pour s'entendre sur la réponse à faire. Ils décident que sir Claude écrira pour constater avec plaisir que la Chine promet sa protection aux légations, attaquées depuis un mois par les troupes impériales. Il dira que le feu cessera de notre côté, pourvu que nos agresseurs renoncent à nous attaquer, s'abstiennent de procéder à des travaux offensifs.

En même temps qu'ils écrivaient au ministre d'Angleterre, « King et autres » adressaient, par le même messager, une lettre au ministre d'Amérique, auquel ils transmettaient un télégramme chiffré du gouvernement de Washington. Ce télégramme laconique ne contenait que les mots : « Communicate by (orto) the bearer. » Le ministre d'Amérique répond en demandant comment cette communication est arrivée et si aucune explication n'y était jointe. Nuit assez calme, malgré quelques alertes. Onze coups de canon seulement.

17 juillet. — Vingt coups de canon dans la matinée. A part cela, tranquillité presque complète. A la légation d'Allemagne, deux soldats se sont présentés avec des mouchoirs blancs. Ils ont été conduits, les yeux bandés, à la légation d'Angleterre. L'un d'eux a déclaré que, la veille, Yong-Lou avait donné l'ordre de cesser le feu, et qu'il avait informé ses troupes qu'elles pouvaient se montrer sans être exposées à des coups de fusil. Le même soldat a ajouté qu'une grande bataille avait été livrée à Tien-Tsin, quelle avait été perdue par les Chinois, qui s'étaient retirés au Sud, que le général Nieh s'était coupé la gorge et que Li-Hung-Chang avait reçu mission de venir dans le nord de l'empire. Il a exposé que la Chine était à bout de forces, et qu'elle avait commis une folie en se conduisant comme elle l'avait fait depuis quelque temps.

A la légation de France, les soldats et les coolies chinois se montrent à découvert. Ils s'approchent et viennent nous parler. Ils nous apportent même des provisions de bouche (deux melons et une pêche). L'un d'eux se plaint de gagner peu d'argent et de ne savoir pourquoi il nous a combattus. Il nous offre ses services, en disant qu'il portera une lettre chiffrée à nos troupes si nous le désirons.

Dans la soirée, nouvelle communication de « King et autres » au ministre d'Angleterre. C'est un historique fantaisiste des événements.

18 juillet. — Calme. A 2 heures, un courrier de Tien-Tsin parvient aux ministres du Japon et de Russie et au chargé d'affaires d'Allemagne. Il nous renseigne sur le malheureux sort de la colonne Seymour, la prise des forts de Takou, les batailles livrées autour de Tien-Tsin, la résistance que les troupes internationales ont rencontrée pour s'emparer de cette ville et la garnison qu'elles y possèdent.

A 5 heures, un secrétaire du Tsong-li-Yamen, accompagné par une escorte chinoise, se présente. Nous le recevons à la grande porte de la légation. C'est un spectacle peu ordinaire. Nous respirons des bouffées d'air suffocantes dégagées par les détritus de toute espèce qui emplissent les berges du canal. Le sol est jonché de branches d'arbres, de décombres et d'immondices. Notre interlocuteur se confond en politesses et en déclarations obséquieuses, s'informe aimablement de notre santé et nous fait part — ô ironie ! — des excellentes dispositions de son gouvernement à notre égard. Nous lui disons que nous en jugerons d'après nos devoirs diplomatiques et d'après les mesures qui seront prises pour maintenir strictement la cessation du feu.

19 juillet. — Calme. On me fait remarquer, à la légation de France, que l'ennemi continue à travailler à ses barricades et évite de se montrer comme il le faisait auparavant. Ce changement d'attitude est observé près des autres légations et sur les murailles.

Le Tsong-li-Yamen me transmet un télégramme chiffré de Paris. M. Delcassé, dont l'amitié pour moi ne s'est jamais démentie, m'envoie l'expression de la « sympathie cordiale » du gouvernement et du Parlement, qui, dit-il, « s'est unanimement associé à l'hommage qu'il m'a rendu à la tribune ». Il m'annonce ma promotion au grade de commandeur de la Légion d'honneur. Il me donne — ce qui est particulièrement amical et me touche plus que le reste — des nouvelles de ma mère, qui est « en bonne santé ».

Il me signale un édit impérial du 29 juin (date d'une attaque frénétique contre nous) ordonnant aux ministres de Chine à l'étranger de rester à leurs postes et d'y continuer les relations. Il ajoute qu'il a invité Yu-Keng à assurer mes communications avec le département par Pao-Ting-Fou. Il m'informe enfin de l'envoi de 15.000 hommes en Chine.

Il n'y avait pas vingt minutes que ces communications étaient arrivées, quand le ministre d'Angleterre recevait une nouvelle lettre de « King et autres » insistant sur la gravité croissante du mouvement boxeur, dont l'extermination des chrétiens était le but et auquel la destruction des légations pourrait seule donner satisfaction et invitant les ministres étrangers à se retirer temporairement à Tien-Tsin avec une escorte chinoise. Voilà le guet-apens qui reparaît, avec le double jeu des traîtres qui, pendant un mois, ont essayé de nous assassiner.

20 juillet. — Je demande, par une lettre, la date du télégramme que j'ai reçu de M. Delcassé et l'autorisation de télégraphier au gouvernement de la République dans les conditions qui ont été indiquées au ministre de Chine en France.

Le corps diplomatique se réunit et décide unanimement de repousser l'idée d'un départ pour Tien-Tsin avec une escorte chinoise.

Le Tsong-li-Yamen nous fait parvenir, sur mandat impérial, des pastèques, des aubergines, des cornichons et des concombres. Ce sont, en Chine, des cadeaux distingués.

Un chrétien indigène, que nous avons envoyé, n'est pas revenu. J'écris pour rappeler que ce délégué a dû être traité en parlementaire et pour demander ce qu'il est advenu.

On affiche, à la légation d'Angleterre, un certain nombre de décrets impériaux extraits de la *Gazette de Péking*. Il faudra s'en procurer la collection complète.

21 juillet. — Calme. « King et autres » me répondent qu'en raison des faits de guerre qui se produisent à Tien-Tsin ils ne peuvent me laisser correspondre télégraphiquement avec mon gouvernement. Ils m'en expriment (naturellement!) tous leurs regrets. Les bons apôtres !

22 juillet. — Calme. A 10 heures du soir, un orage considérable éclate ; il pleut à torrents pendant toute la nuit, avec de très rares intermittences. C'est une triste complication qui s'ajoute à toutes celles de notre situation.

23 juillet. — La pluie cesse vers 9 heures du matin. Le ciel se découvre peu à peu. Il fait très chaud, mais le soleil ne tarde pas à sécher la terre. Continuation des travaux offensifs contre nous à la légation de France.

24 juillet. — Le colonel Shiba croit savoir que plusieurs milliers d'hommes, armés d'une dizaine de canons, s'apprêteraient à nous attaquer. Il est informé, d'autre part, que les troupes internationales seraient en marche et qu'elles auraient dépassé Yang-Tsoun. Mais ces renseignements viennent d'un soldat de Tong-Fou-Siang, et je les considère, quant à moi, comme singulièrement sujets à caution. J'ai cependant des compagnons de siège qui les prennent au sérieux et s'en réjouissent. Puissent-ils ne pas avoir de désillusion !

25 juillet. — Quelques coups de fusil isolés. Arrivent trois lettres de « King et autres ». L'une maintient la proposition de nous conduire à Tien-Tsin. Une autre nous accorde la faculté de correspondre télégraphiquement avec nos gouvernements, pourvu que ce soit en clair et dans le but de donner de nos nouvelles, sans faire allusion aux opérations militaires. La troisième transmet un télégramme du consul général d'Angleterre à son ministre, auquel il demande de le renseigner sur sa santé.

26 juillet. — Réponse aux lettres « King et autres ». L'avis du corps diplomatique est de maintenir son refus de partir, mais de donner à sa correspondance une forme qui permette de gagner le plus de temps possible.

27 juillet. — Des informations de source chinoise disent que la cour s'apprêterait à quitter Péking, et qu'elle n'attendrait pour exécuter son projet que le résultat d'une bataille prévue à Tchang-Kia-Ouan ou dans le voisinage de cette position, où l'ennemi serait fortement retranché.

En attendant, « King et autres » nous font un nouvel envoi de pastèques, d'aubergines et de concombres, auxquels ils ont joint de la farine et de la glace. En même temps, ils nous écrivent que Péking est tout à fait tranquille et que les chrétiens peuvent y circuler en paix et en liberté. Fusillade nourrie, mais interrompue pendant la nuit.

28 juillet. — A la première heure, on affiche, à la légation d'Angleterre, le résumé d'une lettre du consul britannique à Tien-Tsin qui détruit toutes les informations du colonel Shiba. Il résulte de cette lettre, confuse et démoralisante, que, le 22 juillet, aucunes troupes internationales n'étaient en route pour Péking. 24.000 hommes étaient débarqués ; 19.000 (sur les 24.000 sans doute) étaient à Tien-Tsin ; cette ville était complètement administrée par les étrangers ; une grande quantité de troupes étaient sur le chemin, et il nous est recommandé d'avoir assez de nourriture pour les attendre.

On commente tristement ces renseignements désolants, et on se résigne assez généralement à l'inévitable, qui paraît, de plus en plus, devoir être notre sacrifice. Cependant, si grande est la force des illusions et si vif le sentiment qui porte à considérer comme vrai ce qu'on désire que beaucoup veulent concilier les indications fantaisistes du soldat de Tong-Fou-Siang avec les nouvelles données par le consul d'Angleterre. Et, ce qu'il y a de plus étrange, c'est qu'ils croient sincèrement y réussir en dépit de ce que raconte le porteur même de la lettre, qui déclare qu'il n'a vu que très peu de soldats en regagnant Péking et qu'il n'a pas entendu dire que d'autres dussent partir.

A la légation de France, où les épreuves ont été plus douloureuses, on est moins porté qu'à la légation d'Angleterre à concilier l'inconciliable. On accueille avec plus de tristesse les informations qui ont été reçues.

Nouvelle lettre de « King et autres » revenant sur l'utilité de notre départ pour Tien-Tsin.

29 juillet. — Le corps diplomatique décide de continuer à gagner du temps, en répondant d'une manière évasive à la demande relative à notre départ.

Pendant la nuit les Chinois tirent des coups de fusil sans interruption.

30 juillet. — Dès le matin, on aperçoit la barricade, commencée la veille, entièrement construite. Est-ce la reprise définitive du feu ? Les secrétaires du Tsong-li-Yamen écrivent à sir Robert Hart, auquel ils communiquent un télégramme chiffré de Londres. Ils lui disent à peu près ceci :

« Depuis longtemps, les gouvernements étrangers sont très inquiets de la situation de leurs ministres en Chine. D'autre part, l'état de guerre existant ne permet pas d'autoriser ces derniers à télégraphier en chiffres à leurs gouvernements. Nous vous demandons d'envoyer à Londres un télégramme qui sera communiqué aux gouvernements étrangers et les rassurera. »

Sir Robert répond :

« Si je télégraphiais la vérité, personne ne voudrait la croire. Il n'y a qu'un moyen de la faire connaître, c'est que vous autorisiez les représentants des puissances à communiquer en chiffres avec leurs gouvernements. Plus vous ajournerez cette résolution, plus la situation s'aggravera. »

Pendant la nuit le nombre des coups de fusil augmente sensiblement. Il n'y a pas de grande attaque, comme autrefois, mais une fusillade peu nourrie, presque continuelle.

31 juillet. — « King et autres » nous écrivent que les attaques contre le Pé-Tang ont été provoquées par la sortie de chrétiens qui seraient allés piller de la nourriture et qui auraient tiré sur la foule, qui se serait jointe aux Boxeurs contre eux. Ils ajoutent que, si les chrétiens veulent bien se tenir tranquilles, ils seront protégés (comme nous, n'est-ce pas ?) et qu'un décret dans ce sens a été demandé au Trône. Ils prétendent que la barricade du pont impérial est un simple chemin construit par les troupes de Tong-Fou-Siang, et que c'est par suite d'une méprise que nous lui avons attribué un autre caractère. Ils ajoutent que ce malentendu ne conduira pas à une reprise du feu. Ils nous demandent une réponse au sujet de notre départ.

A la légation de France, un coolie chinois, amené par un Japonais du Fou, vient nous donner des indications sur des travaux de mines entrepris depuis quinze jours par les troupes qui entourent la légation. Ce serait la maison du premier secrétaire qui serait visée. Une tranchée est immédiatement ouverte. Dans la nuit, calme relatif.

1er août. — « King et autres » expriment, en outre, la crainte que ce ne soient les mêmes chrétiens qui, « pour s'assurer un soutien perpétuel », nous empêchent de partir pour Tien-Tsin, et ils nous demandent de leur faire connaître, dans un délai de deux ou trois jours, la date fixée pour notre départ. Voilà des gens de plus en plus pressés. Pourquoi? Deux informations sont de nature à nous éclairer à ce sujet :

1° Il résulte du télégramme chiffré reçu de Londres par sir Robert Hart que notre situation serait connue dans le monde entier, grâce à une lettre du ministre du Japon datée du 30 juin et parvenue à Tien-Tsin le 14 juillet, et grâce au télégramme de M. Conger transmis à Washington le 18 juillet par le Tsong-li-Yamen. De plus, on hâterait à Tien-Tsin les préparatifs pour venir à notre secours ;

2° Un courrier japonais parti de Péking le 22 juillet est arrivé à Tien-Tsin. Il rapporte trois lettres : une du général commandant les troupes japonaises, une du consul du Japon à Tien-Tsin et une du correspondant du *Times* dans cette ville.

De ces documents, datés du 26 juillet, il résulte que les troupes nécessaires pour venir à notre secours sont sur le point de commencer leur expédition. Elles doivent partir de Tien-Tsin « deux ou trois jours plus tard ».

Elles se composeraient d'au moins 20.000 hommes. La première grande bataille à laquelle elles s'attendaient aurait lieu vraisemblablement à Yang-Tsoun.

S'il est vrai que les troupes internationales sont en marche, on s'explique la pression chinoise pour nous obliger à partir, et nous touchons sans doute à la période la plus aiguë de la crise terrible que nous traversons depuis plus de quarante jours. En sortirons-nous vivants?

Dans la journée, coups de fusil assez nombreux, et beaucoup plus pendant la nuit.

2 août. — Le corps diplomatique décide encore de gagner du temps dans ses réponses à « King et autres ».

Arrivée d'un courrier américain de Tien-Tsin. Les troupes internationales n'étaient pas encore parties le 30 juillet. Elles devaient partir le 1er août : 10.000 hommes au lieu de 20.000. Quelques jours plus tard, une grosse armée (40.000).

Coups de fusil nombreux pendant la journée et continuels pendant la nuit.

3 août. — Journée et nuit calmes. Il est probable que les Chinois veulent nous donner confiance en vue du départ qu'ils cherchent plus que jamais à nous faire effectuer sous leur garde tutélaire.

4 août. — Deux lettres rouges du Tsong-li-Yamen. L'une annonce que nos télégrammes chiffrés de la veille ont été transmis. L'autre dit qu'à plusieurs reprises nos gouvernements ont demandé aux ministres de Chine accrédités auprès d'eux que nous fixions une date pour notre départ. Nous répondons officiellement, sur ma proposition, que nous adressons à ce sujet des télégrammes à nos gouvernements pour recevoir leurs instructions, et que nous ferons connaître notre décision aussitôt qu'une réponse sera parvenue. Nous joignons à notre lettre des télégrammes chiffrés, dans lesquels nous ne manquons pas d'expliquer qu'il faut que des troupes étrangères viennent nous chercher à Péking et qu'elles doivent être assez nombreuses pour sauver plus de 3.000 chrétiens en même temps que nous.

5 août. — Journée calme. Diverses communications de « King et autres » : une pour informer le ministre d'Italie que le roi Humbert est mort et fait part des condoléances de la Chine, qui sera représentée aux obsèques.

A 2 heures du matin, fusillade d'une demi-heure aussi forte qu'au temps des attaques furieuses.

6 août. — « King et autres » ont l'aplomb de nous demander d'urgence des explications sur « l'attaque acharnée » que nous avons dirigée la veille, pendant la nuit, contre les troupes du gouvernement.

7 août. — Journée calme. Deux lettres de « King et autres », l'une annonçant au ministre d'Angleterre la mort du duc d'Edimbourg, l'autre envoyant à sir Robert Hart un télégramme de sa famille se félicitant qu'il soit en bonne santé.

Dans la nuit, à 11 h. 1/2, courte fusillade.

8 août. — A une réunion du corps diplomatique, sir Claude Mac-Donald dit qu'en accusant réception de la lettre qui l'informait de la mort du duc d'Edimbourg il propose de mettre en relief l'opposition qui existe entre l'attitude courtoise que cette communication dénote et la situation qui est faite aux agents diplomatiques à Péking. Il insistera notamment sur l'impossibilité où ils sont de se procurer les vivres dont ils peuvent avoir besoin. Cette constatation sera de nature à faire croire aux Chinois que nous sommes sur le point d'être réduits par la famine, alors que nous pouvons, en somme, nous contenter de nos provisions de viande jusqu'au 20 et de riz et de pain jusqu'à la fin du mois.

9 août. — Coups de fusil intermittents dans la journée. Accusé de réception de la dépêche relative à Li-Hung-Chang. Tous les ministres joignent à leur lettre un télégramme dont ils demandent l'envoi à leurs gouvernements et dans lequel ils disent qu'à leur avis aucune négociation n'est possible avant leur délivrance et sans l'entrée préalable des troupes internationales à Péking.

Dans la nuit, attaques violentes mais courtes aux légations de France et d'Angleterre et au Fou.

10 août. — Ensuite, une bonne et authentique nouvelle ! Un messager, qui était allé au-devant des troupes, apporte une lettre du général anglais Gaselee, datée de Tsaï-Ts'ouen (28 milles de Tien-Tsin), 8 août, disant :

« Des forces alliées s'avancent. Elles ont battu deux fois l'ennemi. Haut les cœurs ! »

Le général japonais écrit, de son côté, à la même date et du même endroit, que les troupes étrangères ont battu les Chinois le 5, à Péï-Tsang, et occupé Yang-Tsoun le 6 ; qu'elles seront sans doute le 10 à Ho-Si-Wou, le 11 à Tchang-kia-Ouan, le 12 à Tong-Tchéou et le 13 ou le 14 à Péking. Le messager ajoute qu'il a quitté les troupes le 9, à 6 milles de Ho-Si-Wou.

La réjouissance est générale. Nous avons bien gagné cette heure de vraie satisfaction.

11 août. — Courtes attaques. Nuit assez tranquille.

Coups de fusil multipliés dans toutes les directions, sans que nous ripostions. Ce qui n'empêche pas « King et autres » de nous écrire que ce sont les chrétiens qui en sont responsables, parce qu'ils tirent les premiers. Les auteurs de ce mensonge déclarent qu'ils feront ce qu'ils pourront pour empêcher ces fusillades.

Un de nos matelots, blessé quelques jours auparavant par un de ses camarades, dont le fusil lui a perforé le poumon en se déchargeant par imprudence, est mort à l'hôpital anglais. Quelques minutes avant de mourir, il a reçu la visite de celui qui l'a tué. Il s'est contenté de lui dire : « Je ne t'en veux pas. Tout ce que je te demande est de faire dire une messe pour moi dès que tu seras de retour au pays. » Je trouve, moi profane, cette parole sublime dans la bouche de ce pauvre enfant.

Pendant la nuit, attaques aussi violentes qu'aux plus mauvais jours aux légations de France, d'Angleterre et au Fou. Un de nos matelots est tué, un Autrichien blessé. Canonnade persistante dans la direction du Pé-Tang.

12 août. — Fusillade pendant toute la journée. « King et autres » demandent à nous voir pour discuter une suspension préliminaire d'hostilités. C'est qu'apparemment nos troupes ne sont pas loin : le moment vient-il où nous serons en mesure de poser des conditions aux Chinois et de leur faire payer leurs crimes ? Je commence à l'espérer. Voyons donc venir « King et autres », et recevons-les comme il convient.

Dans la soirée, la fusillade augmente. Le capitaine d'infanterie de marine Labrousse est tué à la légation de France. A la légation d'Angleterre, les coups de fusil redoublent. C'est un vacarme assourdissant pendant la nuit. Il s'y mêle quelques coups de canon du côté de la légation d'Allemagne. Jamais nous n'avons entendu pareil bruit, même au temps le plus dur du siège. Décidément, j'ai bon espoir, les troupes viennent !

Mais quelle tristesse que la mort de ce malheureux capitaine Labrousse, à l'heure précise où tout annonce que nous sommes près de toucher au port! Cet officier, à l'allure un peu rude, au caractère âpre et à la figure taillée comme à l'emporte-pièce, était d'un courage indomptable et semblait doué d'une volonté de fer. Il a été accablé par une malchance encore plus grande que celle qui nous poursuit. Je l'avais vu à Hanoï, au mois de mars, prêt à regagner la France par la Sibérie et désireux de passer par Péking. Il était arrivé dans la capitale de la Chine avec le vicomte de Cholet, la veille du jour où les communications par chemin de fer avaient été interrompues. Il s'était mis immédiatement à ma disposition, ainsi que son compagnon de voyage, et avait rendu les meilleurs services aux postes les plus dangereux : sur la muraille, où il était considéré par les Américains comme un officier de premier ordre ; à la légation de France, où il suppléait le capitaine Darcy. Sa perte est universellement déplorée, et le ministre d'Angleterre m'exprime personnellement les regrets de tous.

13 août. — « King et autres » avaient été informés par nous qu'ils seraient reçus à 11 heures du matin. Mais, à la dernière heure, ils se dérobent. Ils écrivent pour se plaindre que nous ayons tué 28 soldats, plus un officier, et demandent que nous restions dorénavant sur nos positions comme les soldats chinois restent sur les leurs. Ils s'excusent de ne pouvoir se rendre au rendez-vous qui leur a été fixé. Ont-ils été menacés par ceux d'entre eux qui s'imaginent encore qu'ils peuvent en finir avec nous?

Ont-ils eu peur d'être faits prisonniers? Ont-ils pensé qu'il était trop tard pour entamer des négociations, condamnées d'avance à avorter? Qu'importe!

Sir Claude répond, en notre nom, en rétablissant la vérité qu'ils ont travestie ; en mettant nettement leur responsabilité en cause ; en les informant que nous avons pu faire parvenir à Tien-Tsin des lettres disant tout ce qui s'est passé à Péking ; en leur affirmant qu'ils n'échapperont, en aucun cas, à la responsabilité de leurs actes.

A peine cette réponse est-elle expédiée que nous recevons de nos correspondants habituels, et sous la rubrique accoutumée, des lettres d'une amabilité particulière. Ils nous transmettent des télégrammes, s'engageant, une fois de plus, à faire cesser le feu « si nous le cessons nous-mêmes » et nous promettent, « dans deux ou trois jours, quand la tranquillité sera rétablie », de faire ouvrir un marché de provisions pour nous. Dans deux ou trois jours... Ah! je ne doute guère que ce ne soit là malice chinoise, et que ses misérables auteurs ne soient persuadés que nous pourrons nous passer de leur complaisance.

Une anecdote assez curieuse circule : il paraît que l'officier chinois que nous avons tué serait un général de brigade qui avait promis de massacrer en cinq jours tous les étrangers présents à Péking et qui avait fait apposer des placards affirmant que pas un chien ni un chat ne sortiraient vivants de la légation d'Angleterre. Il est mort à la date même où expirait le délai fixé pour l'exécution de sa prédiction. L'infortuné !

Le soir, une attaque générale furieuse (particulièrement ardente à la légation d'Angleterre) se dessine.

Nous sommes sur pied sans pouvoir songer à une minute de repos. Les balles pleuvent sur nos murs et nos toits, avec un bruit strident qui casse les oreilles.

Tout à coup, à 2 heures du matin, un coup de canon lointain est entendu, puis un second, puis un troisième. Bientôt ce sont des feux de salve qui se succèdent, avec l'écho mécanique des mitrailleuses se rapprochant peu à peu. On distingue l'attaque et la défense, le tir éloigné et celui du voisinage.

Il n'y a plus aucun doute : nos troupes approchent ; l'allégresse est générale. On s'aborde, en se félicitant, en se réjouissant. L'aube naît avec la délivrance prochaine.

14 août. — A 8 heures du matin, les coups de canon se multiplient. Je monte sur la muraille, où flotte le drapeau américain, qui paraît défier les bannières chinoises. Le spectacle est superbe. Le soleil s'est levé dans un ciel d'azur. L'atmosphère est d'une éclatante limpidité. L'horizon se dégage à perte de vue. On aperçoit la ligne bleue des collines qui se détachent sur un fond clair et doré. Le canon tonne au nord, à l'ouest, à l'est de la ville. Les obus qu'il y envoie montent en flocons blancs, puis s'abattent avec un retentissement profond.

Le bombardement se précipite et devient de plus en plus distinct pour nous.

Je cours à la légation de France m'entretenir de la bonne nouvelle. Il serait difficile de peindre la joie qui éclate partout. « Les troupes arrivent ! » On n'a que ces mots à la bouche. Enfin, nous allons être sauvés ! Il y a bien encore des inquiétudes sur le dernier effort que l'ennemi pourra faire si sa résistance se prolonge et sur les attaques qu'il pourra tenter si la ville n'est pas prise rapidement. A quels actes de rage et de désespoir n'est-il pas capable de se porter ? Quelles sont les dernières surprises que sa canaillerie nous ménage ? Mais ces craintes mêmes disparaissent devant la perspective du salut qui vient. On oublie toutes les lenteurs, toutes les privations, toutes les douleurs du siège.

C'est un délire qui s'empare de nous quand, vers 3 heures de l'après-midi, quelqu'un se précipite à la légation d'Angleterre, en criant : « Les troupes sont dans la ville chinoise ; elles pénètrent sous la muraille, dans le canal qui longe la légation ! » On court pêle-mêle, on se jette au-devant des libérateurs, on pousse des hourras, on pleure, on s'embrasse, on se bouscule.

Ce sont les soldats indiens du corps expéditionnaire anglais qui entrent en groupes serrés. Jamais je n'oublierai cette scène unique.

Le porte-drapeau, qui est arrivé premier, tombe à genoux, son étendard à la main, et fait sa prière. Ses compagnons sont massés autour de lui. Leur nombre augmente sans cesse. Les troupes américaines succèdent aux troupes anglaises. Les ovations se prolongent. Le général Gaselee et le général Chaffee ne trouvent sur leur passage que des mains tendues. Ils sont salués par des chants de victoire et des bravos frénétiques. Les soldats chinois, qui ne savent encore ce que signifient nos cris, ébauchent une fusillade qui nous émeut à peine, puis se taisent subitement et s'enfuient quand ils savent de quelles représailles ils sont menacés.

La légation de France est précipitamment évacuée par eux. Le capitaine Darcy en reprend possession complète avec son collègue du détachement autrichien. Nous parcourons mélancoliquement les ruines désertes, où l'ennemi nous a laissé ses tentes abandonnées, sans prendre le temps d'enlever ses théières, ses ustensiles de cuisine et ses cartouches. Nous y trouvons des mines boisées et profondes, de solides plates-formes et des barricades admirablement fortifiées.

Quelle vue navrante que celle de ces décombres, à peine purgés des étendards chinois qui les déshonoraient, sur les emplacements où, jadis, flottait le pavillon de la République française !

Le 15, au lever du jour, on m'avertit qu'on entend le clairon de nos troupes. Je me lève pour recevoir le général Frey, qu'accompagne M. d'Anthouard. Le miracle auquel il était presque interdit de croire est accompli. Nous sommes sauvés.

Dès l'entrée des Sikhs, je m'étais occupé de hâter l'expédition qui doit faire pour les assiégés du Pé-Tang ce qui a été fait pour nous-mêmes. Les ministres d'Angleterre et d'Amérique m'avaient promis que leurs troupes s'en chargeraient avant que je connusse l'arrivée des nôtres. Ce sont maintenant nos officiers et nos soldats qui vont achever l'œuvre libératrice avec le concours de leurs alliés. A la fin, comme pendant le cours du siège, se sera affirmée la solidarité internationale contre la plus odieuse des barbaries. Puisse durer cette union féconde !

Péking, le 15 août 1900.

Signé : PICHON.

Journal de siège du lieutenant de vaisseau Darcy.

6 juin. — Le gouvernement chinois arme des troupes pour protéger les Européens ; mais ces troupes font cause commune avec les Boxeurs. Ce bruit est démenti, puis confirmé, démenti une seconde fois, etc. Nous restons dans l'incertitude. Cependant, il n'est pas douteux que les troupes de Tong-Fou-Siang, campées aux portes de la ville, ne fraternisent avec les rebelles. Le nombre des chrétiens massacrés et des villages brûlés augmente. Depuis trois jours les trains de Tien-Tsin n'arrivent plus à Péking.

Le personnel du chemin de fer réfugié à Pao-Ting-Fou a été attaqué par les Boxeurs. Six Européens sur trente ont disparu.

Réunion des chefs de détachement à la légation d'Angleterre. J'étais le seul parlant français, mais tous les officiers pouvaient me comprendre. Ce fut donc moi qui proposai les deux seules solutions possibles : chaque légation abandonnée à elle-même, ou bien toutes les légations réunissant leurs efforts pour défendre le quadrilatère qui les contient toutes, à l'exception de celle de Belgique. C'est cette dernière solution qui fut adoptée.

7 juin. — La situation ne s'est pas améliorée depuis hier. Les Boxeurs se rapprochent de la ville.

Les chefs de détachement, réunis en comité, ont décidé d'établir quatre postes principaux de défense, avec les mitrailleuses Maxim et les canons qu'on aura.

La proposition faite par l'officier anglais de réunir tous les Européens, civils et militaires, à la légation d'Angleterre est repoussée. Les chefs de détachement déclarent qu'ils sont venus à Péking pour défendre leur légation, et ils ne veulent pas l'abandonner avant d'y être forcés.

8 juin. — Rien de particulier.

9 juin. — Rien de particulier. Situation de plus en plus tendue.

10 juin. — Un télégramme de Tien-Tsin annonce le départ pour Péking d'une colonne de 2.000 hommes (colonne Seymour). Quelques heures après cette dépêche, le fil est coupé. Les troupes étaient attendues à 3 heures. Les voitures envoyées à la gare pour le transport des bagages ont été bousculées par les Boxeurs.

Je double les postes et recommande la plus grande surveillance.

11 juin. — Massacre du chancelier de la légation japonaise. Les Boxeurs qui l'ont tué ont envoyé son cœur à un général chinois.

12 juin. — Rien. Les troupes ne sont pas arrivées.

13 juin. — A 5 heures, nous sommes prévenus qu'une bande de rebelles se dirige sur le quartier des légations. En un instant, toutes les troupes sont à leur poste de combat.

A 5 h. 30, les Boxeurs arrivent. Une dizaine de coups de fusil les met en fuite. Cinq sont tués ; parmi eux, un gamin de quinze à seize ans à peine, qui était venu présenter sa poitrine aux balles. Les Boxeurs se disent invulnérables !

8 h. 1/2. Incendies autour de nous. Les incendiaires, torches en main, descendent vers la légation. En moins de trois minutes, cette foule est balayée par la mitrailleuse Maxim des Autrichiens et par les salves des Français.

L'expérience est concluante : nos ennemis ne sont armés que de couteaux ou de lances, et ils disparaissent à la première décharge.

14 juin. — La maison des élèves interprètes de la légation de France a été pillée et incendiée.

Le soir, les incendies redoublent. On tire sur les incendiaires, qui se dispersent en laissant pas mal de morts.

15 juin. — Des catholiques chinois, des femmes et des enfants surtout, viennent chercher un abri dans le quartier des légations. Presque tous sont couverts de brûlures et ont des blessures horribles.

Les bruits les plus contradictoires continuent à parvenir sur l'arrivée de la colonne Seymour. Tout le monde en parle, nul ne sait rien. L'insurrection grandit.

16 juin. — Nuit à peu près calme. Formidable incendie à l'est de la ville. Les flammes, poussées par le vent, gagnent la ville tartare et viennent lécher les murailles, heureusement hautes de cinquante pieds.

Le soir, l'incendie continue. Les flammes ont gagné l'immense porte de Ts'ien-men, qui n'est bientôt plus qu'une gerbe de feu. Du haut de la muraille, nous assistons à ce spectacle terrifiant, mais le plus beau qui se puisse imaginer.

Le corps du chancelier du Japon a été retrouvé et rapporté à la légation. Deux Boxeurs ont été arrêtés et fusillés.

17 juin. — Dans la nuit, attaque des légations par les Boxeurs. Quelques feux de salve ont suffi à les disperser.

Toujours aucune nouvelle de la colonne Seymour.

18 juin. — Rien à signaler.

19 juin. — Nouveaux et nombreux incendies.

Le gouvernement chinois nous déclare que, les puissances ayant menacé de prendre les forts de Takou, il considère cet acte comme une déclaration de guerre et donne vingt-quatre heures aux Européens de Péking pour se retirer sous la protection des troupes chinoises.

20 juin. — Le baron de Ketteler, ministre d'Allemagne, est tué en se rendant au Yamen. L'interprète qui l'accompagnait, M. Cordès, est blessé. L'officier allemand part avec 20 hommes à la recherche du corps du ministre. Il ne trouve rien.

Les chefs de détachement, réunis, décident d'envoyer immédiatement les femmes et les enfants à la légation d'Angleterre, où devra avoir lieu la dernière résistance.

2 heures. Le chef du détachement autrichien me fait prévenir qu'il abandonne la légation d'Autriche et se replie sur celle de France.

3 h. 1/2. La fusillade continue entre les Chinois et les Français et les Autrichiens, qui occupent une barricade.

5 heures. — Le matelot Julard reçoit en plein front une balle qui traverse la tête : il est tué sur le coup.

8 heures. Les Boxeurs essayent d'incendier la légation d'Autriche ; ils sont chassés par les feux croisés des Français et Autrichiens d'une part, des Japonais et Anglais de l'autre.

Fusillade la nuit.

21 juin. — Fusillade intermittente.

3 heures. Enterrement du matelot français dans le parc de la légation. Incendies autour de nous.

5 heures. Très vive fusillade à la barricade de l'Italie. Je m'y porte avec un renfort, et, à mon grand étonnement, l'officier italien me dit : « Nous n'avons pas encore tiré un coup de fusil ! » Il nous est impossible de savoir par qui et sur qui sont dirigés ces coups de fusil. Nous pensons enfin que ce sont les troupes du prince Tching qui tirent sur les Boxeurs. Sur qui devons-nous tirer désormais ? Où sont nos amis ? Où sont nos ennemis ?

La nuit, incendie de la légation d'Autriche.

Jusqu'à présent, nous ne pouvons savoir qui commande en chef. Ordres et contre-ordres nous viennent de tous côtés. Nous insistons auprès du capitaine de frégate autrichien Thomann von Montalmar pour lui faire accepter ce commandement, qui lui revient comme au plus ancien des officiers.

Tous les chefs de détachement, consultés, acceptent le commandement en chef du capitaine de frégate autrichien.

Il s'adjoint le lieutenant de vaisseau autrichien Winterhalter et un capitaine d'infanterie de marine français de passage à Péking, M. Labrousse, qui, dès le début de la crise, était venu m'offrir ses services.

Tout le personnel de la légation de France s'est retiré à la légation d'Angleterre ; M. de Rosthorn, ministre d'Autriche, seul, est resté avec ses officiers et ses matelots près de nous.

22 juin. — 9 heures. Les Italiens sont vivement attaqués. Les ennemis approchent. Au même moment, les Américains font prévenir qu'ils ne peuvent plus tenir leur position, et qu'ils quittent le pied de la muraille. C'est notre retraite coupée. Moment de panique. Le commandant Thomann donne aux troupes autrichiennes, françaises, italiennes, allemandes et japonaises l'ordre de se replier sur la légation d'Angleterre.

11 heures. Le ministre d'Angleterre, sir Claude Mac-Donald, donne l'ordre aux Italiens, aux Français, aux Autrichiens, aux Allemands et aux Japonais de repartir de suite pour occuper le Fou, palais chinois situé en face de la légation d'Angleterre.

A peine y sommes-nous arrivés que nous recevons de nos ministres l'ordre de réoccuper les légations abandonnées.

11 h. 1/2. Nous avons repris position dans la légation de France. La légation d'Italie est en feu. Les Italiens restent donc dans le Fou. Les Allemands réoccupent leur légation.

23 juin. — Pendant la nuit, nous avons élevé deux nouvelles barricades. A 6 heures du matin, très vive fusillade. Les coups partent de l'ancienne barricade de l'Italie, maintenant occupée par les Chinois.

10 heures. Premiers coups de canon.

Midi. Incendies autour de nous.

Des engagements ont lieu un peu partout.

24 juin. — Journée mouvementée.

8 heures. Les Américains ont évacué la muraille sur laquelle ils avaient leur poste de combat. Ils demandent un renfort d'Allemands, de Français et d'Autrichiens.

9 h. 1/2. Je reçois l'ordre d'envoyer 20 hommes au Fou, les Italiens et les Japonais y étant très vivement attaqués.

Les Allemands nous font demander du secours. Je leur envoie 6 hommes. A 10 heures, les Américains réussissent à reprendre leur position, mais ils en sont chassés encore une fois à 1 h. 1/2.

1 h. 3/4. Nouvelle demande de secours pour le Fou. J'envoie 5 Français.

Nous construisons encore une barricade. A la légation, notre situation est très difficile. Les balles pleuvent de tous les côtés. D'accord avec le commandant Thomann, nous décidons de construire un blockhaus devant la grande porte d'entrée.

7 heures. — Les Japonais demandent du secours. J'envoie cinq Français, dont le matelot Corselin, qui est ramené une demi-heure après, le crâne traversé par une balle. Sa blessure est horrible. Il expire au bout d'une heure, sans avoir repris connaissance.

9 heures. Les Américains sont remontés enfin sur leur muraille. Six Autrichiens et quatre Français partent encore au secours des Allemands.

Toute la nuit, les Chinois tirent, évidemment au hasard, puisque nous restons derrière nos barricades sans user une cartouche. Pour achever de nous intimider ou de nous effrayer, ils joignent aux bruits de ces détonations ceux des tam-tam et des gongs.

25 juin. — Les chefs de détachement sont convoqués par sir Claude Mac-Donald. Ils se réunissent sur la muraille à la barricade américaine.

On décide de faire de nouvelles barricades et de renforcer celles qui existent. Pendant que nous discutons, un canon chinois tire sur nous. On monte sur la muraille un canon italien.

2 heures. La légation est vivement attaquée. Du sommet du toit d'une des maisons de la légation, un volontaire, M. de Gieter, le sergent Le Gloanec et moi tirons sans relâche sur nos ennemis.

A 3 heures, le feu se ralentit. Nous profitons de cette accalmie pour enterrer, dans la même fosse, Corselin et un matelot autrichien tué le matin.

5 heures. Un édit imprimé en gros caractère chinois est affiché non loin de nous. Avec une longue-vue, on y lit : « L'impératrice ordonne aux troupes impériales de ne plus tirer sur les Européens. » Tout le monde reprend confiance et espère que le lâche attentat dont nous sommes les victimes touche à sa fin.

Mais, à 7 heures, les Chinois nous attaquent.

26 juin. — A minuit, petite alerte. Fusillade qui dure peu.

Vers 3 heures du matin, M. Pichon me fait demander d'aller moimême, avec 10 hommes, défendre les légations de Russie et d'Amérique. Je lui réponds qu'il m'est impossible d'abandonner mon poste.

Le matelot Quemener, blessé à la cuisse le 24, meurt dans la nuit.

Le matin, nous voyons les Chinois piller la légation d'Autriche. Des soldats passent chargés de colis. Nous tirons sur eux.

2 heures. Enterrement de Quemener.

7 heures. La fusillade est vive.

7 h. 1/2. M. de Gieter est blessé par une balle. Un Autrichien est tué à la barricade.

8 heures. On me demande un renfort de 5 hommes pour l'Italie. Je refuse et réponds que nous sommes nous-mêmes trop vivement attaqués.

Mme de Rosthorn quitte la légation d'Angleterre et nous demande de rester à la légation de France, où est son mari.

La fusillade dure toute la nuit. Elle est surtout très vive vers minuit et 1 heure du matin.

27 juin. — Les Chinois se sont beaucoup rapprochés pendant la nuit. A 10 heures, ils commencent une très vive fusillade sur nos murs. Dans la rue de la Douane, qui borne la légation, à 15 mètres à peine, ils élèvent une barricade, sans qu'il soit possible de les arrêter. Leur procédé consiste à rester abrités dans une maison ou derrière un pan de mur sur le bord du chemin et à jeter de là tout ce qui leur tombe sous la main : tables, chaises, planches, pierres, briques, etc. Un seul a l'imprudence de traverser la rue entre nos barricades et la leur, portant sur son dos une table : je le tue.

J'envoie Le Gloanec sur un toit. Il tue quelques Chinois, mais ne peut inquiéter ceux qui travaillent.

A midi, il est tué d'une balle en pleine tête .

Les Boxeurs approchent de tous côtés. Un canon chinois envoie sur nous des boîtes à mitraille qui éclatent sur les murs. L'attaque devient très violente. A l'abri de la barricade qu'ils ont construite, les Chinois commencent une brèche dans le mur de la légation. Ils sont à 3 mètres de nous et nous lancent des pierres.

A nos barricades, la situation est intenable : incendie et canon dans le dos, des balles venant des quatre côtés, des pierres et, enfin, le soleil de Péking à midi à la fin de juin. Impossible de nous servir de nos armes : l'ennemi ne se découvre jamais.

Au même moment, sir Claude Mac-Donald me fait demander si je peux envoyer des renforts pour le Fou. Je lui fais répondre que, s'il veut m'envoyer 10 Russes et 10 Anglais, ils seront les bienvenus.

Vers 3 heures, tout vacarme cesse enfin de notre côté. Nous enterrons Le Gloanec et un matelot autrichien. Pendant la cérémonie, les balles et les éclats d'obus passent sans cesse au-dessus de nos têtes, hachant les arbres du parc. Je m'attends à voir tomber quelqu'un.

4 heures. M. Pichon vient à la légation et constate qu'il nous est impossible d'envoyer des renforts.

4 h. 20. Le second-maître Le Coquen est blessé.

Le soir calme. Toute la nuit, nous travaillons au blockhaus de la porte d'entrée. Mme de Rosthorn, malgré nos prières, transporte des briques pendant plusieurs heures.

28 juin. — A minuit, la fusillade reprend, mais dure peu.

Nous convenons d'envoyer au Fou 5 Autrichiens et 5 Français.

1 heure. L'attaque reprend. A nos barricades, on subit des feux bien dirigés et très nourris. En trois minutes, trois matelots sont blessés.

A 1 h. 1/2, Collas est tué d'une balle dans le ventre. J'abandonne ce poste.

Les Chinois construisent une seconde barricade « en bois ». Nous pensons que leur but est d'y mettre le feu, qui se communiquera aux bâtiments de la légation.

Nous décidons de la brûler nous-mêmes. M. de Rosthorn, monté sur le toit, lance sur le tas de bois des poignées de paille trempée dans du pétrole.

Le but est atteint. Mme de Rosthorn, qui aidait son mari, est légèrement brûlée aux mains et au visage, le feu ayant pris à ses vêtements.

6 heures. Le feu continue. L'aspirant autrichien Bonnenburg est grièvement blessé d'une balle au front.

29 juin. — Matinée assez calme. Mais des obus tombent sur la légation.

1 heure. L'aspirant Herber vient me demander de monter sur le toit de la légation. J'hésite. Il insiste, et je le laisse aller. A 1 h. 1/2, il tombait, la tête traversée par une balle de gros calibre.

Comme l'attaque est de plus en plus violente et que nous ne voulons pas, en cas de retraite, laisser son corps à l'ennemi, on l'enterre tout de suite : quatre coolies, un prêtre et moi assistons seuls à la triste cérémonie.

Cependant, les Chinois sont maîtres de la rue de la Douane ; ils attaquent le mur à coups de pioche et à deux endroits différents.

Dès que l'ouverture faite dans le mur le leur permet, ils y introduisent un long morceau de bois, dont l'extrémité porte de l'étoupe enduite de pétrole enflammé. Ils mettent le feu aux écuries de la légation.

Nous prenons des précautions pour empêcher l'incendie de se propager.

7 heures. Un matelot autrichien est tué. Il reçoit une balle en plein front.

Les Chinois tirent toute la nuit.

30 juin. — 2 heures. Les Chinois mettent le feu à la cave de la légation.

Nuit calme. Pluie.

1er juillet. — Les Chinois ont braqué un canon sur la légation. Ils démolissent à coups d'obus toute la partie est de la légation. M. Wagner, volontaire français, est tué d'un éclat d'obus.

La situation est mauvaise, car, autour de nous, les autres détachements sont fortement attaqués aussi.

Vers 6 heures, les Italiens et les Japonais font une sortie pour prendre un canon qui leur faisait beaucoup de mal ; ils échouent et reviennent avec 7 hommes hors de combat dont 3 tués.

La nuit est calme.

2 juillet. — Calme. Pluie. Sur la muraille, les Chinois s'avancent et menacent fortement les Américains.

3 juillet. — Matinée calme. L'Allemagne est très vivement attaquée. Le soir, nous recevons des obus.

4 juillet. — Nuit tranquille. 212 obus ont été lancés sur le Fou et sur l'hôtel voisin de la légation.

Les Japonais et les Italiens ont été forcés d'évacuer leur première ligne de défense.

Le soir, les Japonais perdent encore du terrain.

5 juillet. — Quelques fusillades durant la nuit.

A midi, les Chinois bombardent la salle à manger de la légation. Leur canon est à 150 mètres de nous. Ils essayent ensuite d'incendier l'édifice, en envoyant quelques fusées fixées à des morceaux de bois. Ils vont jusqu'à lancer des flèches dont l'extrémité est garnie d'allumettes enflammées.

Le soir, l'Allemagne nous demande des renforts : nous lui envoyons 3 Français et 2 Autrichiens.

6 juillet. — J'essaye de reprendre les barricades qui sont les plus proches de nous avec un quartier-maître et six hommes. C'est en vain. Nous sommes assaillis par un feu tel que je fais battre en retraite.

Les Japonais et les Italiens font une seconde sortie pour prendre le canon chinois. Ils échouent ; un officier japonais est tué, deux hommes sont blessés.

7 juillet. — On entend des coups de canon dans le sud de la ville, à 10 kilomètres environ. On aperçoit également des signaux électriques. On croit à une grande bataille entre les Chinois et nos troupes ; tout le monde reprend courage.

Midi. Quatre soldats chinois, qui sont entrés dans la légation, sont tués. L'attaque est très violente toute la journée. M. de Rosthorn est blessé à l'œil.

8 juillet. — Nous renforçons nos positions. Deux nouveaux volontaires nous viennent : M. Mergholinck (secrétaire de la légation de Belgique) et M. Benvenuti (Italien).

11 heures. Une forte canonnade est dirigée sur nous. Plusieurs matelots sont blessés. Le commandant Thomann vient avec moi juger l'effet des projectiles. Un obus lui broie la poitrine et le bras droit. Deux matelots l'emportent dans le salon de M. Pichon, où il meurt en arrivant. A midi l'attaque cesse.

2 heures. Nous enterrons le commandant autrichien.

9 juillet. — 1 heure et 2 heures du matin. Vives fusillades de tous les côtés

9 heures. On m'amène trois Chinois faits prisonniers qui avouent être envoyés par les soldats de Tong-Fou-Siang pour incendier. L'interrogatoire terminé, je donne l'ordre de les fusiller. Le quartier-maître Pesqueur leur brûle la cervelle avec un revolver pour économiser nos cartouches Lebel.

10 h. 1/2. Deux canons ouvrent le feu sur nous
11 h. 1/2. La canon se tait. La fusillade commence.
Après-midi calme. Les Chinois creusent une mine.

10 juillet. — Comme hier, les deux canons recommencent leur feu. Trois prisonniers, faits à la barricade japonaise, dans les mêmes conditions qu'hier, sont exécutés. Au Fou, on combat toute la journée.

11 juillet. — Le matin, 18 pillards chinois sont cernés dans une petite cour ; 16 sont tués, 2 faits prisonniers.
Les Chinois ont mis à profit les derniers jours pour se retrancher fortement dans les maisons voisines.

12 juillet. — Un feu violent commence à midi. En moins d'une heure, 5 hommes sont blessés : le quartier-maître L'Anthoën a l'épaule traversée ; Pochennec est blessé à la cuisse ; de Cholet (volontaire) à la main gauche; Gruindtgens (volontaire) a le cou traversé ; Benvenuti a le bras touché.
L'Allemagne est très attaquée. Le Fou également.

13 juillet. — A 9 heures, fusillade. Le matelot français Lenne est tué d'une balle en plein front. Il a le crâne fracassé.
A 3 heures, nous enterrons Lenne.
6 h. 1/2. Fusillade extrêmement vive. Les balles pleuvent sur les murs et sur les toits. Il nous est impossible de voir un seul ennemi. A peine étions-nous là depuis quatre ou cinq minutes que deux explosions se produisent presque simultanément sous la maison. Enseveli au milieu des décombres jusqu'aux épaules, je ne parviens qu'à grand peine à me dégager, en laissant mon fusil.
Sous le hall, je retrouve M. de Rosthorn sain et sauf, puis M. Picard-Destelan (volontaire), qui, complètement enseveli, a été dégagé par un matelot. Je cherche à faire l'appel de mon personnel, mais le feu, allumé aussitôt après l'explosion, mange les bâtiments. Il m'est impossible de connaître les manquants. Cependant, tous ceux que j'interroge n'ont vu ni mon pauvre Pesqueur, que j'aimais tant, ni Bougeard.
Je donne alors l'ordre à tout le monde de battre en retraite, jusqu'à une tranchée que j'ai fait préparer.
Coups de fusil des Chinois toute la nuit. M. Gruindtgens, blessé le 12, meurt vers 2 heures du matin.

14 juillet. — Les Chinois occupent les bâtiments que nous avons évacués la veille.
M. de Below, ministre d'Allemagne par intérim, vient avec les officiers allemands nous voir et nous porter ses compliments à l'occasion de la Fête nationale.

15 juillet. — Quelques coups de fusil.
Les ministres, invités par le prince Tching à se rendre au Tsong-li-Yamen, refusent de s'y rendre.

16 juillet. — Calme.

17 juillet. — L'ordre de cesser le feu est donné aux troupes chinoises. Calme. Les Chinois sortent de leurs retranchements et viennent causer avec nos interprètes aux barricades.

18 juillet. — Calme. Arrivée d'un coureur japonais, disant que 33.500 hommes de troupe, Européens et Japonais, quitteront Tien-Tsin pour Péking le 18.

19 juillet. — Calme. M. Pichon reçoit un télégramme de Paris lui annonçant qu'il est commandeur de la Légion d'honneur et que 15.000 hommes sont envoyés en Chine.
Nouvelle lettre du prince Tching, nous engageant à partir pour Tien-Tsin.

20 juillet. — Calme. L'impératrice nous envoie des melons et des concombres.

21 juillet. — Calme. Quelques rares coups de fusil.

22 juillet. — Calme. Pluie torrentielle.

23 juillet. — Toujours des coups de fusil isolés.
Les Chinois élèvent encore une barricade.

24 juillet. — Un soldat chinois raconte que de grands renforts sont entrés en ville (4.800 hommes du Chan-Si avec 9 canons). Sir Claude écrit aux chefs de détachement pour leur recommander de veiller, une forte attaque devant avoir lieu, la nuit probablement.
Calme. Vers minuit, coups de fusil un peu partout : nous croyons à l'attaque annoncée, mais le calme se rétablit bientôt.

26 juillet. — Nuit tranquille. Les ministres se réunissent à 10 heures, pour discuter les propositions faites la veille par le Yamen.
Dans la légation de France, nos ennemis travaillent toujours à leur galerie souterraine. Nous faisons nous-mêmes une tranchée qui, passant sous le mur de la rue des Légations, va rejoindre le grand égout collecteur, par où nous supposons que les mineurs peuvent arriver.

27 juillet. — Nuit un peu agitée ; les Chinois tirent de tous les côtés.
A 4 heures, le Yamen envoie deux lettres : une par laquelle l'impératrice annonce l'envoi de vivres (melons, aubergines, farine, glace) et l'autre par laquelle on nous invite, la paix étant faite, à laisser sortir les chrétiens chinois.

28 juillet. — De 1 heure à 1 h. 1/2 du matin, assez vive fusillade.
11 heures. Assez vive fusillade.

30 juillet. — Fusillade pendant la nuit ; les Chinois élèvent même une barricade.

31 juillet. — La nuit, fusillade.

1er août. — La fameuse attaque a été remise ; çà et là quelques coups de fusil, et c'est tout.
5 heures. Un courrier arrive de Tien-Tsin, disant que les troupes de secours partiront de Tien-Tsin dans deux ou trois jours.

2 août. — Un courrier arrive, porteur de plusieurs lettres.

4 août. — Calme complet toute la nuit. Un édit du gouvernement chinois annonce que les marchands et les missionnaires doivent être protégés dans toute la Chine ; il parle aussi des tendres sentiments que la Chine a toujours eus pour les ministres. Quelques coups de feu dans la journée ; deux Russes blessés.

5 août. — Calme. Les Chinois se montrent au-dessus de leurs barricades et nous font des signes d'amitié.

6 août. — Très vive fusillade qui commence à 2 heures du matin et ne cesse qu'au lever du soleil.
3 heures. Le Tsong-li-Yamen annonce aux ministres que Li-Hung-Chang a reçu pleins pouvoirs pour négocier avec les cabinets étrangers. Dans la nuit, plusieurs coups de fusil de tous côtés.

9 août. — Rien de saillant.

10 août. — Fusillade extrêmement vive pendant la nuit.
3 heures. Arrivée d'un courrier apportant des nouvelles des troupes, qui seront à Péking le 13 ou le 14.

11 août. — Les Chinois tirent sur nous toute la journée. Le soir, à 11 heures, attaque très vive sur toute la ligne. Un matelot français, Gouzien, est tué par une balle, qui passe dans la meurtrière où nous regardions tous deux. Un Autrichien légèrement blessé. Le matelot Philippe meurt dans la soirée.

12 août. — Très vive canonnade dans la direction de Pé-Tang.
8 heures. Le capitaine Labrousse est frappé d'une balle en plein front sur le seuil de la porte, maison d'Anthouard ; il était à côté de moi et me disait que le poste où nous étions était un excellent poste d'observation.

13 août. — Toute la nuit, très vive fusillade.
9 heures, enterrement du capitaine Labrousse.
Journée à peu près calme. Le soir, fusillade très forte, qui dure jusqu'à minuit.

14 août. — A 2 heures du matin, reprise de la fusillade. Canon dans le lointain, dans toutes les directions.
4 heures du soir. Les Indiens arrivent à la légation d'Angleterre.

Dès que nous sommes prévenus de l'arrivée des troupes européennes, le lieutenant de vaisseau autrichien Winterhalter et moi nous allons reconnaître la partie de la légation occupée par les Chinois : tous sont partis et ont abandonné leurs positions. J'appelle 10 hommes pour démolir leurs barricades et réoccuper ces ruines.

15 août. — 5 heures du matin. Deux bataillons d'infanterie de marine et une batterie d'artillerie arrivent à la légation. Le général Frey prend le commandement en chef des troupes françaises à Péking.

Pendant le siège, nous n'avons eu aucune nouvelle du Pé-Tang ; ce n'est que le 17 août que j'ai appris la mort de l'enseigne Henry et de 4 hommes de son détachement ; Henry a été tué le 30 juillet.

Ils ont été, comme nous, constamment attaqués.

Mgr Favier et tous les missionnaires ne trouvent pas assez de mots pour faire l'éloge de tous nos matelots, et en particulier celui de M. Henry, qu'ils considéraient comme un héros.

Les matelots autrichiens ont rivalisé avec les nôtres de zèle, de courage et de bravoure. Quant à leurs officiers, j'ai en eux d'excellents camarades avec lesquels j'ai toujours eu les meilleures relations. En outre, les conseils du commandant Thomann et du lieutenant de vaisseau Winterhalter m'ont été souvent fort utiles.

A partir du 15 août, le détachement des marins se rangea sous les ordres du général Frey. Avec deux compagnies d'infanterie de marine, ce détachement servit de soutien, le 15 août, à la batterie qui, du haut de la muraille, devait bombarder les palais impériaux. Le bombardement fut interrompu sur la demande du général américain, qui nous fit prévenir que ses troupes occupaient déjà les palais.

Le 16 août, les marins firent partie de la colonne qui alla délivrer le Pé-Tang. Les Japonais avaient avant nous forcé la porte de la ville impériale et repoussé les Chinois.

Enfin, le 27, le général nous donnait l'ordre de rejoindre nos bâtiments. Le retour s'effectua par eau de Toung-Tchéou à Tien-Tsin, et par chemin de fer de Tien-Tsin à Takou.

A Tien-Tsin, le matelot Le Berre, torpilleur breveté, tomba dans la rivière et se noya. Son corps ne put être retrouvé.

Le 31, à 7 heures du soir, les marins embarquaient à bord du *D'Entrecasteaux.*

Signé : DARCY.

Nous avons vu, dans les rapports de M. Pichon et du lieutenant de vaisseau Darcy, que la jeune femme du chargé d'affaires d'Autriche ne voulut pas abandonner son mari et qu'elle resta constamment au milieu des défenseurs de la légation de France. Je ne puis résister au désir de reproduire ici un article signé « Théophile Janvrais », qui a paru dans le *Figaro* à la

date du 24 juin 1901 et qui est intitulé : « La fée de la défense
— Madame de Rosthorn » :

> Cependant une femme était là avec
> eux, charmante et jeune, cette Autri-
> chienne....   Pierre Loti.

Dans les temps nébuleux, les fées venaient consoler les pauvres gens
dans le malheur ; aux époques de transes nationales, des héroïnes ont
surgi pour sauver la patrie en deuil, et aujourd'hui encore il se produit parfois de ces dévouements féminins qui provoquent l'admiration universelle.

La belle conduite de Mme de Rosthorn à Péking est la plus récente
manifestation de ce virilisme touchant et sublime de la plus parfaite
incarnation humaine. Et je ne m'étonne plus que le sensitif Pierre
Loti ait été subjugué, sur les lieux mêmes, par l'évocation revivifiée
de cette silhouette d'héroïne que nous voudrions Française.

Un autre officier de marine que le commandant Viaud a pu redire
la haute action de cette femme, dont il a été le compagnon de lutte aux
heures les plus critiques et les plus périlleuses. S'il est moins char-
meur dans sa description, il est non moins captivant dans son vibrant
mais technique récit vécu. Ce témoin oculaire qui dépose, c'est le
lieutenant de vaisseau Darcy, le glorieux chef du détachement français qui défendit et sauva les légations à Péking.

M. de Lanessan, ministre de la marine, a autorisé le jeune officier
à publier ses *Notes* au jour le jour du siège, pour ainsi dire son propre rapport militaire officiel, ou du moins ce qui en est l'ossature
privée.

Nous avons eu le plaisir d'en parcourir quelques bonnes feuilles,
et nous aussi, comme Pierre Loti, sur les ruines de la légation, nous
avons subi la suggestion de l'héroïne.

Car, si Mgr Favier a pu dire qu'une « dame » miraculeuse proté-
geait le Pé-Tang, Mme de Rosthorn a été la bonne « madame » de la
légation de France...

Ce fut le 20 juin, quand leur légation fut incendiée, que les Autrichiens, officiers et marins du détachement, comme le ministre d'Autriche, vinrent se joindre aux défenseurs de la légation de France.

M. de Rosthorn envoya les femmes et les enfants de sa légation à
l'abri chez le ministre anglais, le plus en sûreté de tous, mais lui-
même resta au milieu de ses marins avec leurs braves chefs, le commandant Thomann et le capitaine Winterhalter.

Aux observations de ses collègues européens, qui l'invitaient à faire
comme eux, il répondit fièrement : « Les marins de ma nation se bat-
tent à la légation de France ; ma place est au milieu d'eux ; c'est là
que je resterai. Tant que le siège durera, je ne veux plus être un diplo-
mate inutile, mais un défenseur comme un autre. — Monsieur, dit le
ministre d'Autriche au lieutenant de vaisseau Darcy, veuillez ne voir
en moi qu'un volontaire de plus, heureux de combattre à vos côtés. »

Et M. de Rosthorn conforma sa digne conduite à sa magnifique attitude, combattant toujours au premier rang, faisant le coup de feu
comme un simple fusilier, toujours aux endroits les plus exposés.

Blessé à plusieurs reprises, il fut aussi quelque peu victime des terribles explosions, mais eut la chance d'en sortir sain et sauf. Et de son rôle de vaillant gentleman le capitaine Darcy dit quelque part :

« M. de Rosthorn, qui n'a pas de poste fixe, mais qui se trouve partout où il peut courir le plus de danger, reçoit dans l'œil quelques éclats de brique ; il essaye de rester quand même, mais la douleur l'oblige à se retirer... »

Sa vaillante compagne montra le même héroïsme que son mari.

Mme de Rosthorn quitta la légation d'Angleterre et vint demander au chef du détachement français de rester à la légation de France, près de tous, c'est-à-dire, aussi, près de son mari. C'était le soir du 26 juin.

N'était-ce pas une providence pour les vaillants marins français et autrichiens, aussi pour les braves volontaires, défenseurs de notre légation, cette jeune femme ravissante, au cœur si héroïque, qui doit faire maintenant envie à toutes les Françaises ?...

M. Darcy en parle pour la première fois en ces termes dans ses *Notes*, mot trop modeste :

«... Nous profitons de ce moment de répit pour aller déjeuner. Notre table, cette fois, est présidée par Mme de Rosthorn. La présence au milieu de nous de cette jeune femme, qui vient elle-même nous donner l'exemple de la gaieté et de l'entrain, relève notre courage; nous pensons à l'avenir avec plus de confiance. Nour rions de la lâcheté de nos adversaires en reconnaissant que, si nous avions eu devant nous 400 ou 500 nègres au lieu de ces 4.000 ou 5.000 Célestes, nous n'aurions plus le plaisir de déguster les meilleurs crus de Bourgogne en mangeant du cheval et des truffes.

» C'est l'heure des hypothèses, et chacun fait la sienne. Mme de Rosthorn, en faisant avancer une seconde colonne européenne de renfort de 10 kilomètres par jour — ce n'est pas beaucoup ! — et en comptant sur ses doigts, nous démontre à tous que les troupes internationales doivent arriver demain à Toung-Tchéou.

» — Alors, boy, une bouteille de champagne ! Il ne faut pas en laisser à ces méchantes troupes, qui se sont fait tant attendre !

» Mais la véritable mousse du champagne du siège, c'était plutôt la gaieté communicative, réconfortante de cette jeunesse féminine — une femme de Sparte !

» Quand elle ne prodiguait pas ses soins affectueux, maternels, à nos marins blessés au feu, préparant la soupe et les vivres des combattants, mangeant souvent à la hâte, entre deux coups de fusil, elle s'exposait crânement, allant aux avant-postes porter à boire aux défenseurs — épuisés par une chaleur de 40 degrés — toujours le sourire aux lèvres... »

En quelques lignes hâtives, écrites le 27 juin, M. Darcy nous raconte ce fait à son actif :

«... Le calme vient avec la nuit. Dès que l'obscurité nous le permet, nous travaillons au blockhaus de la grande porte : nos coolies chinois apportent les matériaux ; les officiers et les volontaires les disposent.

Comment rester inactif quand une jeune femme donne l'exemple ? Mme de Rosthorn remue, en effet, pendant plusieurs heures, ces lourdes et rugueuses briques ; elle ne cesse que quand ses mains, peu habituées à ce sport, la font par trop souffrir ! »

Ce n'est pas tout ; écoutez encore ce fait d'un autre jour :

«... Il nous est impossible d'empêcher les Chinois de construire, en face de nos écuries, une seconde barricade entièrement en bois. Leur intention évidente est de mettre le feu à cet amas de bois, qui le communiquera aux écuries.

» M. de Rosthorn a l'heureuse idée d'essayer de brûler cette barricade sans laisser aux ennemis le temps de la pousser jusqu'au mur ; il lance sur le monceau de vieilles caisses des poignées de paille trempées dans le pétrole et enflammées. C'est Mme de Rosthorn qui prépare et lui fait passer ces torches improvisées.

» De la barricade de la rue de la Douane, nous empêchons les Chinois de les retirer trop tôt...

» Cependant, après quelques essais infructueux, le but est atteint et la barricade incendiée. Malheureusement, le feu a pris aux vêtements de Mme de Rosthorn, qui est assez grièvement blessée aux mains et au visage.

» Le docteur Matignon l'entraîne, presque malgré elle, et lui donne les premiers soins.

»... La fusillade cesse au coucher du soleil, et les hommes vont, par bordées, prendre un repos bien mérité. Nos deux blessés vont bien, du moins aussi bien que possible ; le docteur allemand Welde a presque promis de sauver Bonnenburg ; quant à Mme de Rosthorn, elle peut venir le soir même à table ; mais son mari est obligé de l'aider à manger, car ses pansements l'empêchent de se servir de ses mains. L'héroïne du jour est fêtée et félicitée comme elle le mérite. »

Nous avons vu précédemment comment notre ambassadeur, M. Pichon, a raconté ce fait dans son *Rapport*, à la date du 27 juin.

Une autre fois, Mme de Rosthorn fait remplir de terre, par les coolies, soixante-dix sacs que Mme Berteaux lui avait envoyés et les fait placer dans les endroits utiles à la défense de la légation de France.

Dans l'ouvrage de M. Darcy, nous trouvons encore cette jolie anecdote, où Mme de Rosthorn se montre le boute-en-train des pauvres défenseurs, exténués par les veilles, les alertes, les fatigues de toutes sortes, angoissés par des fausses nouvelles et ayant grand besoin de puissantes diversions à leur pauvre état d'âme ; c'est l'histoire du melon de l'impératrice.

« Ce soir 20 juillet, vers 9 heures — conte le commandant Darcy — je venais de m'étendre dans mon hamac, et je commençais à sommeiller, quand j'entends M. de Rosthorn qui m'appelle.

» Assez anxieux, et sans être retardé par ma toilette, je cours à la brèche du mur de l'hôtel d'où était partie la voix, me demandant quelle fâcheuse nouvelle m'attend encore.

» — C'est, me dit le ministre d'Autriche, une nouvelle boisson que nous venons d'inventer ; il faut que vous veniez la goûter !...

» Effectivement, je retrouve réunis dans la grande salle de l'hôtel tous les officiers et tous les membres de la légation d'Allemagne. Mme de Rosthorn et M. de Soden remplissent des flûtes à champagne d'un liquide qu'ils puisent dans un des melons de l'impératrice. On sait que la souveraine des Célestes venait d'envoyer aux ministres européens deux charretées de melons, de concombres et d'aubergines ; vous devinez dans quel but ! Ce melon a été ouvert à l'une des extrémités ; les pépins ont été retirés avec soin, et on a ajouté, au jus du fruit, du sucre, du vin blanc, du champagne et du rhum. Le mélange est parfait ; nous le buvons à la santé de l'aimable souveraine, de Iong-Lou et de Tong-Fou-Siang et surtout à l'arrivée de nos troupes, attendues avec plus d'impatience que jamais, quelle que soit notre gaieté.

» Quand le melon est vide, M. de Soden a l'idée de découper dans l'écorce un nez, une bouche et des yeux ; il place ensuite une bougie dans cette lanterne, et la joyeuse bande va le mettre sur la barricade de M. Chamot, dans la rue des Légations. L'effet se produit bientôt : plusieurs coups de fusil sont tirés du camp chinois sur le « melon de l'impératrice ». L'erreur reconnue, nos ennemis se taisent et se rendorment. »

Un autre jour, le 4 août, dans une soirée à la légation d'Allemagne, où les invités n'ont pour tout buffet qu'un peu de whisky, d'eau gazeuse et une bouteille de bière, nos Français dansent un quadrille avec les officiers autrichiens et allemands, M. et Mme de Rosthorn et enfin M. Knobel, ministre de Hollande. La jeune et belle Autrichienne était encore l'âme de cette distraction à l'impromptu...

Je termine enfin par ce joli et chevaleresque portrait, qui est toujours de la plume du chef du détachement français :

« Mme de Rosthorn promène toujours, au milieu de nous, sa figure fine, si douce et si rieuse. Si elle se rend compte du danger, elle dissimule tellement bien ses impressions qu'il est impossible de lire sur son visage la moindre trace d'ennui ou d'inquiétude, excepté quand son mari s'expose plus qu'il ne devrait le faire, ce qui lui arrive trop souvent.

» Elle a un mot aimable, une attention, une prévoyance pour tous, volontaires, officiers et matelots ; on est toujours sûr de la trouver partout où en a besoin d'elle. Mais Mme de Rosthorn veille surtout sur nos malades ; elle sait trouver du lait condensé pour préparer elle-même les bouillies ou les boissons ordonnées par le docteur Matignon aux dysentériques. Merveilleuse maîtresse de maison, elle empêche le gaspillage de nos dernières boîtes de conserves, réservées aux blessés. Enfin, elle semble être la fée qui nous protégera jusqu'à la fin de la lutte. »

Telle est véritablement cette belle figure d'héroïne, on peut dire « française », qui, selon le beau mot de son brave compagnon de lutte Darcy, fut la vraie fée de la défense de la légation de France à Péking...

Pierre Loti, dans la relation de son voyage à Péking publiée dans le *Figaro*, consacre à Mme de Rosthorn quelques lignes écrites dans ce style poétique et charmant qui caractérise son genre.

Parlant des défenseurs de la légation de France, il dit :

Cependant, une femme était là avec eux, charmante et jeune, cette Autrichienne, à qui il faudrait donner une de nos plus belles croix françaises. Seule, au milieu de ces hommes en détresse, elle gardait son inaltérable gaieté de bon aloi ; elle soignait les blessés, préparait de ses propres mains le repas des matelots malades, et puis s'en allait charrier des briques et du sable pour les barricades, ou bien faire le guet du haut des toits......

. . . .

Elle restait là quand même, la gentille étrangère, qui aurait si bien pu s'abriter ailleurs, à la légation d'Angleterre par exemple, où s'étaient réfugiés la plupart des ministres avec leurs familles ; au moins, les balles n'y arrivaient pas, on y était au centre même du quartier défendu par quelques poignées de braves, et on s'y sentait en sécurité tant que les barricades tiendraient encore.

Mais non, elle restait là et continuait son rôle admirable, en ce point brûlant qu'était la légation de France — point qui représentait d'ailleurs la clef, la pierre d'angle de tout le quadrilatère européen, et dont la perte eût amené le désarroi général......

. . . .

Le vœu de Pierre Loti a été exaucé : Mme de Rosthorn a été nommée chevalier de la Légion d'honneur et son mari officier du même ordre.

Ces distinctions ont rempli de joie tous les témoins de l'admirable conduite de ce charmant ménage.

Pour ma part, j'ai eu la bonne fortune de faire le voyage de Shanghaï à Hong-Kong avec M. de Rosthorn et sa femme. J'ai pu me rendre compte du charme que cette dernière répand autour d'elle, et j'ai pu admirer sa bonne grâce et sa modestie. Aussi ai-je été profondément heureux, à mon arrivée en France, d'apprendre que notre gouvernement avait su récompenser le courage et le dévouement dont Mme de Rosthorn avait fait preuve sur un territoire français.

Une chose étonne tout le monde dans cette histoire du siège de Péking : c'est la façon dont les assiégés ont pu se nourrir pendant deux longs mois. Il y avait aux légations près de 50 personnes, et jamais les vivres ne manquèrent.

C'est grâce à l'intelligente et courageuse initiative d'un sujet suisse, M. Chamot, propriétaire de l'hôtel de Péking, que les assiégés ne furent pas réduits par la famine.

Au début des hostilités, quand les Européens s'enfermèrent et se fortifièrent dans leurs concessions, il comprit le danger qui menaçait tout ce monde si le siège durait longtemps.

Prenant avec lui le personnel de son hôtel, qu'il arma, ses coolies et ses mules, il partit à cheval, accompagné de sa courageuse femme, traversa une partie de la ville, atteignit un parc à bestiaux appartenant à des Chinois et, revolver au poing, ramena aux légations un petit troupeau, au milieu des Chinois menaçants et vociférant, mais n'osant pas l'attaquer.

Il faut ajouter également que, dans chaque maison des légations, il y avait un certain nombre de chevaux et de mulets qui naturellement furent sacrifiés pendant le siège. Il y a lieu de remarquer, en outre, que, dans tous les ménages, il y avait des quantités de conserves et une bonne provision de vin.

Détail curieux : plusieurs fois les Chinois firent passer aux assiégés des provisions envoyées par l'impératrice de Chine. L'arrivée de ces vivres (des fruits généralement), d'ailleurs insuffisants pour nourrir tous les Européens pendant quarante-huit heures, étonna beaucoup ceux-ci.

Sans doute, la perfide et rusée souveraine comptait, dans le cas où le siège des légations échouerait, arguer de cet envoi après les hostilités pour prouver ses bonnes intentions à l'égard des Européens et prétendre que le soulèvement avait lieu malgré elle.

Les munitions étaient aussi précieuses que les vivres à Péking. Si le détachement français a pu tenir jusqu'au bout, c'est grâce à l'admirable discipline du feu que le lieutenant de vaisseau Darcy sut imposer à ses hommes dès le premier jour.

Les marins avaient emporté de leurs bords 200 cartouches par homme environ. Après un siège de deux mois et des combats incessants, ils avaient encore 80 cartouches chacun. En tenant compte des cartouches des morts, on voit quelle absence de tout affolement, quelle admirable discipline furent nécessaires à ces combattants de chaque jour. Leur conduite, comme celle de leurs officiers, fut d'ailleurs admirable. Celle du lieutenant de vaisseau Darcy fut au-dessus de tout éloge. L'extrême modestie de ce jeune officier ne permit de connaître l'héroïsme de sa conduite que petit à petit, d'après les détails chaque jour dévoilés par des témoins de ses actes de vaillance. C'est par miracle qu'il échappa à la mort, seul des officiers français. Nous avons vu qu'un jour il fut enseveli par une mine et retiré par miracle de dessous les décombres. Les deux autres officiers français, le capitaine Labrousse et l'aspirant Herbert, ainsi qu'un second-maître de canonnage furent tués. A la fin du siège, le détachement français avait perdu deux officiers sur trois, 10 marins tués et 22 blessés sur 45.

Le détachement autrichien avait eu son chef, le commandant Thomann, et 3 marins tués et 11 blessés sur un effectif de 35 hommes.

Deux volontaires français, MM. Wagner et Gruintgens, étaient également tués.

Aucune légation n'eut un bilan pareil. Celle d'Angleterre n'eut que 3 tués et 19 blessés sur 82 présents.

Délivrance du Pé-Tang.

Nous avons vu plus haut que, dans la conférence tenue à Péking le 15 août par les généraux alliés, il avait été décidé que le général Frey serait chargé de la délivrance de Pé-Tang, et que cette opération aurait lieu le lendemain.

Un rapport de M. Pichon, en date du 1er septembre, contient le récit très intéressant de cette action de guerre, à laquelle il a assisté avec les autres membres du personnel de la légation.

Rapport de M. Pichon sur la délivrance du Pé-Tang et l'occupation des jardins du palais impérial.

Péking, le 1er septembre 1900

Aussitôt après l'entrée des troupes internationales à Péking, je me suis occupé, comme l'expose le journal annexé à ma dépêche politique du 28 août, de faire délivrer le Pé-Tang. J'avais demandé pour cela le concours des Anglais et des Américains, notre corps expéditionnaire n'étant pas encore dans la capitale et les Russes ne pouvant, d'après une déclaration de M. de Giers, nous fournir immédiatement le contingent nécessaire.

Dès que le général Frey fut arrivé, je me concertai avec lui. Malheureusement, les forces qu'il possédait n'étaient pas suffisantes pour procéder seules à l'expédition, et il fut convenu que les Américains adjoindraient 500 hommes aux effectifs dont il disposait.

Mais l'opération projetée ne put avoir lieu le 15 août, comme nous le désirions, le général américain ayant déclaré qu'il ne se croyait pas en mesure d'en assurer le succès avant que les Chinois eussent été chassés de plusieurs positions où ils étaient installés et d'où ils nous feraient beaucoup de mal.

J'insistai vivement auprès du commandant en chef de nos troupes pour qu'il s'entendît sans retard avec ses collègues étrangers en vue d'ajourner le moins possible une expédition dont il reconnaissait, comme moi, toute l'urgence. Il en arrêta les conditions d'exécution avec les généraux anglais et russe, qui lui donnèrent chacun 400 hommes, c'est-à-dire des forces numériques presque égales à celles qu'il pouvait lui-même mettre en ligne. Il eut ainsi sous ses ordres un corps de 1.200 hommes comprenant de la cavalerie (Cosaques), de l'infanterie et de l'artillerie, qui se réunit le 16 août, à 5 heures du matin, près la porte Tsien-Men, d'où il partit pour déloger l'ennemi de la route et des alentours du Pé-Tang.

J'accompagnai le général, ainsi que MM. d'Anthouard, Morisse, Berteaux, Filippini, les docteurs Matignon et Talayrach, Feit, Saussine ; Neillot, interprète de l'Indo-Chine ; Bouillard et Vilden, agents du chemin de fer Hen-Kéou—Péking ; Bartolin, représentant du Crédit Lyonnais ; Merghelynch, premier secrétaire de la légation de Belgique. Le plan était celui-ci : chasser les Chinois de la porte de Choun-dje-men, où ils paraissaient être en assez grand nombre et d'où ils tiraient sur les Américains, installés à la porte Tsien-Men ; dégager la grande voie qui, de la porte Choun-dje-Men, conduit à la bifurcation de la rue où se trouve la porte Si-hoa-Men (entrée de la ville impériale) ; prendre cette rue, forcer cette porte, au delà de laquelle s'élevaient des barricades défendues par de nombreux soldats ; s'emparer de ces barricades et pénétrer à l'évêché.

Les guides de l'avant-garde furent le docteur Matignon et M. Berteaux. Je fis route avec l'état-major, auquel se joignirent également les autres membres du personnel de la légation et les civils français ou étrangers venus en même temps que lui.

Il avait été décidé que les Anglais, qui formaient l'arrière-garde, établiraient deux canons sur la porte Tsien-Men, d'où ils bombarderaient celle de Choun-dje-Men dès qu'ils entendraient le feu de nos pièces, également dirigé sur cette porte. L'ennemi serait ainsi attaqué de deux côtés à la fois.

Ce plan fut ponctuellement exécuté. Deux de nos canons de montagne furent mis en batterie dans la direction de la porte de Choun-dje-Men quand nous fûmes parvenus dans son voisinage. Les obus anglais partis de Tsien-Men s'ajoutèrent aux nôtres, et les soldats chinois s'enfuirent aux premiers coups.

En vingt minutes, l'accès de la porte et de la muraille, balayée par les feux de salve, nous fut ouvert, et nous pûmes y monter sans rencontrer d'autre résistance. Nous y trouvâmes une trentaine de canons des calibres les plus divers et des origines les plus variées : des obusiers, des pièces du XVIIe siècle et du commencement du XIXe, des krupps de construction récente et de modèles perfectionnés. Il y avait aussi de grands fusils de rempart à capsule, encore en usage dans l'armée chinoise, où ils sont habituellement portés par trois hommes.

La colonne continua sa marche en prenant la rue perpendiculaire à la porte, où une garde fut laissée. Aucun obstacle sérieux ne fut rencontré jusqu'à la porte de Si-hoa-Men, qui était fermée et devant laquelle étaient arrivés déjà les Japonais, qui, ne possédant pas d'artillerie, ne pouvaient pas l'enfoncer. Elle fut cependant ouverte, sans que nous eussions à employer le canon.

Voici comment. Des soldats français étaient montés sur le mur de la ville impériale, à gauche de la porte, tandis que des soldats japonais s'étaient hissés sur le mur de droite. Ils tiraient à feux convergents sur les barricades chinoises et sur les endroits où l'ennemi s'était retranché. Un Japonais escalada le mur au haut duquel il se trouvait et, sous le tir des Chinois, réussit à ouvrir la porte. En même temps, le capitaine d'infanterie de marine Marty descendait de l'autre côté, dans la ville impériale, avec un certain nombre d'hommes et tournait les positions chinoises. Par la porte béante, une grêle de balles avait été dirigée sur nous, et nous n'avions eu que le temps de nous rejeter le long des maisons qui bordent la rue. Mais, quand les Chinois se virent attaqués par derrière, ils prirent peur, leur feu se ralentit ; les Japonais en profitèrent pour se précipiter sur les barricades en poussant des cris furieux, et elles furent enlevées en quelques instants. Une de nos pièces de campagne, placée sous la porte, bombarda les maisons et les pagodes où Boxeurs et soldats s'étaient retirés. La voie ne tarda pas à devenir suffisamment libre pour nous permettre de nous y engager sans subir trop de pertes, et nous pénétrâmes au Pé-Tang, où notre arrivée, attendue avec une anxiété qu'on devine, fut accueillie par des transports de joie.

De toutes les défenses organisées pendant le siège, celle de l'évêché de Péking est peut-être la plus étonnante et la plus remarquable. Il y avait une population considérable : plus de 3.000 chrétiens indigènes s'y étaient réfugiés. Mgr Favier avait avec lui son coadjuteur, Mgr Jarlin, treize prêtres français (trois missionnaires, deux pères lazaristes et huit maristes), un étudiant autrichien, huit prêtres et cent onze séminaristes chinois. Les sœurs de Charité, dont la maison dite du Jen-Tse-Tang n'est séparée du Pé-Tang que par une rue assez étroite, étaient au nombre de vingt. La garnison militaire chargée de protéger les missionnaires, les sœurs et les réfugiés n'était que de quarante-deux hommes : trente et un Français pour le Pé-Tang, onze Italiens pour le Jen-Tse-Tang. Un certain nombre de chrétiens chinois possédaient des lances, des sabres et des piques. Quelques séminaristes étaient armés de fusils.

Du 20 juin au 16 août, plusieurs milliers de soldats ou de Boxeurs, qui ont eu par moments jusqu'à 14 canons, dont 3 krupps, à leur disposition, ont entièrement bloqué les deux établissements. Leurs attaques se sont produites de tous côtés, principalement du sud-ouest (palais du prince Ly), du sud-est (pagode bleue) et du nord-est (pagode des lamas).

Ils ont usé plus de 2.500 projectiles d'artillerie (shrapnels, obus, boulets de tous calibres, envoyés parfois par d'énormes pièces fabriquées en Europe au commencement du dix-septième siècle) et plusieurs millions de cartouches. Ils ont jeté plus de 500 gerbes de paille pétrolée, des fusées, des sacs incendiaires et des mèches inflammables. Ils ont creusé sept mines, sur lesquelles quatre ont éclaté ; trois ont été éventées.

Le siège a fait 400 victimes, dont 38 Chinois tués au feu, 120 enfants morts de faim, 51 engloutis dans une explosion de mine, 80 femmes mortes de misère et de maladie, 5 matelots français et leur officier, 6 matelots italiens, le visiteur et le supérieur des frères maristes, 1 missionnaire français, M. Chavannes, etc. Nos marins ont eu 9 blessés et les Italiens 3.

Un des problèmes les plus difficiles était d'assurer la subsistance d'une population aussi nombreuse. Toutes les provisions ont été absorbées, et il n'y avait plus que pour deux jours de vivres à la ration strictement nécessaire pour ne pas mourir de faim quand les troupes sont arrivées.

Au début, la nourriture, composée de sorgho, millet, blé, riz, était de huit onces par personne ; elle a été ensuite de quatre onces (pendant un mois) ; elle n'était plus que de deux onces depuis huit jours quand nous sommes entrés. La troupe a toujours eu de la viande (18 animaux ont été tués), du pain, du vin, du café et du cognac. Le 16 août, il restait encore une mule vivante. Les oignons, les racines des plantes et les feuilles des arbres avaient été mangés par les chrétiens chinois.

Ce n'était pas assez de délivrer l'évêché et l'établissement des sœurs de l'ennemi qui les assiégeait : il importait de purger sans retard les environs des soldats et des Boxeurs qui s'y trouvaient en grand nombre et qui pouvaient tenter un retour offensif, poursuivre leurs travaux de mine, tirer sur quiconque se hasarderait à leur portée. Le général Frey prit immédiatement des dispositions pour les détruire. Après un arrêt de quelques minutes au Pé-Tang, nous reprîmes la route qui, de la porte Si-hoa-Men, conduit au palais impérial.

Les Chinois s'étaient retranchés dans les cours, les ruelles et les maisons de droite et de gauche. Les Russes montèrent sur les murs et sur les toits, pendant que nos soldats pénétraient à l'intérieur des rez-de-chaussées. Une fusillade extrêmement vive s'ensuivit, au cours de laquelle plusieurs centaines de Chinois furent tués. Dans une seule tranchée, nos volontaires, composés pour la plupart des membres du personnel de la légation, surprirent et tuèrent une trentaine de réguliers. Nos troupes eurent quatre morts et cinq blessés, et les pertes des Russes furent à peu près égales aux nôtres.

Bientôt le silence se fit : les cadavres des Chinois jonchaient les abords des jardins impériaux, dont les Japonais avaient franchi les portes quand nous y entrâmes à notre tour. Le drapeau français ne tarda pas à être hissé devant un pavillon construit au delà d'un premier pont de marbre sur lequel nous traversâmes un lac couvert de nénuphars en fleurs. Quelques minutes après, nous passions un second pont de marbre, et nos trois couleurs flottaient sur le Peï-Ta, sorte de tour blanche édifiée par le premier empereur des Tsing, de laquelle on découvre un magnifique paysage. Puis, nous traversâmes un troisième pont de marbre, et, après quelques coups de fusil, nous arrivâmes au Mée-Chan, dont le portier, nous dit-on, se suicida quand nous en forçames l'entrée.

Ce jardin de plaisance est formé d'une montagne artificielle de 200 pieds de haut et de 1.100 mètres de tour. Son nom chinois signifie « montagne de charbon », et il vient de ce que, d'après la légende, l'élévation du terrain serait constitué par un amas de charbon préparé pour le cas de siège. Au pied, se trouvent des pavillons dont plusieurs sont l'objet d'une vénération particulière. L'un d'eux, consacré au culte des ancêtres de la dynastie, fut choisi comme quartier général par le commandant en chef de nos troupes. Les Russes et les Anglais en occupèrent deux autres.

Les drapeaux des trois détachements alliés qui venaient de prendre part à l'opération militaire si heureusement menée furent déployés au sommet des kiosques qui dominent la montagne, autour de laquelle les campements des troupes furent installés.

Signé : PICHON.

Voici, d'autre part, ce que dit le lieutenant de vaisseau Darcy de cette opération :

Les marins italiens, autrichiens et français forment l'avant-garde de la colonne qui marche sur le Pé-Tang ; mais cette marche n'est qu'une promenade militaire qui est faite l'arme à la bretelle, du moins jusqu'à la porte de Si-hoa-Men, porte du palais impérial près de laquelle se trouve le Pé-Tang.

Là, nous aurions pu avoir quelques difficultés ; mais, au moment où nous nous disposons à enfoncer cette porte à coups de canon, les Japonais, qui occupent tout ce quartier depuis la veille, l'ouvrent et pénètrent les premiers dans la ville impériale, où ils essuient une violente fusillade qui abat plusieurs d'entre eux. Ils enlèvent cependant les positions chinoises avec un courage admirable, et nous n'avons qu'à les suivre pour arriver à l'évêché. C'est alors seulement que nous apprenons la mort de mon pauvre camarade Henry et celle de quatre de ses hommes.

Nous avons dû, avant de nous engager dans la grande rue de Choundje-Men, qui devait nous conduire au Pé-Tang, chasser les Chinois qui occupaient sur la muraille la porte du même nom ; mais ils ont disparu, en abandonnant tout, au premier coup de canon tiré sur cette porte. Nous n'avons eu qu'à tirer quelques coups de fusil pour activer leur course, déjà très rapide.

Après le rapport très intéressant et très complet de M. Pi-

chon, il ne reste plus grand'chose à dire sur la délivrance
du Pé-Tang. Il me semble utile, cependant, de donner le journal que Mgr Favier a écrit de ce siège mémorable. On y trouvera détaillés les épisodes dramatiques auxquels fait allusion
M. Pichon.

Ce journal, que nous trouvons dans le numéro du *Journal*
du 16 novembre 1900, commence le 30 mai, jour où l'on acquit
la preuve que les Boxeurs étaient aidés par les troupes régulières et le gouvernement chinois.

Signalant à peine les premiers événements des affaires de Chine,
Mgr Favier rapporte, pour commencer véritablement, qu'à la date du
1er juin M. le ministre de France vient amener au Pé-Tang la moitié
du petit détachement qu'il a reçu de Tien-Tsin, bien que le Tsong-li-
Yamen eût spécifié que les troupes européennes étaient destinées à la
garde unique des légations.

— Qu'il en soit à jamais remercié! s'écrie Mgr Favier, pour qui la
présence de l'enseigne de vaisseau Paul Henry à la tête des marins
français est une satisfaction qu'il enregistre le lendemain 2 juin.

Le 3 marque une audace à signaler. En l'absence de Sa Majesté, le
prince Tsing ayant été désigné pour recevoir l'évêque de Péking, qui
avait été délégué par le souverain pontife pour offrir une lettre et un
présent à l'impératrice, Mgr Favier est reçu dans le palais du prince,
entouré de hauts mandarins. Lettre et cadeaux sont remis avec le cé-
rémonial impérial et acceptés avec des témoignages de respect et de
reconnaissance si considérables que le délégué de Sa Sainteté n'hésite
pas à remettre, pour l'impératrice, un placet dans lequel il exposait
la situation actuelle et demandait la punition des Boxeurs.

Le prince voulut bien s'en charger, et, le lendemain 4 juin, le journal
note que le placet a bien été remis à l'impératrice.

Qu'en a-t-elle pensé? Le même jour, l'examen que l'enseigne Henry
fait au Pé-Tang préoccupe autrement les futurs assiégés. L'établissement a 1.400 mètres de muraille. C'est beaucoup pour trente mathu-
rins ; mais il y a, en outre, soixante-dix Européens, mille chrétiens
et près de deux mille deux cents femmes et enfants. On décide qu'en
cas d'attaque trop violente tout le monde se réunira dans l'église, et
l'on s'emploie à préparer un plan de défense.

Les 5 et 6 marquent l'agrandissement du péril ; le 7 enregistre la
rentrée au Pé-Tang des maristes de Cha-la-Eul ; le 8 rappelle que les
villages brûlent de tous côtés et qu'on entend partout des coups de
fusil ; enfin, le 9 annonce que quelques Boxeurs font une apparition
dans le Rou (la partie nord du parc impérial dans lequel est construit
le Pé-Tang).

Le lundi 11 juin, Monseigneur écrit :

« Du haut de notre église, nous voyons flamber les résidences d'été
des Européens, aux collines de l'Ouest. A 9 heures, de nombreux

Boxeurs passent avec leurs étendards le long du mur de la ville jaune. Alerte sérieuse. »

Le 12 juin, il continue ainsi :

« Nous saisissons deux païens et un eunuque, qui s'étaient introduits furtivement dans notre propriété pour y mettre le feu, et nous les livrons à la police. A 11 heures, les Boxeurs incendient d'immenses meules de paille attenantes à la maison des sœurs de Cha-la-Eul. Une nouvelle alerte fait prendre les armes à 7 heures du soir, mais elle n'a pas de suite. »

Le 13 juin :

« A midi, nous apprenons que le cimetière français est complètement brûlé et détruit ; le gardien, sa femme et ses enfants ont été massacrés. Mauvaise nuit : incendies et cris de mort un peu partout ; les femmes se réfugient dans l'église. A 9 h. 1/2, nous voyons flamber notre belle église Saint-Joseph, au Toung-Tang. Vers 10 heures, bruit sinistre : on entend les Boxeurs qui donnent le mot d'ordre à l'ouest de notre établissement. A 11 heures, deux chrétiens du Toung-Tang nous confirment l'incendie de ce monument. On veille jusqu'au matin, car les trompes des Boxeurs sonnent de tous côtés. »

Le 14 juin :

« A 8 heures du matin, nous voyons, du haut de l'église, le Toung-Tang qui flambe toujours. Plus de communications, car les portes de la ville jaune sont fermées et gardées par les troupes du prince Tuan. A 11 h. 1/2, horrible spectacle : l'ancienne cathédrale du Nan-Tang, la résidence, le collège, l'hôpital et l'orphelinat sont en feu.

Le 15 juin :

« Cette nuit, les cris de mort des Boxeurs ont rempli l'espace autour de nous : « Cha ! cha ! » (Tuons ! tuons ! », « Chao ! chao ! » (Brûlons ! brûlons !). Toutes les sœurs ont fait la sainte communion. Du reste, à 7 heures, le sud, l'est et l'ouest de nos établissements sont cernés par une foule innombrable de Boxeurs. Leurs horribles cris se font entendre ; nous allons certainement être attaqués. Les sœurs et tous leurs enfants viennent à la cathédrale, où se trouvent déjà dix-huit cents femmes ou bébés, affolés de peur.

» Il n'était que temps : les Boxeurs arrivent par le sud à 7 h. 3/4. Leur chef, à cheval, est un lama ou un bonze ; il précède un immense drapeau rouge, autour duquel marchent des jeunes Boxeurs ayant subi les incantations.

» Tous sont habillés de rouge ; ils brûlent des bâtons d'odeur, font des prosternations à l'entrée de notre rue du Sud, puis s'avancent en troupe serrée.

» Les marins de notre grande porte les laissent approcher jusqu'à deux cents mètres, puis leur envoient des feux de salve nourris, qui couchent quarante-sept de ces « invulnérables ». Les milliers de Boxeurs qui suivaient s'enfuient ; nous sortons du Pé-Tang et rapportons cinq sabres et une lance, tandis que les fuyards mettent le feu aux maisons qui nous avoisinent du côté du sud.

» Nous sommes préservés, mais une populace de dix mille personnes prêtes à piller rend les Boxeurs furieux. Nous les entendons redoubler leur tapage et leurs féroces hurlements, mais nous constatons qu'ils n'osent attaquer de nouveau.

» Cette première affaire, un peu chaude, prouvait la lâcheté de nos ennemis. Elle donna de l'espoir à nos chrétiens, que nous avions fini par armer de cinq cents lances et qui, excités par un premier succès, promettent de veiller sur les quatorze cents mètres de muraille. »

Samedi 16 juin :

« A midi et demi, cris des Boxeurs, arrivée des soldats réguliers venus pour nous attaquer. Notre fournisseur de grains, menacé de mort s'il nous donne le moindre approvisionnement, se refuse à nous vendre sa marchandise. A 4 h. 1/2, un incendie immense se déclare à la porte du Tsien-Men. »

17 juin :

« Soirée très mouvementée ; les Boxeurs et leurs feux se voient tout autour de nous. »

18 juin :

« Plusieurs canons ont été amenés au sud de nos établissements. Une pluie torrentielle empêche heureusement l'attaque. A 6 heures du soir, l'enseigne Henry compte jusqu'à dix pièces tournées de notre côté. »

21 juin :

« M. le lieutenant de vaisseau Darcy, supérieur de M. Paul Henry, lui écrit : « Vous avez dû recevoir l'ordre de rallier, mais restez à votre » poste pour le moment. »

» Heureusement pour nous que cet ordre de rallier ne lui est jamais parvenu. »

Vendredi 22 juin :

« De ce jour, nous restons complètement bloqués. Nous sommes environ trois mille quatre cents, dont soixante et onze Européens. Nous avons des vivres pour plus d'un mois, et notre armement est représenté par les quarante fusils des marins, sept ou huit fusils entre les mains de Chinois chrétiens, quelques mauvais sabres et cinq cents bâtons garnis de fer.

» Un mandement avait fixé pour aujourd'hui la consécration du vicariat au Sacré-Cœur.

» Vers 6 h. 1/2, un prêtre en lisait les premiers mots au pied de l'autel, quand un obus vient briser un vitrail de l'église et tuer une pauvre femme. Tout le monde était réuni dans l'église, et une panique bien compréhensible s'empare de l'assistance.

» On évacue l'église au bruit des coups de canon, qui se succèdent à chaque minute. Plusieurs colonnettes en briques et des fenêtres géminées volent en éclats. Quatorze pièces Krupp tirent sans interruption des bombes shrapnel ; la façade de notre cathédrale est très maltraitée, les clochetons sont en miettes, mais la croix centrale de marbre reste debout.

» A 3 h. 1/2, l'attaque est encore plus violente, et, tandis que nous croyons approcher de la fin, un canon ordinaire chinois, placé à trois cents mètres de notre entrée, nous envoie un boulet plein, qui fait sauter un battant de la grande porte.

» Surexcités par tant d'audace, l'enseigne Henry et Mgr Jarlin entraînent quatre marins et une trentaine de chrétiens. La petite troupe sort sous une salve bien nourrie et, malgré l'intense fusillade, s'empare du canon pour le ramener avec eux.

» Bien qu'on nous eût envoyé 530 coups de canon, nous n'avions à déplorer que la perte de trois hommes et une femme, plus deux blessés. C'était peu pour tant de poudre brûlée. »

23 juin :

« Un adroit pointeur a envoyé une bombe au pied même de la croix de marbre qui surmonte la façade de la cathédrale. Brisée, elle est tombée sur le parvis, mais elle reprendra sa place.

» Quand le bombardement cesse, à 4 heures, nous n'avons compté que 360 coups de canons. »

Dimanche 24 juin :

« Les soldats réguliers abrités derrière les murs des maisons brûlées nous tirent des milliers de coups de fusil Mauser. A midi, nous n'avons compté que 30 coups de canon à boulets pleins ; mais, vers 4 heures, une batterie de 4 pièces vient s'installer dans le Rou. Les Tartares envoient sur l'église et sur les cours des obus meurtriers, prenant en enfilade tous nos postes de l'Est.

» Deux chrétiens sont tués ; mais des salves, envoyées de 750 mètres, éteignent sans tarder le feu de l'ennemi. 50 Tartares sont tués et leurs canons disparaissent.

» Le moral est relevé d'autant mieux que l'état sanitaire n'est pas encore mauvais. Dieu veuille que nous ayons encore assez de vivres jusqu'à l'arrivée de l'armée de secours ! »

25 juin :

« Des fusils de remparts nous envoient une grêle de projectiles, tandis que les Boxeurs mettent quelques mannequins sur les toits des maisons, croyant nous faire gaspiller nos munitions. Il reste 275 cartouches par homme, et on ne les emploiera qu'à bonne occasion. »

26 juin :

« Les Boxeurs mettent le feu à toutes les maisons qui nous avoisinent. Ils placent des échelles sur le mur impérial pour nous fusiller sans relâche. »

27 juin :

« Dès 6 heures, les Boxeurs nous attaquent encore vers le sud. Comme la première fois, des feux de salve bien dirigés les rejettent au loin de notre grande porte. On se lance à leur poursuite pour ramasser les armes qu'ils ont jetées ; mais, au cours de cette sortie, un second-maître est blessé à l'épaule. Du haut des maisons, des échelles et des échafaudages, l'ennemi couvre nos cours et nos vérandas de projectiles. Une jeune fille est tuée ; une femme est blessée grièvement à la tête.

» A 11 heures du soir, une bande nombreuse de Boxeurs lancent des bombes incendiaires et des flèches enflammées contre notre grande porte, qu'ils arrosent de pétrole pendant que les soldats réguliers font pleuvoir une grêle de balles de Mauser. Mais tout le monde tient bon, et la grande porte est encore sauvée. »

28 juin :

« Dans la soirée, nous comptons jusqu'à 42 coups de fusil à la minute. Les Boxeurs recommencent leur attaque contre la grande porte. Furieux, nos gens risquent une sortie, se précipitent sur les Boxeurs qui arrosent nos murs de pétrole, en tuent dix et mettent les autres en fuite. Ils ramènent deux pompes à pétrole contenant encore cent litres de pétrole chacune, de la poudre, du plomb, des caisses de toutes sortes. »

30 juin :

« La matinée est attristée par la mort du second-maître Joannic. Nous le croyions sauvé quand la gangrène s'est mise dans ses blessures et l'a emporté. Hélas ! nous n'avons ni médecin ni chirurgien !

» A 5 h. 1/2, nous l'enterrons au plus vite, car les balles pleuvent sans miséricorde sur le cimetière improvisé. Du reste, nous avons été bombardés dès midi. »

A partir de cette triste journée, la famine et la maladie vont atteindre les malheureux assiégés. Mais suivons le journal.

Dimanche 1er juillet :

« Pour la première fois, nous commençons à manger de la viande d'âne ; les mulets et les chevaux viendront ensuite ; nous en avons dix-huit en réserve. La petite vérole s'est déclarée chez les enfants. »

Lundi 2 juillet :

« Plus de légumes, plus d'herbes salées, même pour nos pauvres Chinois chrétiens. Ils commencent à perdre l'entrain des premiers temps. Heureusement encore que les attaques sont moins vives, car l'atmosphère est humide et le thermomètre marque 38 degrés.

» Il y a douze jours que nous sommes sans nouvelles du dehors. Que c'est long !

» Les coups de canon qu'on a entendus ce matin, au Sud, n'annonçaient-ils pas les renforts ? »

3 juillet :

« Il pleut à verse, et la pluie nous inquiète, car, si la saison pluvieuse commençait déjà, il faudrait abandonner tout espoir de délivrance... Il pleut toujours, et la nouvelle se répand qu'il n'y a plus de tabac. Or — tout le monde fumant en Chine — la consternation est générale.

» Certains assiégés commencent à travailler des feuilles de poivrier ; séchées et pulvérisées, elles remplaceront le tabac absent. »

4 juillet :

« On enterre maintenant quinze enfants par jour. A midi, soldats et Boxeurs établissent une large plate-forme en terre sur le mur Jaune pour y placer sans doute des canons propres à nous bombarder à revers. Dix de ces bandits sont abattus par nos tireurs. Nous nous servons donc du canon pris aux ennemis, et des horlogers chrétiens réfugiés au Pé-Tang font d'excellentes cartouches Lebel, Mauser et autres. »

Le lendemain 5 juillet :

« Nous réussissons à fabriquer également de la poudre pour le canon, que nous plaçons face aux pièces qui nous menacent du Nord. »

6 juillet :

« Nous commençons à craindre la famine. Riz, blé, fèves, millet, tout est pesé exactement ; le total est meilleur que nous l'espérions : près de 60.000 livres. A une livre par personne et par jour, cela nous donne vingt journées à vivre.

» A 5 heures du soir, un bruit insolite se fait entendre. C'est une fusée à la Congrève lancée sur l'église et qui traverse un vitrail, laissant après elle une longue traînée de feu. Cet engin perce un toit aussi bien qu'un boulet plein, et présente de plus un très grand danger d'incendie. »

7 juillet :

« Pendant deux heures, les Boxeurs lancent sur nos toitures des pots à feu ; 250 s'enflamment, tandis que nous usons, avec succès, des moyens préventifs d'incendie dont nous disposons.

» A 6 heures, le canon du Nord tonne. On riposte par des feux de salve et quelques coups de notre pièce, mise en position. Les Tartares, étonnés, remplacent leur canon par un Krupp, dont le premier obus vient couper notre pointeur en plusieurs morceaux.

» Vers le soir, des bombes chinoises succèdent aux obus et aux fusées reçus dans la matinée. Nous comptons 360 coups de canon en douze heures, et il y a lieu de considérer cette journée comme une des plus désastreuses. »

Dimanche 8 juillet :

« La canonnade recommence de plus belle dès 9 heures. La tour de l'horloge est complètement découronnée. Total : 102 coups de canon. »

9 juillet :

A 5 heures du matin, les Boxeurs recommencent à jeter leurs pots à feu. 107 coups de canon et fusillade nourrie toute la journée. »

10 juillet :

« Le combat recommence à 10 heures ; les canons du Nord ne cessent de nous démolir ; au sud, deux pièces font beaucoup de mal à notre grande porte et à l'église. Des feux de salve les font taire un instant ; mais les artilleurs chinois installent des boucliers en fer pour abriter leurs pointeurs.

» A la grande porte, le matelot David reçoit une balle dans la tête et meurt une demi-heure après.

» 107 boulets pleins de 25 livres ont été tirés, et l'un d'eux, après avoir fait voler en éclats la fenêtre de notre chambre, tombe sur le lit que je venais de quitter... »

Et le brave évêque qui a écrit ces lignes d'ajouter :

« Encore un miracle : nous ne les comptons plus.

» On répare au plus vite une casemate qui s'était écroulée. Durant les travaux, exécutés sous la fusillade, une balle Mauser traverse le chapeau de Mgr Jarlin. Elle emporte une bande du cuir chevelu : quelques millimètres plus bas et je n'avais plus de coadjuteur.

» Vers 1 h. 1/2, le bombardement recommence, quand une explosion terrible fait trembler toutes nos maisons. Une colonne de terre et de pierres s'élève à plus de trente mètres de haut à l'est du Jen-Tsé-Tang. Nous y courons tous. C'était une mine, qui, heureusement, n'avait pas été poussée assez loin. Un seul tué, quelques blessés, diverses maisons ébranlées qu'il va falloir étayer. »

12 juillet :

« Cette nuit, nous avon été mettre le feu dans les maisons occupées, hier encore, par les Boxeurs, et on y a trouvé 20 caisses à pétrole, des sabres, des fusils qu'on a laissés aux caprices des flammes.

» La matinée est des plus calmes. Mais de 10 h. 1/2 à 6 heures d'énormes boulets commencent à pleuvoir sur la grande porte, qui est maintenant dans le plus triste état. »

13 juillet :

« La crainte des mines nous décide à faire une exploration dans la nuit. On trouve quelques entrées de mines et on rapporte des rouleaux de fils électriques destinés probablement à enflammer les poudres. A midi, le canon recommence ; un matelot est grièvement blessé à la tête par des éclats de briques ; un autre est fortement contusionné. »

14 juillet :

« Quelques chrétiens courageux vont mettre le feu aux maisons qui gênent le tir de la grande porte. Au Jen-Tsé-Tang, un marin italien est tué d'une balle à la tête. Un chrétien qui veut voir d'où est parti le coup meurt également victime de sa curiosité. »

Dimanche 15 juillet :

« Dès 9 heures, les canonniers chinois recommencent leur œuvre de destruction. Les pièces du Sud et du Sud-Ouest font d'immenses dégâts à la grande porte. 140 coups dans la journée.

» Ils continuent la nuit venue, et nous nous livrons, de notre côté, à de nouvelles explorations nocturnes : deux mines inachevées sont encore découvertes et détruites. »

16 juillet :

« Pots à feu, boulets, nous arrivent, de 9 heures du matin à 10 heures du soir : une chrétienne est tuée ; un matelot a les yeux blessés par des éclats de briques. »

17 juillet :

« La journée la plus calme du siège. On commence une neuvaine à sainte Anne, patronne de nos braves marins bretons ; notre cher commandant portera l'ex-voto que nous promettons si nous sommes délivrés. »

18 juillet :

« Depuis quelques jours, on a entendu des coups sourds au côté ouest du Jen-Tse-Tang, sous le mur Jaune, et nous activons les travaux d'une contre-mine déjà avancée. A 11 heures, nous constatons un déménagement du côté de la pagode des Lamas, qui nous avoisinent à l'est. Plus de 50 voitures emportent des caisses et des hommes. Est-ce l'armée de secours qui arrive ?... Les Lamas croient-ils plutôt que le quartier va sauter ?... Hélas ! la seconde hypothèse était la vraie.

» A 5 heures, explosion d'une nouvelle mine : 25 morts, 28 blessés ; toute la partie ouest du Jen-Tse-Tang en ruine !

» On se précipite, on attend l'attaque des Boxeurs : ils ne viennent pas. Parmi les morts se trouve un frère mariste, et l'explosion a jeté la panique. Partout on croit entendre des bruits souterrains ; les femmes et les enfants, affolés, courent de tous côtés et finissent par se réfugier dans la cathédrale. »

19 juillet :

« Enterrement du frère mariste Joseph ; échange de coups de fusil avec les Boxeurs. Le marin Franc, qui s'est trop découvert, reçoit une balle dans la tête et meurt aussitôt. »

20 juillet :

« Nos chrétiens vont encore brûler les maisons dangereuses ; vers 6 heures du soir, les Boxeurs incendient, de leur côté, une maison voisine. On signale encore des travaux de mine chez les sœurs, mais nous avons peine à faire travailler nos chrétiens, qui n'ont pas oublié la catastrophe du 18. »

21 juillet :

« Les vivres deviennent rares. Avec beaucoup d'économie, nous pourrons encore tenir quinze jours. On essaie d'en aller chercher dans une petite boutique éloignée à peine de 200 mètres ; mais soldats et chrétiens doivent rentrer les mains vides. »

Dimanche 22 juillet :

« La fusillade s'est maintenue toute la nuit ; l'ennemi craint évidemment que nous n'allions aux provisions. Deux chrétiens sont blessés et un matelot a l'œil gauche crevé par une balle. Un de nos Chinois nous signale des Boxeurs faisant un fossé derrière le mur Jaune. Quatre hommes montent aux échelles et abattent une vingtaine de malfaiteurs et deux mandarins. »

23 juillet :

« Les conques et les trompettes ne cessent de se faire entendre l'après-midi. A 4 heures, nous sommes attaqués par plusieurs milliers de Boxeurs et autant de réguliers. L'attaque a lieu simultanément au nord, à l'est et au sud. La mort de quelques marins, les blessures graves de quelques autres nous privent de cinq fusils, mais nous avons embrigadé et exercé autant de maristes ou de grands séminaristes chinois non encore dans les ordres, de sorte que nos trente Lebel sont toujours au complet. Il y a, au surplus, dix Italiens chez les sœurs, et c'est précieux, car l'attaque est des plus vives. Boxeurs, lamas, réguliers, au nombre de plus de mille, veulent tenter l'escalade. Ils laissent 150 morts sur le terrain et prennent la fuite.

» De rage, les soldats du prince Tuan déchargèrent toutes leurs munitions du côté de notre grande porte, et, pendant une heure, nous envoyèrent plus de 5.000 balles Mauser. »

24 juillet :

« Malgré les tristesses du moment, nous ne pouvons nous empêcher de rire en apercevant des Boxeurs à turban jaune et des lamas embrigadés portant un drapeau français. Les conques résonnent de nouveau, et du haut de l'église on aperçoit d'innombrables drapeaux et des lanternes sur les murailles de la ville. Une nouvelle mine a été reconnue et éventée. »

25 juillet :

« Journée assez tranquille. Nos marins abattent une dizaine de brigands en train de faire des tranchées derrière le mur Jaune. »

26 juillet :

« Un audacieux Boxeur a porté contre notre mur de l'Est une grosse bombe qui a éclaté et nous a fait croire à une nouvelle explosion de mine Un prêtre de notre congrégation, M. Chavanne, meurt presque subitement. Quelques jours auparavant, il avait été blessé d'une balle probablement empoisonnée, car elle a provoqué la variole noire qui l'a emporté. »

27 juillet :

« Des fusées lancées la nuit nous font supposer que les légations communiquent avec les troupes de secours. »

28 juillet :

« Nous recommençons à nous préoccuper sérieusement de la nourriture ; nous fixons la ration à 8 onces par jour et par personne. Cela nous permettra de vivre encore huit journées.

» Le canon se fait réentendre vers 10 heures ; une pièce est braquée à cent mètres du Jen-Tsé-Tang.

» Nous en abattons les pointeurs, mais elle est transportée un peu plus loin et nous envoie 75 projectiles. »

Dimanche 29 juillet :

« Le bombardement continue. Les soldats tirent 115 coups à boulets pleins. Les balles sont si nombreuses que nos créneaux sont démolis ; trois chrétiens sont frappés à mort.

» La nuit a été mauvaise. On n'a cessé de tirer sur le Jen-Tsé-Tang. Dès 7 heures du matin, les canons ouvrent un feu appuyé par une violente fusillade de soldats réguliers. L'enseigne Henry est sur la brèche avec 12 hommes, tandis que les Boxeurs entrent surchargés de fascines pétrolées qu'ils enflamment contre le mur Nord.

» Le brave Henry se multiplie : plusieurs centaines de Boxeurs sont tués ; malheureusement, deux matelots sont blessés par une même balle, qui frappe également au cou notre bien-aimé enseigne. A peine descend-il de l'échafaudage qu'une seconde balle Mauser l'atteint au côté ; malgré ces deux blessures mortelles, il se tient debout encore un instant, semblant lutter contre une force invisible qui l'étreint, puis s'affaisse enfin dans les bras d'un prêtre, qui lui donne les derniers sacrements.

» Vingt minutes après, il expirait en brave soldat, en vrai chrétien.

» Nous n'avons pleuré qu'une fois pendant le siège : ce fut ce jour-là. »

31 juillet :

« Le quartier-maître Elias prend le commandement du détachement, et Mgr Jarlin se charge de veiller dorénavant sur le moral de nos Bretons.

» Ce jour-là, les Boxeurs nous lancent des flèches auxquelles plusieurs exemplaires de la même lettre sont suspendus. Elle contenait à peu près ceci : « Chrétiens du Pé-Tang, réduits à la plus profonde » misère, mangeant des feuilles d'arbre, pourquoi résister avec tant » de rage, quand vous ne le pouvez plus ? Nous avons contre vous des » canons et des mines, et vous sauterez avant peu. Vous avez été » trompés par les diables d'Europe ; mais revenez à l'ancienne reli-» gion de Fouo, et livrez-nous Mgr Favier et les autres. Ainsi faisant, » vous aurez la vie sauve et serez assurés de nourriture, tandis que » vous, vos femmes et vos enfants serez coupés en morceaux si vous » agissez contrairement. »

1ᵉʳ août :

« Bien entendu, nul n'eut la tentation d'accepter ces offres ; aussi les Boxeurs reviennent-ils par le Nord dès 6 heures du matin. Ils ne sont que trois ou quatre cents, et on en tue au moins 50 en quelques instants. »

2 août :

« Nous diminuons la ration de nos chrétiens et des nôtres : l'affaiblissement est général. Les chiens qui se nourrissent des cadavres des Boxeurs sont guettés, chassés et tués par les plus affamés de nos assiégés, qui ajoutent à cette triste nourriture aux feuilles d'arbres et aux racines de toutes sortes. »

3 août :

« On dirait presque que nous ne sommes plus surveillés, tant les coups de fusil sont rares. »

4 août :

« Nous sommes encore laissés tranquilles le jour ; mais la fusillade recommence la nuit, violente et acharnée. Sans nul doute, les Boxeurs et les réguliers savent que nous sommes à la dernière extrémité et veulent nous empêcher d'opérer des sorties. »

Dimanche 5 août :

« On ne résiste pas à la famine et, en dépit des balles, des boulets, des bombes, la question de vivre est la seule qui nous préoccupe.

» Nous faisons peser tout ce qu'il est possible de manger. Le poids total est de 7.000 livres, soit sept jours de nourriture à raison de 1.000 livres par jour pour les 3.000 personnes que nous comptons. »

6 août :

« Quelques chrétiens, ne pouvant plus supporter la faim, sortent encore. Trois sont pris par les Boxeurs, qui les emmènent pour les couper en morceaux. A cette tristesse vient s'en ajouter une autre : un matelot en faction à la grande porte reçoit une balle dans l'œil droit. Déjà trois borgnes parmi nos pauvres soldats. »

7 août :

« Heureusement que les soldats et les Boxeurs ne nous attaquent que faiblement, car nos chrétiens sont tellement affaiblis que l'ennemi, s'il tentait un assaut, ne trouverait pas 25 de nos 500 lanciers en état de les repousser. »

8 août :

« Fusillade relâchée ; un chrétien, qui recueillait des feuilles sur un arbre, tombe frappé d'une balle. »

8 août :

« Nous éventons une mine qu'il pressait de détruire.
» Un chrétien est tué, deux sont blessés. »

10 août :

« Nous réfléchissons avec épouvante que nous serons sans vivres dans deux jours. Nous mettons de côté 400 livres de riz et une mule » — la jolie mule bien grasse de Monseigneur, une forte bête qui vaut certainement quatre cents taëls et qu'on a fait venir de très loin pour Son Excellence — « pour que nos braves marins puissent nous défendre pendant dix jours encore. »

» Nous posons ensuite une question au conseil grave qui nous réunit : « Réserverons-nous quelque chose pour nous-mêmes et les sœurs? » A l'unanimité, la réponse est : « Non ! »

» Quelqu'un fait cependant timidement remarquer que nous sommes encore plus à plaindre que ces pauvres gens, qui, du moins, peuvent encore manger des feuilles d'arbre, ce que nous ne pourrions faire nous-mêmes.

» On décide alors qu'un pain de deux livres sera fait pour chacun de nous, qui conserverons cette suprême réserve dans nos chambres.

» En réduisant les rations à deux onces par personne, nous sommes assurés de six journées. Mais quelles journées, bien que l'eau ne manque pas ! »

11 août :

« La veille, on a aperçu un ballon captif à l'Est, et notre confiance a gagné à voir planer l'aérostat inconnu. Soixante coups de canon, une mine découverte et détruite au sud-est de la grande porte. Un courrier, parti pour les légations prévenir le ministre que nous étions à la dernière extrémité, ne revient pas.

» Pris par les Boxeurs, il est écorché vif, et ses bourreaux exposent sa peau et sa tête à quelques mètres de notre mur d'enceinte.

« Pauvre jeune homme! ajoute Mgr Favier, je ne l'oublierai pas plus que cette pauvre chrétienne qui, privée de lait, vint m'implorer une nuit.

» Les Chinois faisaient alors la cuisine de feuilles d'arbre et de ra-ébréchées ou dans tout autre récipient, et il fallait voir aussi les chréébréchées ou dans tout autre récipient, et il fallait voir aussi les chrétiennes se priver de leur maigre portion pour nourrir leurs bébés. Une trentaine au moins avaient encore augmenté la population de la Chine pendant ces deux mois, et celle dont je vous parle, accouchée de la nuit, s'en vint se jeter à mes pieds pour me dire : « Evêque, évêque, » fais-moi donner un bol de petit millet pour que j'aie un peu de » lait ! »

» Je dus lui refuser, la larme à l'œil : il n'y en avait point. »

Dimanche 12 août :

« A 6 h. 1/4 du matin, explosion formidable. Une mine, plus terrible que toutes les autres, éclate chez les sœurs.

» Nous y courons tous. Heureusement la plupart des enfants et des sœurs étaient à entendre la messe dans la chapelle ; sans cela, la moitié du personnel sautait. Les dégâts sont effrayants : toute la partie est du Jen-Tsé-Tang n'est plus qu'un amas de décombres.

» Un cratère de 7 mètres de profondeur sur 40 de diamètre marque le lieu de l'explosion : 5 marins italiens et leur officier ont disparu, plus de 80 chrétiens, dont 51 enfants de la crèche, sont enterrés pour jamais sous cet immense chaos.

» Malgré une pluie de balles, on vole au secours des blessés, et c'est en faisant son devoir de sauveteur que le frère Jules-André trouve la mort. Nos marins français, accourus aussi, tuent une cinquantaine de Boxeurs, qui essayaient de pénétrer.

» Le commandant du détachement italien, quoique resté enseveli trois quarts d'heure sous terre, est retiré. Il pourra être sauvé ; mais, de ses cinq marins, trois sont déjà morts et les blessures des deux autres, retrouvés encore vivants, ne laissent aucun espoir. »

13 août :

« Un petit poste de marins français s'est installé hier au Yen-Tse-Tang pour défendre la brèche, qui a au moins 80 mètres de large, et, comme les autres, les hommes dont il est composé sont à la dernière extrémité. Tout le monde souffre de la faim. L'abattement est général.

» Pourtant les coups de canon répétés que l'on entend au loin nous laissent encore un peu d'espoir.

» A 11 heures, une nouvelle mine, peu importante, saute au Jen-Tsé-Tang, sans que nous y fassions grande attention. Dans la soirée, on entend les Boxeurs crier : « Les diables d'étrangers approchent! Peut-être allons-nous mourir, mais vous sauterez tous avant. »

» A 4 heures, le marin Robours est tué d'une balle reçue en plein front. »

14 août :

« Nos derniers vivres seront épuisés demain !

» Un combat terrible doit se livrer au Sud-Est, car nous entendons de ce côté des salves de fusil, et les vomissements des mitrailleuses et des canons. Les drapeaux chinois ne s'aperçoivent plus sur les murailles, et, quand le bombardement semble augmenter, nous voyons passer des fuyards, puis des gens qui déménagent.

» Il est alors 11 heures, et, malgré les boulets qu'on nous tire de tous côtés, l'espoir renaît dans nos cœurs.

» Evidemment, c'est l'armée de secours qui attaque Péking.

» A 5 heures du soir, nous apercevons, à l'aide d'une forte longue-vue, cinq officiers étrangers et un marin faisant des signaux au haut des murailles de l'Est.

» Non loin de là, flotte un pavillon américain et, au bruit des salves qui se multiplient, nous voyons emporter de deux à trois cents blessés chinois. »

15 août :

« Avant le jour, une porte de Péking flambe vers l'Est.

» De 7 à 9 heures, le bruit de la mitraille devient incessant : l'armée donne l'assaut probablement ! A l'endroit où se voyaient les cinq officiers se trouvent maintenant des soldats. Le canon qui nous bombardait a été enlevé ; on me signale un Européen et sa dame qui se promènent sur les remparts.

» Tout l'est de la capitale est en feu. Et, au petit nuage de fumée blanche qui monte au-dessus du palais impérial, nous avons reconnu les effets des bombes à la mélinite dont les grandes toitures ont été gratifiées.

» Jusqu'à 9 heures du soir, nous avons espéré être délivrés ; mais ce sera pour demain. Il reste 400 livres de nourriture pour trois mille personnes.

» La Providence semble avoir compté les grains de riz..., car — ajoute l'évêque — qui aurait pu compter plus juste ? »

16 août :

« Je venais de célébrer la messe de 6 heures, lorsque j'entendis des feux de salve violents d'un troupe nombreuse arrivant par le Sud.

» Vers 7 h. 1/2, les feux s'étaient rapprochés sensiblement, et avant 8 heures ils se faisaient entendre à 300 mètres de nous, derrière la porte Jaune appelée Si-Hoa. Cette porte avait été fermée ; de nombreux soldats réguliers l'occupaient, et, dans la rue qui part de cette porte pour aller au palais impérial, plusieurs solides barricades, faites de sacs de riz, étaient défendues par 1.500 hommes, armés de fusils à tir rapide.

» De ce côté de la porte, nous voyions encore des Boxeurs et des réguliers chinois, postés dans les maisons crénelées ou percées d'embrasures ; de l'autre côté, des soldats dont la nationalité était difficile à reconnaître.

» Quelques-uns d'entre nous croyaient voir des soldats européens, d'autres des soldats chinois, et nous ne savions pas si c'était une suprême attaque ou la délivrance qui se préparait.

» A tout hasard, je sonnai par trois fois, sur un clairon, « la casquette du père Bugeaud ». Aucune sonnerie, aucun hourra n'y répondit du dehors, mais on répondit au dedans... par une grêle de projectiles tirés sur nous.

» Une bombe éclata à mes pieds ; j'eus le temps de me garer derrière une colonne en briques, ainsi qu'un missionnaire qui était près de moi.

» Au bout d'une demi-heure, un courageux chrétien, monté sur le mur Jaune, en redescend bien vite pour venir me dire : « Ce sont certainement des Européens ; j'ai vu un officier habillé en blanc et paré de galons.

» Déjà nous avions arboré au sommet de l'église un grand drapeau français avec le signal : « Demandons secours immédiat. » Les directeurs du séminaire portèrent alors un nouveau pavillon à 200 mètres plus au nord et renouvelèrent les sonneries de clairon.

» L'officier aperçu vint au drapeau. On lui passa une échelle, et il serra la main de mon coadjuteur, qui s'était porté de ce côté. C'était un capitaine japonais, qui dit : « Pouvez-vous nous ouvrir la porte » de la ville Jaune ? »

» On lui répondit que c'était impossible, vu notre petit nombre, et il reprit en hâte : « Eh bien, je vais essayer de la faire sauter. »

» Là-dessus, il repassa de l'autre côté du mur, et à ce moment on vit une nouvelle troupe, habillée de bleu, s'avancer rapidement avec de l'artillerie.

» — Cette fois, me cria-t-on, plus de doute, ce sont les Français.

» Ils allèrent droit au drapeau, placèrent quelques échelles de leur côté. Nous fîmes de même du nôtre, et en quelques minutes cinquante hommes de la compagnie Marty étaient chez nous avec leur capitaine.

» Pendant ce temps, les Japonais, escaladant le mur plus au sud, avaient ouvert un battant de la porte. L'artillerie française, placée vis-à-vis, acheva l'œuvre, et, malgré une fusillade de plusieurs milliers de coups de feu à la minute, on se précipita sur les barricades.

» Les soldats d'infanterie de marine entrés au Pé-Tang avaient eu le temps de traverser notre établissement et d'aller prendre la grande barricade à revers, après avoir escaladé, brûlé les maisons crénelées et passé leurs défenseurs à l'arme blanche.

» La bataille était finie ; plus de 800 cadavres de Boxeurs ou de réguliers chinois gisaient à terre ; nous n'avions à déplorer que deux hommes tués et trois blessés, dont le capitaine Marty.

» Il était environ 10 heures du matin. Depuis un quart d'heure le ministre de France et le général Frey étaient au Pé-Tang. Inutile de dire qu'on s'est embrassé de bon cœur et mutuellement félicité.

» Nous étions délivrés, et délivrés par des soldats français. »

5ᵉ PARTIE

**Péking. — Séjour à Péking. — Retour à Tien-Tsin.
Arrivée des renforts. — Départ pour France.**

PÉKING

La ville de Ki. — Jadis, à peu près à la place que devait plus tard occuper Péking, s'élevait la ville de *Ki*. En 1121 avant Jésus-Christ, elle fut donnée en apanage aux descendants de l'empereur Yao par Ou-Ouang, fondateur de la dynastie des Tchéou. On voit encore aujourd'hui, dans un pavillon en tuiles jaunes appelé Hoang-T'ing, et situé à cinq *li* au nord-ouest de Péking, une stèle en marbre blanc, sur laquelle l'empereur K'ien-loung, de la dynastie actuelle, a fait graver l'éloge de Ki. Une inscription dit que là était percée une des portes de la ville. C'est la seule donnée topographique au sujet de l'ancien Ki.

De 723 à 221 avant notre ère, Ki est donné, dans les annales, comme la capitale du royaume de Yen, assez fameux, en ces temps, dans le nord de la Chine.

Ki fut pris et complètement détruit par Ts'in-che-hoang-ti, qui s'empara de toute la Chine en 221 avant Jésus-Christ.

La ville de Yeou-Tchéou. — Les Han reconstruisirent une nouvelle ville avec le même nom de Ki, puis de Yen. On donne encore, dans les livres, cette dernière appellation à Péking.

Sous la dynastie des T'ang (618-907 de l'ère chrétienne), la même ville s'appela Yeou-Tchéou et devint la résidence d'un gouverneur général militaire. La ville, qu'on rebâtit, n'occupait pas le même emplacement que la première Ki. En effet, le *Je-sia-kiou-ouen-k'ao*, grande compilation où se trouve réuni tout ce qui a été écrit sur Péking et les vingt-six districts qui en dépendent, nous apprend que, d'après un monument bien authentique, la porte Ouest de la ville impériale actuelle, appelée Si-Nyan-men, était à cinq *li* au nord-est de Yeou-Tchéou. Une autre inscription porte que le temple Min-Tchoung-sse, maintenant Fa-yuen-sse, fut bâti en 645 dans l'angle sud-est de Yeou-Tchéou. Ainsi, Yeou-Tchéou occupait, au nord-ouest de Péking moderne, une petite partie de la ville tartare et une partie plus grande de la ville chinoise. En 986, elle fut prise par les Léao, qui la détruisirent et sur son emplacement bâtirent leur capitale.

La capitale des Léao. — Les Léao appelèrent d'abord cette nouvelle ville Nan-King, capitale du Sud, en opposition avec leur autre capitale située au nord, dans le Léa-Toung. En 1013, ce nom fut changé en celui de Yen-King. L'histoire et les monuments indiquent clairement la position de la nouvelle cité. Le *Je-sia* dit que l'endroit appelé maintenant Léouli-tch'ang était, au temps des Léao, un faubourg est de Yen-King, nommé Haè-ouang-Tsoun. A l'ouest du temple de l'Agriculture, Sien-noung-t'an, se trouve le four à briques Hée-yao-tch'ang, qu'une inscription place aussi, à cette époque, à l'est de la capitale.

La ville avait trent-six *li* de circuit; elle était carrée; ses murs, percés de huit portes, avaient trente pieds de haut, et le palais impérial s'élevait vers l'angle sud-ouest.

Enfin, on voit encore aujourd'hui un reste de murailles au nord, près du temple Pé-yun-kouan, et au sud, près du village Ouo-fang-iin, un angle de mur assez étendu, que l'on s'accorde à regarder comme ayant fait partie des anciens remparts de la capitale des Léao.

Ainsi, la position relative de plusieurs monuments, le périmètre de son carré, un angle de ses remparts, la direction du mur du Nord, ce sont là des données plus que suffisantes pour retracer, sans peine, le plan topographique de la capitale des Léao.

En 1135, la dynastie tartare des Kin renversa celle des Léao et vint, en 1151, s'établir dans leur capitale.

La capitale des Kin. — Les annales de cette dynastie nous apprennent que les Kin ne détruisirent pas la capitale des Léao, mais l'agrandirent, c'est-à-dire, comme les documents historiques le montrent, bâtirent sur le côté Est une autre ville, qui, avec l'ancienne, forma la nouvelle capitale des Kin et fut appelée Tchoung-tou. En dehors des murs et au nord, ils bâtirent des palais d'été et de vastes jardins, parmi lesquels est signalé le K'ioung-hoa-tao. C'est aujourd'hui le Pé-t'a-chan qu'on voit dans la ville impériale.

Il est dit d'ailleurs que la ville des Kin était au sud de la ville tartare. L'ouvrage *Pé-p'ing-t'ou-king-tche-chou* affirme, de son côté, que la capitale mongole fut construite à trois *li* au nord de la ville des Kin. Or, ces diverses désignations manqueraient d'exactitude si l'emplacement de la capitale des Kin avait été le même que celui de la capitale des Léao.

Marco-Polo dit que Kambalick était contigu à l'ancienne ville des Kin, et qu'une rivière seulement les séparait. Les deux cités avaient donc au moins à peu près la même longueur sur un de leurs côtés. Les temples indiqués dans la capitale des Kin : Fa-yuen-sse, Kouang-ngen-sse, Pé-yun-kouan, T'ien-ning-sse, T'ou-ti-miao, se trouvent, il est vrai, dans l'anicenne capitale des Léao; mais on comprend que la ville nouvelle des Kin ne pouvait avoir alors de monuments. Le *Ta-kin-kouo-tche* dit que la ville avait douze portes et soixante-quinze *li* de périmètre. D'après le même auteur, elle était composée de quatre villes, et les Mongols, pour s'en emparer, durent faire le siège de chacune. Ces quatre villes étaient évidemment la ville des Léao, celle des Kin et leurs deux palais fortifiés.

On peut conclure de ce texte que le mur Est des Léao n'avait pas été détruit et séparait encore les deux capitales; autrement, l'auteur n'aurait pu parler que de trois villes : une grande enceinte unique et celles des deux résidences impériales.

Le *Taè-tsou-ché-lou* dit que Houng-ou, premier empereur des Ming, fit mesurer la ville du Sud (Nan-tch'eng) et lui trouva environ trente *li* : c'était l'ancienne capitale des Kin prise toute seule, à laquelle, par rapport à la ville mongole appelée ville du Nord, la désignation de ville du Sud convenait parfaitement bien.

Ainsi, la capitale des Léao comptant trente-six *li*, celle des Kin trente *li*, on aurait, d'après ces données, un périmètre de soixante-six *li* pour l'ensemble de Tchoung-tou.

Elle s'étendait un peu moins à l'est, mais plus à l'ouest et plus au sud que la ville chinoise actuelle.

C'est seulement lorsqu'on bâtit cette dernière, vers le milieu du seizième siècle, que les murs de la capitale des Kin furent détruits.

En 1215, Gengiskan renversa la dynastie des Kin et, pendant un demi-siècle, leur cité fut le chef-lieu d'une province mongole.

Koubilaïkan, petit-fils du conquérant, quitta Karakoroum et eut d'abord l'intention de restaurer la capitale des Kin, mais il aima mieux bâtir, en 1264, une nouvelle ville, au nord de l'ancienne.

La capitale des Yuen. — En 1271, cette nouvelle capitale fut nommée Ta-tou (grande capitale), en mongol *Kambalick* (ville du grand Kan). Le *Je-sia* nous apprend que le palais des empereurs mongols occupait à peu près la même place que le palais impérial actuel. Il ajoute qu'en 1272 la tour de la Cloche et celle du Tambour furent bâties au milieu de la capitale. La tour du Tambour n'a pas été détruite, mais la tour de la Cloche actuelle est récente, et l'ancienne se trouvait un peu plus à l'est, à l'endroit occupé maintenant par le temple Ouang-ning-sse. Les ouvrages chinois assignent ordinairement à Kambalick soixante *li* de circuit; d'après Marco-Polo, elle était carrée et avait six milles de côté. Le *Yuen-che* donne les noms des onze portes de la ville.

Nous lisons dans le *Je-sia* que la muraille méridionale de Kambalick fut élevée à trente *pou* (pas) au sud du temple K'ing-chéou-sse, aujourd'hui Chouang-t'a-sse, c'est-à-dire à 1 *li* 30 plus au nord que le mur Sud de Péking actuel. Il ajoute que Houng-ou, trouvant la capitale mongole trop grande, donna l'ordre de la diminuer de cinq *li*, en reportant la muraille septentrionale jusqu'au petit fleuve Kao-léang-ho.

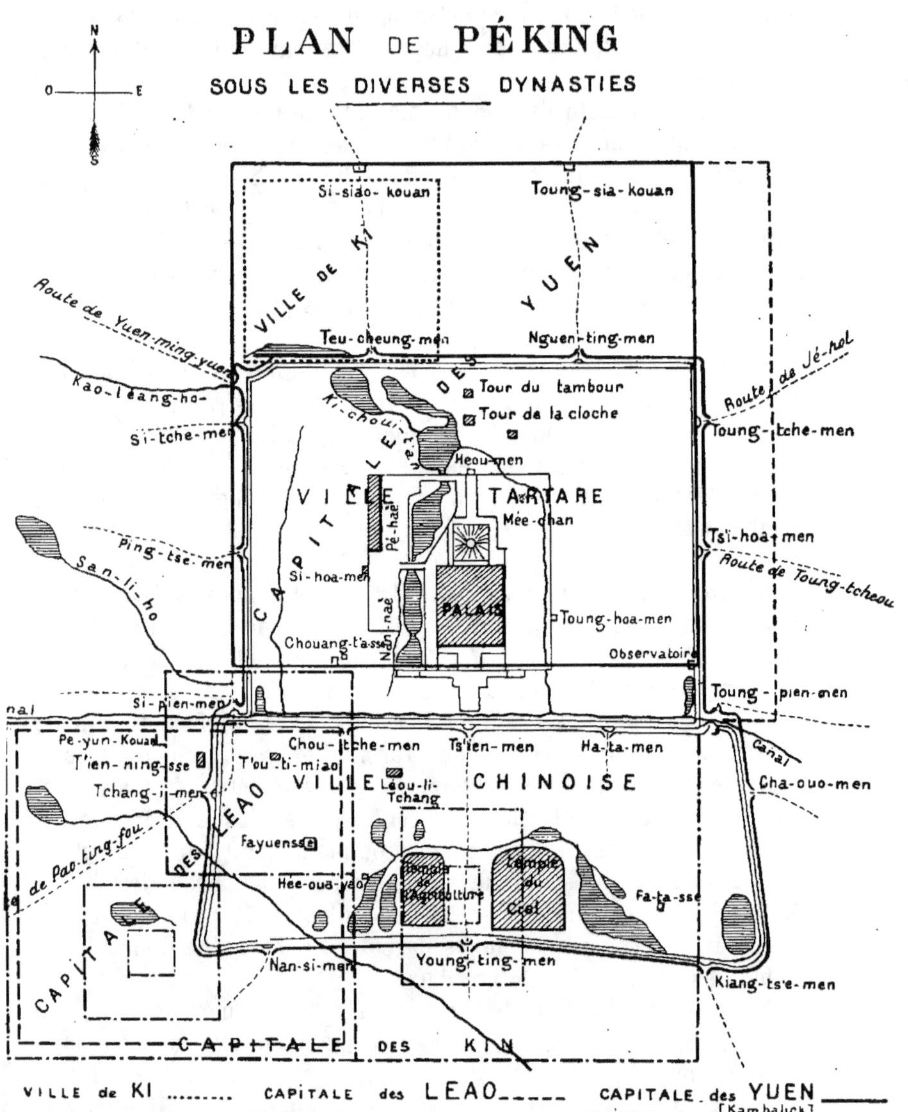

PLAN DE PÉKING
SOUS LES DIVERSES DYNASTIES
N
O   E
S
Si-siao-kouan
Toung-sia-kouan
VILLE DE KI
YUEN
Route de Yuen-ming-yuen
Kao-léang-ho
Si-tche-men
Teu-cheung-men
Nguen-ting-men
Route de Jé-hol
Ki-choui-tan
Tour du tambour
Tour de la cloche
Toung-tche-men
Heou-men
CAPITALE DES
VILLE   TARTARE
Pé-haï
Mée-chan
Ping-tse-men
San-li-ho
Si-hoa-men
Tsi-hoa-men
Route de Toung-tcheou
Nan-naé
PALAIS
Chouang-t'a-sse
Toung-hoa-men
Observatoire
Si-pien-men
Toung-pien-men
nal
Pe-yun-Kouan
T'ien-ning-sse
Tchang-i-men
Chou-tche-men
T'ou-ti-miao
Tsien-men
Ha-ta-men
Canal
VILLE   CHINOISE
Léou-li-Tchang
Cha-ouo-men
DES LEAO
de Pao-ting-fou
Fayuensse
Hee-ouâ-yao
Temple de l'Agriculture
Temple du Ciel
Fa-ta-sse
CAPITALE
Nan-si-men
Young-ting-men
Kiang-tse-men
CAPITALE   DES   KIN
VILLE de KI .... CAPITALE des LEAO _ . _ . _ CAPITALE des YUEN ___
[Kambalick]
CAPITALE des KIN _ . . _ . _ CAPITALE des MING ===

On voit encore, à cinq *li* au nord de cette rivière, les anciens murs en terre de Kambalick, avec deux ouvertures nommées Toung-siao-Kouan et Si-siao-Kouan, évidemment à l'endroit où se trouvaient les anciennes portes.

On admet généralement que les murailles orientale et occidentale de Kambalick étaient au même endroit que celles de la ville actuelle.

Sur ces données, on peut calculer exactement le périmètre de la capitale mongole. En effet, le mur septentrional de Péking actuel ayant été construit à 5 *li* plus au sud et le mur méridional à 1 *li* 30 également plus au sud que celui de Kambalick, ceci donne pour le périmètre actuel 10 *li* en plus et 2,60 en moins, soit 7 *li* 40, en faveur de la capitale mongole.

Or, Péking ayant aujourd'hui 41 *li* 26, Kambalick devait avoir 48 *li* 66.

Si, au contraire, on veut retrouver à peu près le périmètre indiqué par les livres chinois, il faudrait adopter l'opinion de quelques auteurs, qui pensent que les restes d'un mur en terre courant à plus de deux *li* parallèlement au mur Est de la ville actuelle, depuis le canal de Toung-tchéou jusqu'à la porte de T'si-hoa-men, faisaient partie du mur oriental de Kambalick.

La capitale des Ming (Péking actuel). — En 1368, la dynastie chinoise des Ming chassa les Mongols, qui s'en retournèrent dans la terre des herbes, où ils reprirent leur vie nomade. Houng-ou (1368-1399) changea d'abord le nom de Ta-tou en celui de Pé-p'ing-fou.

En 1409, Young-lo quitta définitivement Nan-King pour venir se fixer à Pé-p'ing-fou, qui s'appela désormais Pé-king, la capitale du Nord. Ce n'est qu'en 1437 que les murs, jusque-là en terre battue, comme ceux de Kambalick, furent revêtus d'un parement de briques; c'est ce qu'on nomme aujourd'hui la ville tartare, qui renferme la ville impériale Hoang-tch'eng et le palais impérial Tseu-kin-tch'eng.

Les murailles, avec leurs créneaux, ont quarante et un pieds de haut; leur épaisseur est de soixante pieds à la base et de cinquante au sommet. Voici les mesures prises avec le plus grand soin par MM. Fleuriais et Lapied, officiers de la marine française, venus à Péking en 1874 pour observer le passage de *Vénus*.

Mur du Sud..........	6.690 mètres, soit..........	11 *li* 64
Mur du Nord........	6.790 — soit..........	11 *li* 80
Mur de l'Est..........	5.330 — soit..........	9 *li* 27
Mur de l'Ouest......	4.910 — soit..........	8 *li* 54
Au total.........	23.720 mètres, soit..........	41 *li* 26

La ville chinoise, située au sud de la précédente et appelée Nan-Tch'end, ville du Sud, fut construite en 1524 par Léou-pé-ouen, grand ministre de l'empire, et entourée de murs en 1564.

Description de Péking.

Quatre cités, tout à fait différentes, forment la ville de Péking.

1° *La ville violette réservée* (Tse-kin-tch'eng), ainsi nommée parce que jadis on ne devait employer que du mortier violet pour les constructions, de là *Tse* (violet). Cette ville est absolument interdite, et personne ne peut y pénétrer, d'où le mot *kin* (réservé); enfin, cette enceinte est fort étendue, d'où le mot *tch'eng* (ville).

2° *La ville impériale* (Hoang-tch'eng), ainsi nommée du mot *Hoang* (empereur) et du mot *tch'eng* (ville). On lui donne à tort le nom de *ville jaune*, confondant le mot *hoang* (jaune) avec le mot *hoang* (impérial).

3° *La ville tartare*, nommée Née-tch'eng, parce qu'elle est en dedans, c'est-à-dire au nord; d'où le mot *Née* (en dedans) *tch'eng* (ville).

4° *La ville chinoise* (Nan-tch'eng ou Ouaè-louo-tch'eng); elle est au sud et a été adjointe à la précédente, comme l'indiquent les mots *Nan* (sud), *louo* (ajoutée) et *Ouaè* (en dehors).

1° Tse-kin-tch'eng.

Au centre de Péking, se trouve la ville réservée à l'empereur, contenant ses palais de réception et ses appartements privés. Du nord au sud, celle-ci mesure 1.006 mètres; de l'est à l'ouest,

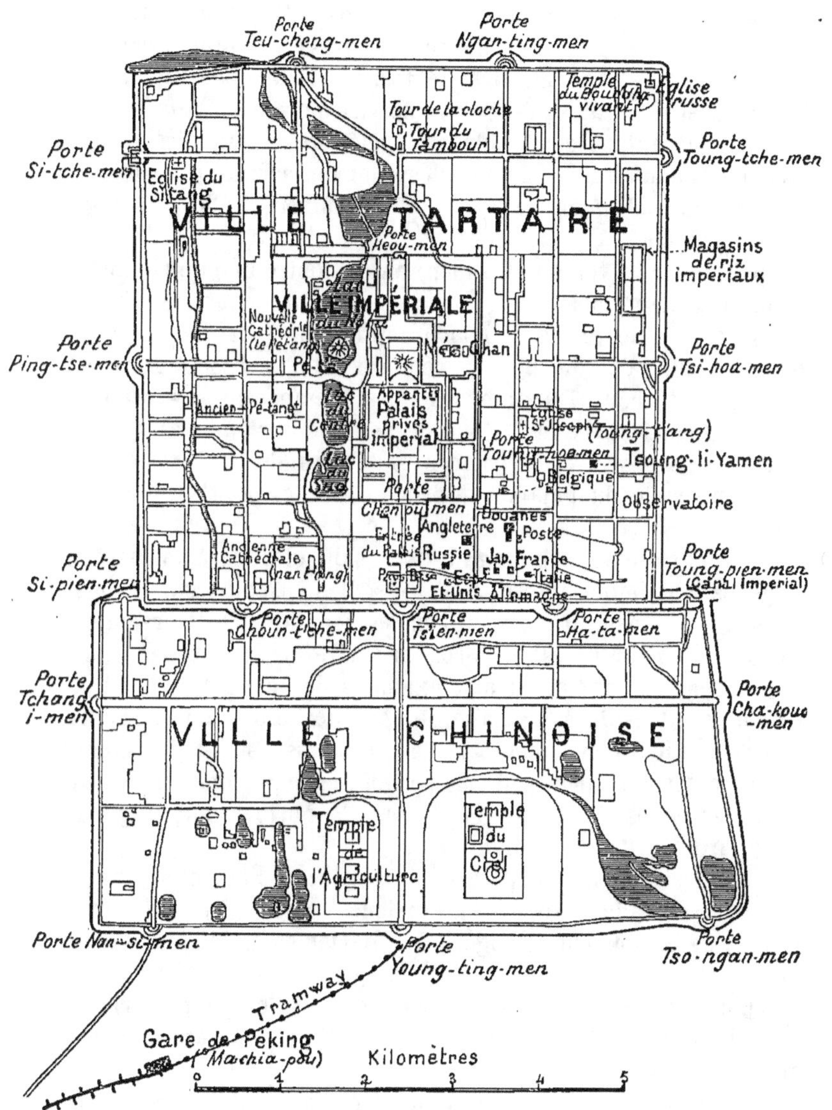

Plan de Péking.

786 mètres. Un mur crénelé de 22 pieds d'élévation l'entoure, ainsi qu'un fossé de 60 mètres de large, rempli d'eau. A l'extérieur, entre les murs et le fossé, existe une enfilade de casernes et de magasins pour le service de garde. Aux quatre angles sont autant de pavillons appelés *kiao-léou*, c'est-à-dire pavillons angulaires; les murailles sont percées de quatre portes : au sud, Ou-men; au nord, Chen-oumen; à l'est, Toung-hoa-men; à l'ouest, Si-hoa-men.

Après avoir traversé le Ou-men, on rencontre une autre porte, nommée T'aè-ho-men, donnant accès dans une cour magnifique où se trouve le grand palais T'aè-ho-tien. C'est la salle du trône, la salle d'audience, la première salle de réception; c'est là que sont reçus les ambassadeurs; l'empereur s'y rend le jour de sa naissance et le jour de l'an, pour s'offrir aux prostrations et aux vœux des princes et des grands.

Aucune salle du palais n'approche celle-ci pour la magnificence.

Vient ensuite le Tchoung-ho-tien, salle des cérémonies, de la généalogie impériale, où sont présentés à l'empereur les instruments d'agriculture, les grains, les échantillons des récoltes. En remontant toujours au nord, on arrive au Pao-ho-tien, salle du conseil, servant aussi aux examens des candidats à l'Académie des Han-Lin et de salle des Annales. Puis, on rencontre le Ts'ien-ts'ing-men, donnant accès au palais Tsien-ts'ing-koung ou appartements privés du souverain; enfin, le Kiao-t'aè-tien, salle des noces; le K'oun-ning-koung, la porte K'oun-ning-men et le jardin à fleurs Yu-hoa-yuen.

Toute cette ligne de palais est bordée à l'est et à l'ouest par une muraille percée de plusieurs portes, ce qui forme encore deux nouvelles rangées d'appartements, le Toung-leou-koung et le Si-leou-koung; c'est là que se trouvent les palais des impératrices, d'où viennent les noms des deux impératrices : *Toung-t'aè-heou* (impératrice de l'Est) et *Si-t'aè-heou* (impératrice de l'Ouest).

On trouve aussi, dans ces deux enfilades de droite et de gauche, les appartements des concubines, des servantes, des eunuques; les infirmeries, les salles de comédie, les magasins de soieries, pelleteries, vêtements, thé, médecines et beaucoup

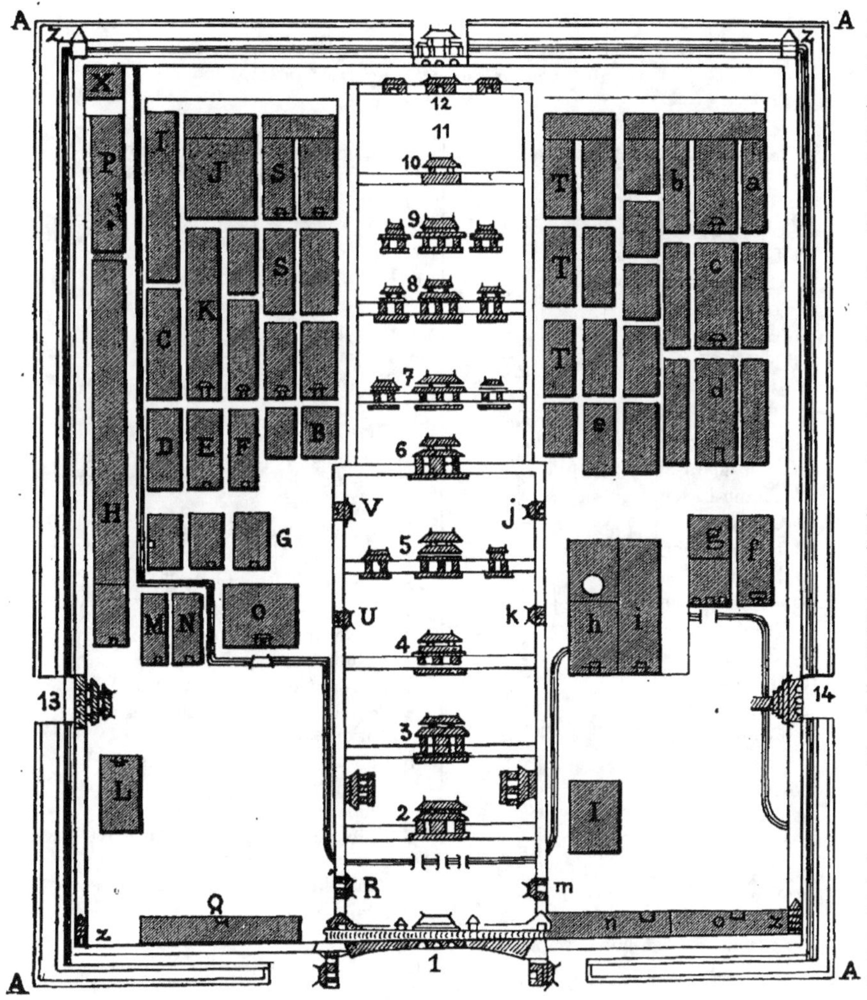

Plan du Palais impérial de Péking.

Palais impérial de **Péking** (Légende).

A Murailles, fossés, maisons des gardes.
B
C Chéou-ngan-koung.
D Lao-koung-tch'ou.
E Chéou-k'ang-koung.
F Ts'e-ning-koung.
G Tsao-pan-tch'ou.
H Née-ou-fou.
J Si-hoa-yuen.
K Tchoung-tcheng-tien.
L Nan-sun-tien.
M Sien-ngan-koung.
N Chang-i-kien.
O Ou-ing-tien.
P Kouang-tchou-sse.
Q Nan-fou.
a a Yuè-che-léou.
b Yang-sin-tien.
c Ning-cheou-koung.
d Hoang-ki-tien.
e Fong-sien-tien.
f Kouo-che-kouan.
g Tsien-Ting.
h Ouen-hoa-tien.
i Tchouan-sin-tien.
l Sse-k'ou-chou.
n Née-k'ou.
o Née-ko.

Appartements des concubines, des servantes, des eunuques; infirmeries, salles de comédies, magasins de soieries, pelleteries, vêtements, médecines, etc., etc.

S Si-leou-koung (palais de l'impératrice Si-t'aè-heou, impératriçe de l'Ouest).

T Toung-leou-koung (palais de l'impératrice Toung-t'aè-heou, impératrice de l'Est).
U Ieou-i.
V King-yün.
j Loung-tsoung.
k Tsouo-i.
R Houng-i-men.
m T'i-jen-men.
z Kiao-ho-leou (pavillons augulaires).
X Miao.
I Ouen-hoa-tien (palais où furent reçus les ambassadeurs en 1895).
1 Ou-men (porte du Sud).
12 Chen-ou-men (porte du Nord).
13 Si-hoa-men (porte de l'Ouest).
14 Toung-hoa-men (porte de l'Est).
2 T'aè-ho-men (seconde porte du Sud du palais).
3 T'aè-ho-tien (salle du Trône).
4 Tchoung-ho-tien (salle des cérémonies).
5 Pao-ho-tien (salle du conseil).
6 Ts'ien-ts'ing-men (porte du palais Ts'ien-ts'ing-koung).
7 Ts'ien-ts'ing-koung (appartements privés de l'empereur).
8 Kiao-t'aè-tien (salle des noces).
9 K'oun-ning-koung.
10 K'oun-ning-men.
11 Yu-hoa-yuen (jardin à fleurs).

d'autres; enfin plusieurs superbes pagodes et le trésor impérial, renfermé dans l'appartement appelé kouang-tchou-sse.

Il faudrait un volume pour la description détaillée de tous ces palais; c'est vers le sud-est que se trouve le Ouen-hoa-tien, où furent reçus les ambassadeurs en 1895.

2° Hoang-tch'eng.

Cette ville impériale a été construite, ainsi que le palais et la ville tartare, par l'empereur Young-lo des Ming (1406-1437); les murs du Hoang-tch'eng ont 18 *li* de tour, soit 10 kilomètres 350 mètres; leur hauteur est de 18 pieds; leur largeur à la base, de 6 pieds 1/2 sur 5 pieds 20 au sommet; ils sont percés de quatre portes, dont voici les noms : au sud, Ta-Ts'ing-men, ou Tch'ang-ngan-men; au nord, Ti-ngan-men, ou Heou-men; à l'est, Toung-ngan-men, ou Toung-hou-men; à l'ouest, Si-ngan-men, ou Si-hoa-men.

Ces portes ont environ 70 pieds de large et sont divisées en cinq travées égales; celle du milieu est réservée à l'empereur. Dans l'intérieur du Ta-Ts'ing-men, se trouvent encore deux portes, le T'ien-ngan-men et le Touan-men, puis le Ou-men, qui est l'entrée sud de la ville réservée au palais impérial. Entre ces deux portes, se voient les deux pagodes de T'aè-miao et Che-ki-t'an; enfin, au-devant du Ou-men, ont été placés des cadrans solaires et autres instruments.

3° Née-t'cheng.

Cette ville tartare a 41 *li* 26 de tour, ou 23.720 mètres; les murs ont 41 pieds de haut sur une épaisseur de 62 à la base et 50 au sommet; ils sont percés de neuf portes dont voici les noms :

Au sud, Tcheng-yang-men, ou T'sien-men, faisant face au palais; Tchoung-ouen-men, ou Ha-ta-men; Suen-ou-men, ou Choun-tche-men;

Au nord, Nganting-men et Teu-cheng-men;

A l'est, Tch'ao-yang-men, ou Ts'i-hoa-men, et Toung-tche-men;

A l'ouest, Fou-tch'eng-men, ou Ping-tse-men, et Si-tche-men.

Chaque porte est flanquée d'une demi-lune, comprenant une grande avant-porte en maçonnerie, percée de meurtrières pour les canons et de deux petites portes de côté; celles-ci, en cas de guerre, sont fermées par une énorme grille de fer, cachée dans la construction qui les surmonte et qu'on laisse tomber en guillotine. Les avant-portes se nomment *T'ien-léou*, la demi-lune *Yuè-t'cheng*, les portes de côté *Yuè-tcheng-men*.

Les murailles de la ville tartare se terminent par une plate-forme dallée, sur laquelle se croisent facilement les chars; de deux cents mètres en deux cents mètres, des tours carrées, de même élévation que le mur, font une saillie de 20 mètres; en outre, des bastions à quatre étages, percés de meurtrières, dominent les quatre angles de l'enceinte, et sur les voûtes de chaque porte se dressent de hautes constructions, à triple toiture, en briques vernissées.

Cette muraille, d'un aspect lugubre, ne tiendrait pas long-temps sous un feu d'artillerie de siège moderne. Un fossé, çà et là coupé de mares à l'eau stagnante, sépare la muraille des champs et des jardins extérieurs, ainsi que des faubourgs immondes, aux maisonnettes tendues de loques.

4° Nan-tch'eng.

Cette ville a été construite et entourée de murs bien après la ville tartare, la 23ᵉ année de l'empereur Kia-king des Ming. Ses murailles ont 20 *li* de tour, soit 15.900 mètres; elles sont percées de sept portes :

Au sud, Young-ting-men (centrale); Tsouo-ngan-men, ou Kiang-tsa-men, à gauche; Yo-ngan-men, ou Nan-si-men, à droite;

A l'est, Kouang-kin-men, ou Cha-ouo-men, et Toung-pien-men;

A l'ouest, Kouang-ning-men, ou Tchang-i-men, et Si-pien-men.

Ses murs ont 20 pieds d'épaisseur à la base et 14 au sommet, sur 25 pieds de haut. Comme dans la ville tartare, les quatre angles portent de grands pavillons en briques, nommés *kiao-leou;* enfin, la ville chinoise a aussi ses avant-portes et sa demi-lune, mais sans porte de côté.

D'après la croyance chinoise, les bons esprits traversant l'espace à 100 pieds de haut, aucun monument ne doit atteindre cette hauteur, pour ne pas les gêner; aussi les édifices les plus élevés, comme les pavillons surmontant les portes, ont tous 99 pieds, soit environ 33 mètres. De chaque côté des portes, sont dressés cinq mâts pour suspendre les étendards. De l'intérieur, on peut facilement monter sur les murailles par des chemins en pente douce. De là, on domine toute la ville, et la promenade de la porte Ha-ta-men à la porte Choun-tche-men, sur les remparts, n'est pas sans intérêt : au nord, on voit la ville tartare, qui ressemble à une vaste forêt, car les arbres y sont à profusion; au sud, on a sous les yeux la ville chinoise, et, si l'on s'arrête à la porte T'sien-men, le palais s'aperçoit en entier à quelques centaines de mètres.

Les seize portes qui percent les murailles des deux villes, sont strictement fermées et verrouillées chaque nuit; du coucher au lever du soleil, la ville mandchoue ou tartare ne communique plus avec la ville chinoise. La ville chinoise est non la plus populeuse, mais la plus active par son commerce et par son industrie; les places sont irrégulières, les rues sont bordées de chemins creux, servant de trottoirs et se changeant en fondrières quand il a plu, en amas de poussière quand il a fait sec.

Quelques égouts traversent le quartier, et les eaux nauséabondes qui y coulent sont utilisées pour l'arrosage des rues.

Péking passe, à bon droit, pour une des villes les plus sales du monde.

Quant à la ville tartare, elle est plus régulièrement percée, mais elle n'est pas plus propre.

Les légations sont situées dans la ville tartare, au sud-est de la cité impériale, dans la partie qui sépare le palais de la ville chinoise.

La rue où elles sont situées court à 250 mètres environ de la muraille Sud de la ville tartare et dans une direction à peu près parallèle.

La légation de France est au nord de la rue, entre la légation d'Italie et la légation du Japon.

Au sud, presque en face de la légation du Japon, non loin de la résidence française par conséquent, est la légation allemande. La plus proche voisine de la légation anglaise est la légation russe, en face de laquelle on voit la résidence du ministre des Etas-Unis.

La plupart des légations sont situées au milieu d'un assez vaste enclos, entouré de murailles de briques.

Chacune contient plusieurs bâtiments distincts, pour le logement du personnel et les bureaux. Elles ne se touchent pas. La plupart sont séparées par des édifices européens ou des maisons chinoises.

Derrière la légation de France et touchant les terrains où s'élevait la nouvelle légation autrichienne, se trouvent les importants bureaux des douanes maritimes chinoises, avec la résidence de sir Robert Hart.

Il y a donc là comme un véritable petit quartier européen.

Il n'y a, à Péking, que 500.000 habitants, alors qu'à Tien-Tsin on en compte un million.

Péking est bâtie dans une plaine sablonneuse. Elle est distante d'environ 20 kilomètres de Toung-Tchéou, qui est son port sur le Peï-Ho, et de près de 200 kilomètres de l'embouchure de cette rivière.

Il y a trois routes pour s'y rendre en venant de Tien-Tsin : 1° la route de terre, qui suit presque constamment le Peï-Ho; 2° la route fluviale, que l'on quitte à Toung-Tchéou; 3° le chemin de fer, qui s'arrête en dehors de la ville, à la station de *Ma-chia-pou* (1).

La situation géographique de Péking est par 39°54'13'' de latitude nord et 114°8'30'' de longitude est du méridien de Paris.

Le climat y est d'une sécheresse extrême. En dehors des mois de juillet et août, qui constituent la saison des pluies, il ne pleut que très rarement. Encore, pendant cette période,

---

(1) Depuis l'occupation de Péking, la ligne du chemin de fer a été prolongée dans l'intérieur de la ville chinoise jusqu'au pied des remparts de la ville tartare.

ne tombe-t-il qu'à intervalles réguliers de grosses pluies diluviennes, qui transforment la ville en un marécage dangereux.

En dehors de ces deux mois, les plus mauvais à passer la chaleur étant intense, l'air reste d'une sécheresse surprenante.

Il n'y a, à proprement parler, que trois saisons : l'été, l'automne et l'hiver; le printemps, ainsi que nous le comprenons en Europe, n'existe pas, et les grosses chaleurs arrivent, presque sans transition, dès avril et mai.

Le thermomètre atteint, en été, jusqu'à 41 degrés centigrades à l'ombre et descend souvent au-dessous de 20 degrés pendant l'hiver. La période la plus agréable est, sans contredit, l'automne et l'hiver. La neige est excessivement rare et ne tombe que trois ou quatre fois par hiver.

Le vent, très fréquent au printemps, n'étant arrêté par aucun obstacle dans cette plaine unie, y fait rage et soulève, dans les rues, des tourbillons de poussière noire et infecte.

L'eau est détestable et ne peut être employée aux usages de toilette qu'après addition de borax ou d'ammoniaque.

Jardins et monuments de Péking.

Les jardins de plaisance de l'empereur et des impératrices sont situés au nord et à l'ouest du palais impérial.

1° *Mée-chan*. — En sortant du palais par la porte du Nord, Chen-ou-men, on a devant soi une charmante montagne réservée à l'empereur; elle se nomme King-chan ou Ouan-soui-chan, plus connue sous le nom de Mée-chan (montagne de charbon).

On dit, en effet, qu'un amas de charbon y est préparé pour les cas de siège. Cette montagne artificielle a 210 pieds de haut en suivant la pente et deux *li* de tour, soit 1.150 mètres.

Au bas, se trouve un palais appelé Tsi-ouang-leou, puis un chemin pour monter aux cinq kiosques qui la dominent. Elle date des *Yuen*, mais c'est l'empereur Kia-king, des Ming, qui a fait construire les pavillons.

Derrière la montagne, au nord, faisant face à la porte Héoumen de la ville impériale, on a construit un palais nommé

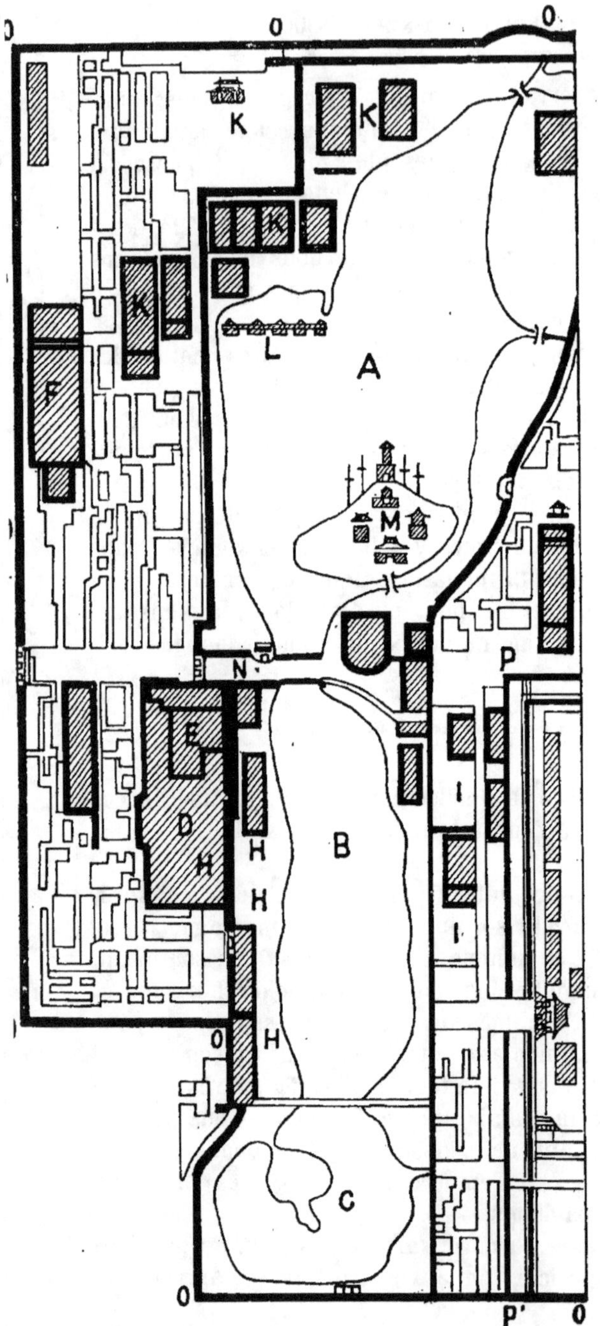

Topographie de l'angle nord-ouest de la ville impériale.

(Ancien et nouveau Pé-Tang.)

A Lac du Nord (Pé-haè).

B Lac du Centre (Tchoung haè).

C Lac du Sud (Nan-haè).

D Palais de l'impératrice-mère (Si-t'aè-heou).

E Ancien Pé-Tang.

F Nouveau Pé-Tang.

G Tse-kouang-ko.

H Appartements et jardins de l'impératrice-mère.

I Jardins et pagodes du palais impérial.

J Porte Si-hoa-men.

K Pagodes impériales.

L Ou-loung-t'ing, pavillons des Cinq-Dragons.

M Pè t'a-sse, pavillons et parc de plaisance.

N Pont de marbre (Yu-ho-k'iao).

O Enceinte de la ville impériale ou ville jaune.

P,P' Murs ouest du palais impérial.

Cheou-hoang-tien, qui a plus de 33 mètres de long; c'est là que le cercueil de l'empereur est déposé après sa mort, avant d'être porté aux sépultures des souverains; on y honore tout particulièrement l'image de l'empereur K'ang-si, qui y est placée.

On voit encore, dans l'enceinte du Mée-chan, l'arbre où l'empereur Tch'oung-tchen s'est pendu.

2° *Pè-t'a*. — C'est, sans contredit, le plus beau paysage de Péking; cette montagne artificielle, et probablement formée de terres provenant des lacs qui l'entourent, se nomme K'ioung-hoa-tao; elle existait déjà du temps des Kin et des Yuen et a toujours servi de jardin de plaisance pour les empereurs. L'espèce de mausolée ou tour blanche qui domine le sommet a été construit par Choun-tche, premier empereur des Ts'ing; ce n'est point un tombeau, comme on pourrait le croire, mais une espèce de niche pour une belle statue de *Fo*, très artistique, en terre vernissée. Toute la montagne est boisée et décorée d'une multitude de kiosques et de pavillons.

Des ponts en marbre la relient aux autres palais qui l'environnent, et une belle balustrade en marbre blanc règne tout à l'entour sur le bord des lacs.

On regarde cette tour blanche comme le palladium de l'empire.

3° *San-Hae* (les trois mers). — Trois mers ou plutôt trois lacs, joints entre eux, occupent toute la partie Ouest de la ville impériale; ils ont donc une longueur du nord au sud d'environ 7 *li* ou 3.725 mètres. Le nom général est King-haè, mais chaque partie porte un nom spécial : au nord, Pé-haè; au milieu, Tchoung-haè; au sud, Nan-haè. Sous les Kin, cet emplacement se nommait Si-hoa-t'an; les Yuen y ont exécuté de grands travaux et les Ming ont terminé les embellissements comme on les voit aujourd'hui.

La largeur des lacs varie, mais la moyenne est d'environ 300 mètres.

Un pont splendide, en marbre, sépare le lac du milieu de celui du Nord et fait communiquer les deux rives; ce pont se nomme Yu-ko-k'iao.

Au sud (Nan-haè) se trouve un pont volant en madriers; on peut isoler les rives à volonté; c'est là que, du temps des Ming, se trouvaient de beaux palais, reconstruits et très augmentés dernièrement pour devenir la résidence de l'impératrice-mère; cette partie touche à l'entrée ouest du palais impérial. Au milieu (Tchoung-haè), on voit, à l'est du lac, près des murs du palais, une belle pagode appelée Ouan-chan-tien.

A l'ouest, on rencontre l'ancien Pé-tang, le palais de Tse-kouang-ko, qui s'est appelé aussi Lée-inn-ko; c'est là que se font les examens militaires, comme les examens civils se font au Pao-ho-tien. On y reçoit aussi les princes et les ambassadeurs tributaires, et l'on y donne les grands repas aux princes mongols; enfin, l'empereur y a reçu les ambassadeurs européens en 1874.

Le palais est fort beau; un trône d'or occupe le milieu.

Derrière le Tse-kouang-ko se trouve un autre pavillon, qui contient les divers cadeaux faits à l'empereur par les étrangers, principalement des selles et des chaises à porteurs, de toute espèce.

De là on a une superbe vue sur le pont Yu-ho-k'iao et sur la montagne K'ioung-hoa-tao : on aperçoit d'abord le Pé-haè, magnifique montagne dominée par la tour blanche Pè-t'a, puis quelques bosquets fleuris du plus agréable effet; mais les richesses sont au nord.

La première est située sur les bords du lac; c'est une espèce de pont affectant la forme d'un dragon; cinq ondulations simulent les replis du serpent, et entre chacune de ces ondulations est bâti un kiosque. Cet endroit s'appelle Ou-loung-t'ing; il sert d'embarcadère pour les promenades en bateau.

On trouve ensuite une magnifique pagode, le Ki-lo-che-kiè, avec quatre portiques en tuiles vernissées, très richement décorés; dans l'intérieur, on admire une reproduction de montagne en bois sculpté, avec grottes, chemins et sentiers, bonzes et ermites; au nord de cette première pagode, il y en a une seconde non moins belle, le Ouan-Fo-leou (temple des dix mille Fo); un peu plus loin, sur la droite, est le palais de repos de l'empereur; il s'y arrête dans ses promenades, pour boire le thé.

Tout à côté se trouve l'immense temple Ta-Fo-leou (pagode

du grand Fo); il mérite bien ce nom, car la statue de Fo que l'on y adore a 23 mètres.

Le palais de l'impératrice est à l'est de ce temple, moins grand que celui de l'empereur, mais également fort beau. Viennent ensuite le Ta-si-t'ien et le Siao-si-t'ien, deux pagodes; le Ts'an-t'an, espèce de magnanerie où l'on soigne les vers à soie de l'impératrice.

Toutes ces pagodes et ces temples sont desservis par des lamas, en nombre très considérable.

Les eaux de ces lacs viennent de la fameuse montagne Yu-ts'iuen-chan, à l'ouest de Péking.

4° *Tch'eng-kouang-tien.* — Près du pont Yu-ho-kiao se trouve un grand pavillon entouré d'un mur circulaire; jadis, sous les Yuen, il s'appelait Y-tien-tien; on le nommait aussi Kien-kouang-tien; enfin, depuis les Ming, il a pris le nom de Tch'eng-kouang-tien. L'empereur K'ien-loung, la dixième année de son règne, y fit placer un énorme *yu-kang* (urne ou vase à poissons) en jade verdâtre nommé *Pi-yu;* c'est un objet de la plus haute antiquité.

Dans le pavillon se trouve un trône impérial, et c'est là que le souverain a reçu, en 1893, plusieurs ambassadeurs européens; ce pavillon sert encore à l'empereur pour se revêtir des vêtements de deuil, comme il le fit, il y a quelques années, à la mort de son père, le septième prince.

La ville tartare renferme encore beaucoup d'autres monuments qui ne sont pas sans intérêt :

1° *Tchoung-leou*, tour de la *cloche.* — Cette tour, en briques et en pierres, a près de 90 pieds d'élévation; elle fut construite par les *Yuen;* elle renferme une cloche fort grande qui pèse, dit-on, 20.000 livres et qui sert maintenant encore à sonner les veilles de la nuit.

2° *Kou-Leou*, tour du *tambour.* — Cet édifice est construit en briques jusqu'à l'étage supérieur, qui est en bois; il mesure 99 pieds de haut et au moins autant des côtés. Il a été bâti par les Yuen.

3° *Observatoire*. — Il est situé un peu au nord de l'angle sud-est de la ville tartare. Une voûte solide le supporte, et il a 50 pieds de haut seulement.

4° *Kouo-tse-kien*, collège impérial. — Il fut construit par les Yuen et complété par les Ming; c'est là que les bacheliers et les docteurs se préparent aux derniers examens de mathématiques. La cour mesure 430 pieds et est pavée en marbre.

5° *Koung-Yuen*, salle d'examen. — Cet édifice fut bâti par Young-Lo et renferme, outre de magnifiques palais, dix mille chambres pour les lettrés.

6° *Che-kia-haè*. — C'est une espèce de lac, très étendu, qui se trouve en dehors de la porte Héou-men; l'eau y arrive de la montagne Yu-ts'iuen-chan; elle y entre au moyen d'une écluse pratiquée dans les murs de la ville impériale.

7° *Siang-fang-tse*, palais des éléphants. — Ce palais fut bâti par l'empereur Houng-tche, des Ming, en dehors de la porte Choun-tche-men. Les empereurs, à certaines époques de l'année, par exemple pour aller au *temple du Ciel*, devaient monter sur un char traîné par des éléphants.

Cette coutume est tombée en désuétude à la suite d'accidents provoqués par un éléphant mal apprivoisé.

Il existe dans Péking un nombre considérable de pagodes; certains auteurs affirment qu'il y en a plus de dix mille. Quelques-unes sont vraiment remarquables par leur grandeur et leur richesse; presque toutes ont été construites sous les Yuen et surtout sous les Ming. Elles sont desservies par des bonzes, des Tao-che ou des lamas. L'empereur se rend indistinctement dans chacune.

1° *Ta-kao-tien*. — Cette pagode a été construite par l'empereur Kia-king, des Ming.

Dans ce temple ne logent ni bonzes ni lamas; ces derniers s'y rendent à jours fixes avec l'empereur, pour demander, selon, l'occurrence, la pluie, la neige ou le beau temps; Fo y est adoré, et on lui brûle des bâtonnets odorants.

2° *T'ien-t'an*, temple du Ciel. — Ce temple est situé au sud-est de la ville chinoise; il a été bâti par l'empereur Young- Lo, des Ming. L'empereur se rend au temple du Ciel trois fois par an, pour adorer le Ciel et lui rendre compte de son administration. En 1889, la foudre consuma ce monument; depuis lors on s'occupe de le reconstruire.

3° *Sien-noung-t'an*, temple de l'Agriculture. — Ce temple est situé à l'ouest du temple du Ciel; il est moins vaste, mais également très important par les rites qui s'y observent. Il mesure 3.450 mètres de tour et a été bâti par l'empereur Kia-king, sous les Ming.

Le premier jour de la seconde période du printemps, le souverain se rend chaque année au temple de l'Agriculture et se dirige vers le champ de labour, où il trace un sillon de l'est à l'ouest, et revient quatre fois, ce qui fait huit sillons.

Les grains, récoltés à l'automne et conservés dans les magasins (Cheng-ts'ang), ne doivent servir qu'aux offrandes.

4° *Tchan-t'an-sse*, temple des Lamas. — Ce temple se trouve dans la ville impériale, au nord-est des établissements catholiques du Pé-Tang. Il a été bâti sous les Ming et est desservi par plusieurs centaines de lamas, payés par l'empereur.

C'est dans ce lieu que se trouve la fameuse statue de Fo dite miraculeuse.

5° *Kouang-ming-tien*. — Cette pagode est située dans l'intérieur de la ville impériale près de la porte de l'Ouest (Si-hoa-men). Elle a été bâtie sous le règne de Kia-king, des Ming; elle est desservie par des Tao-che, qui vivent ensemble sous la direction d'une espèce d'abbé. On n'y adore pas Fo comme chez les bouddhistes, mais Yu-hoang, T'aè-ki et d'autres divinités de la secte Pe-hao-tse.

6° *Fa-yuen-sse*. — Ce temple est situé dans la partie ouest de la ville chinoise; c'est un des plus anciens de Péking : il date des T'ang. Actuellement cette pagode tombe en ruines.

7° *Loung-fou-sse*. — Cette pagode, en assez mauvais état aujourd'hui, se trouve dans la partie est de la ville tartare et a été bâtie par l'empereur King-t'aè, des Ming.

8° *Hou-kouo-sse*. — Cette pagode est située à l'ouest de la ville tartare. Elle a été bâtie par l'empereur Tcheng-hou, des Ming. Elle est desservie par des lamas.

9° *T'ou-ti-miao*, pagode du génie local. — Ce temple est situé à l'ouest de la ville chinoise, près de la porte Tchang-i-men; il existait déjà avant les Ming, mais, sous Ouan-li, la reine-mère le rebâtit complètement. On n'y adore point Fo, car le temple appartient aux Tao-che, qui y rendent leur culte à Lao-Kinn ou Lao-tse, le grand philosophe.

10° *Pao-koua-sse*. — Cette pagode, située non loin de la précédente, fut bâtie sous les Léao; elle est une des plus anciennes de Péking. On y adore la déesse Kouan-inn.

11° *Young-ho-koung*. — Sous les Ming, un beau palais princier avait été construit dans le nord-est de la ville tartare pour Young-tcheng, qui devint ensuite empereur. Il est de règle que le palais habité précédemment par le souverain soit changé en pagode dès que celui-ci est monté sur le trône; aussi, après l'élévation de Young-tcheng, le sien fut un lieu sacré. Son second fils et successeur, K'ien-loung, le reconstruisit et le transforma en un temple magnifique qu'il nomma Young-ho-koung; 3.000 lamas doivent le desservir aux frais de l'empereur, mais ils ne sont ordinairement que quatre ou cinq cents. C'est dans cette pagode que résidait le Houo-Fo ou Bouddha vivant.

Le Pé-Tang.

Nous avons vu, dans la quatrième partie, les souffrances supportées pendant le siège par les défenseurs du Pé-Tang. Il convient maintenant de donner quelques détails sur ce grand établissement et de raconter dans quelles conditions il a été construit et est devenu la propriété des missionnaires lazaristes.

Après l'expédition de 1860, ces derniers étaient rentrés en possession de leur ancien établissement, qui se trouvait non loin du « pont de marbre » et qui s'appelait Pé-Tang. Ils se mirent aussitôt à relever les murs d'enceinte, à refaire la toiture de la cathédrale et à construire quelques chambres. Ces travaux étaient à peine terminés que cette résidence fut presque totalement détruite, le 9 janvier 1864, par un incendie.

Quelques mois après, s'éleva sur les ruines une grande maison européenne, et l'on pensa à reconstruire la cathédrale française du Pé-Tang.

La première pierre fut posée le 1er mai 1865, en présence de M. de Berthemy, ministre de France, et des ministres du Tsong-li-Yamen.

Cette église, dédiée au Saint-Sauveur, était gothique et ses tours avaient près de 90 pieds de haut.

Le 1er janvier 1867 on en fit la bénédiction solennelle.

Vers 1885, l'empereur allait atteindre sa majorité, se marier et prendre en mains les rênes de l'Etat. L'impératrice-mère, la célèbre Si-t'aè-héou, devait alors, selon la coutume, sortir du palais et céder la place à la nouvelle impératrice. Après bien des pourparlers, l'impératrice-mère, comprenant la situation, déclara qu'elle sortirait du palais pour se loger au Nan-Haè, qui y est attenant. Les trois lacs, le pont et le Tse-kouang-ko passeraient à son usage personnel; de plus, le Pé-Tang devait être réuni aux jardins impériaux.

En remplacement du Pé-Tang, le gouvernement promit de donner aux missionnaires un nouvel emplacement, le Si-che-k'ou, plus vaste que l'ancien et situé, comme ce dernier, dans la ville impériale. Il promit en outre, de donner toutes les sommes nécessaires à la reconstruction des bâtiments.

Le projet de convention ne fut pas rédigé sans peine, mais on finit par s'entendre. Le pape, le gouvernement français et le supérieur des Lazaristes ayant accepté les propositions du gouvernement chinois, M. Constans, alors ministre de France à Péking, et Li-hung-tchang, vice-roi du Pei-Tché-Li, furent chargés de rédiger la convention dont le texte est ci-dessous :

Art 1er. — A partir du 1er de la 1re lune de la 13e année de l'empereur Kouang-Su, commence le délai de deux ans accordé aux missionnaires pour évacuer le Pé-Tang et le Jen-tse-t'ang, qu'ils devront livrer en entier, maisons, arbres, etc., sans en rien enlever, excepté le mobilier.

Art. 2. — Le 1er de la 11e lune de la présente armée, après avoir mesuré les quatre côtés du Si-che-k'ou, on livrera à l'évêque du Pé-Tang les deux tiers du sud de ce terrain, avec les arbres et tout ce qui s'y trouve, sans rien enlever, déraciner ou démolir.

Art. 3. — Le Pé-Tang a été donné par l'empereur K'ang-Si aux missionnaires pour y demeurer ; il a envoyé des officiers du palais pour veiller à la construction de la grande église ; il a donné à ladite église la précieuse inscription « *Pien* » ; à cause de ses bienfaits, tout le monde vénère sa mémoire. La cour actuelle a besoin d'enclore maintenant ledit terrain dans le palais ; les missionnaires, se conformant à la volonté impériale, recevront en échange un terrain dans le Si-che-k'ou pour construire une église. L'empereur, dans sa grande bienveillance, comme K'ang-Si son aïeul, donnera un décret public pour que tout le monde sache l'historique de ce bienfait envers les missionnaires, et que la mémoire de cette munificence soit conservée à jamais.

Art. 4. — Les missionnaires, pour honorer les dons impériaux, feront, comme ils l'ont fait jadis pour l'église du Nan-t'ang, graver sur marbre et surmonter de pavillons jaunes l'édit de l'empereur ; ils feront aussi graver sur marbre le *Pien* impérial, pour être placé à l'endroit le plus honorable. Ils bâtiront une grande église au Si-che-k'ou, mais elle ne pourra avoir plus de cinquante pieds de haut sous poutres, et les tours des clochers ne pourront dépasser la crête du toit.

Art. 5. — Pour la reconstruction des établissements du Pé-Tang sur le nouvel emplacement du Si-che-k'ou, les missionnaires désirent ardemment que le gouvernement chinois s'en charge ; pourvu que l'on reconstruise les mêmes bâtiments avec les mêmes jardins, ils se déclareront satisfaits ; mais, si le gouvernement chinois ne peut entreprendre ces nouvelles constructions, les missionnaires devront faire eux-mêmes les plans et les exécuter ; en ce cas, lorsqu'on livrera le terrain du Si-che-k'ou, on leur versera le tiers de l'indemnité accordée, le deuxième tiers six mois après, et le troisième après six nouveaux mois, de sorte qu'après dix-huit mois tout sera soldé.

Pour reconstruire le Pé-Tang et le Jen-tse-t'ang tels qu'ils sont, une somme de 450.000 taëls et plus est nécessaire ; mais, pour être agréables à S. Exc. le vice-roi Li, les missionnaires se contenteront de la somme diminuée de 100.000 taëls, c'est-à-dire qu'ils ne recevront en tout que 350.000 taëls en argent *k'ou-p'ing, pao-in-tse*.

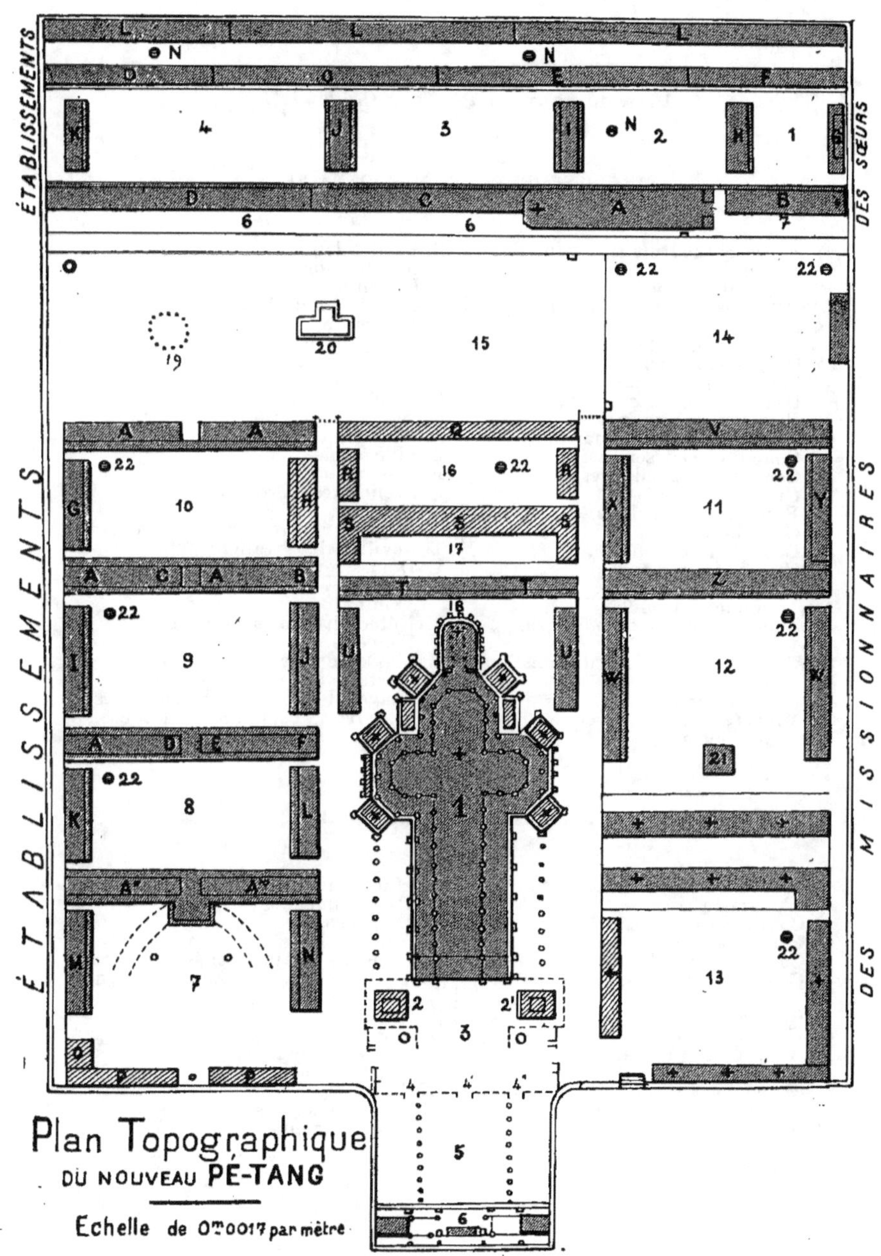

Plan Topographique
DU NOUVEAU PÉ-TANG

Echelle de 0m0017 par mètre

Plan du nouveau Pé-Tang (Légende).

ÉTABLISSEMENTS DES MISSIONNAIRES

1 Eglise cathédrale du Saint-Sauveur.
2 2, Pavillons impériaux.
4 4' 4" Portes, grilles en fer forgé.
5 Cour d'entrée.
6 Grande porte d'entrée.
7 Cour d'honneur.
8 Cour Saint-Joseph.
9 Cour de la Sainte-Vierge.
10 Cour Saint-Vincent.
11 Cour du grand séminaire.
12 Cour du petit séminaire.
13 Cour des dépendances.
14 Grand potager.
15 Parc planté d'arbres.
16 Cour des frères.
17 Cour de l'imprimerie.
18 Cour des étrangers.
19 Abri pour la fanfare.
20 Monument 1894-95.
21 Kiosque du petit séminaire.
22 Puits et pompes.
A A' A" A''' Logements des missionnaires.
B Chapelle privée.
C Appartements de l'évêque et tour de l'horloge.

D Petit salon.
E Grand salon.
F Procure.
G Grande bibliothèque.
H Réfectoire.
I Bibliothèque chinoise.
J Salle de récréation.
K Magasin.
L Musée.
M Magasin de l'imprimerie.
N Magasin chinois.
O Pharmacie.
P Economat.
Q Atelier des frères.
R Cuisines.
S Imprimerie, reliure, machines.
T Pavillon des étrangers.
U Domestiques.
V Dortoir et classes du grand séminaire.
X Réfectoire des séminaires.
Y Chapelle des séminaires.
Z Classes du petit séminaire.
W Dortoirs du petit séminaire.
+ Magasin à grains, dépendances, écuries, communs, etc., etc., etc.

ÉTABLISSEMENTS DES SŒURS

1 Cour des catéchumènes et du dispensaire.
2 Cour des sœurs.
3 Cour des écoles.
4 Cour des orphelins.
5 Cour des cuisines, dépendances, crèche, buanderie, etc., etc.
6 Cour de l'église.
7 Cour du noviciat.
A Eglise de l'Immaculée-Conception.
B Appartement de la sœur supérieure et noviciat.
C Ecoles.
D Orphelinat.

E Habitation des sœurs.
F Catéchuménat.
G Dispensaire.
H Infirmerie et magasin.
I Dépense et appartements divers.
J Petite chapelle des enfants de Marie.
K Magasin.
L Buanderie, magasin à graines, crèche, etc., etc.
M Porte d'entrée.
N Puits.
R R, Rue séparant les deux établissements.

Suivait une disposition annexe par laquelle le gouvernement chinois demandait pour l'impératrice les orgues et le musée d'histoire naturelle.

Cette convention fut consacrée par un décret impérial.

Les missionnaires se mirent immédiatement à l'ouvrage, et la première pierre de la nouvelle église, qui était placée sous le vocable du Saint-Sauveur, fut bénite le 30 mai 1887, en présence de M. Constans et de tout le personnel de la légation de France. Le gouvernement chinois était pressé de voir évacuer l'ancien Pé-Tang, mais il était retenu par le délai de deux ans accordé aux missionnaires. Il accorda à ces derniers de grands avantages et une indemnité pécuniaire, ce qui leur permit d'activer les travaux et de livrer au mois de décembre 1887 les clés de l'ancien Pé-Tang aux membres du Tsong-li-Yamen.

La nouvelle cathédrale ne fut terminée que dix mois plus tard, et l'on procéda alors à la cérémonie de la bénédiction solennelle.

Telles sont les conditions dans lesquelles fut installé l'établissement qui a pris le nom de Nouveau Pé-Tang et dont le plan ci-dessus donne le détail.

Le nouvel emplacement est d'un tiers plus grand que l'ancien et d'un seul tenant.

La cathédrale est située à une centaine de mètres de la rue qui conduit de la porte Si-hoa-men au pont de marbre; on y arrive par une avenue spacieuse, après avoir franchi trois grandes grilles et portes de fer.

Tous les bâtiments du Pé-Tang ont beaucoup souffert pendant le siège, mais la cathédrale a naturellement été la plus éprouvée grâce à son élévation et à sa situation dans l'axe de l'avenue.

La façade a été criblée de projectiles; la voûte, les vitraux et les murs, percés en de nombreux endroits, indiquent la violence des attaques.

Tout cela est — Dieu merci ! — très réparable, et le zèle éclairé de l'évêque éminent qui préside aux destinées de la mission de Péking aura bien vite remis les choses en l'état.

Mgr Favier aura, du reste, beaucoup à faire, car son vicariat a été fort maltraité; presque toutes les églises de ce vicariat ont été détruites et, en particulier, celles de Si-t'ang, de Toung-t'ang et de Nan-t'ang à Péking, qui toutes étaient de véritables monuments et dont il ne reste plus pierre sur pierre.

J'ai déjà raconté, dans les parties précédentes, que les troupes françaises, sous le commandement du général Frey, étaient arrivées dans le quartier des légations le 15 août au matin, quinze heures après les troupes alliées; j'ai expliqué les causes de ce retard; j'ai également dit que, le 16, les troupes françaises avaient, de concert avec les Anglais, les Russes et les Japonais, délivré le Pé-Tang, après un combat assez vif.

En ce qui me concerne, j'étais arrivé à Péking le 20 avec la compagnie Vincent.

Examinons maintenant dans quelles conditions les troupes françaises furent installées à Péking.

Le 16 août, après la délivrance du Pé-Tang, le détachement français et les troupes alliées qui avaient coopéré à cette opération pénétrèrent dans les jardins du palais impérial et s'emparèrent du Mée-chan et du Pè-t'a. Le général Frey installa son quartier général dans le palais des Ancêtres et donna des ordres pour le cantonnement des troupes françaises.

Une compagnie fut envoyée au Pé-Tang pour garder cet établissement, dans lequel fut immédiatement installée une infirmerie.

Le Mée-chan et le Pè-t'a furent également occupés par des détachements français.

La porte Si-hoa-men de la ville impériale fut gardée par une compagnie. Les batteries d'artillerie, avec le reste de l'infanterie, furent campées dans le parc impérial, à proximité du palais des Ancêtres.

Ce palais est noyé au milieu des arbres. Il se compose d'un immense hall de 50 mètres de longueur, dans lequel d'énormes piliers de 15 mètres de hauteur soutiennent un plafond à caissons où se trouvent les dragons impériaux.

Des merveilles de l'art chinois étaient accumulées dans ce palais. Nombre de tablettes ancestrales étaient dissimulées dans des niches fermées par de hautes et larges portes laquées or et rouge.

Le général Frey et son état-major s'installèrent dans le grand hall. Les deux jours suivants (17 et 18 août) furent employés à des reconnaissances dans les environs du palais impérial, dans la partie Ouest de la ville impériale et dans la partie Ouest de la ville tartare, qui forma le secteur affecté au corps expéditionnaire français.

Tout à côté de la porte Si-hoa-men, on découvrit un immense palais appartenant au prince Li, de la famille impériale, qui passait pour un des hauts protecteurs des Boxeurs.

Ce palais, dont les trois pavillons les plus importants avaient été brûlés le jour de l'entrée à Péking, offrait encore des ressources considérables pour le cantonnement des troupes.

Le général Frey donna des ordres pour qu'un détachement français en prît possession.

C'est dans ce palais que je vins cantonner avec la compagnie Vincent le 20, jour de mon arrivée à Péking.

Dès l'installation du corps expéditionnaire dans la capitale, une question de la plus haute importance vint préoccuper l'autorité supérieure, c'est la question de la nourriture.

La colonne française était arrivée si précipitamment à Toung-Tchéou et était restée si peu de temps dans cette ville que les convois de ravitaillement qui suivaient par le Peï-Ho n'avaient pas eu le temps de la rejoindre quand elle se mit en route pour Péking.

Les hommes n'avaient reçu aucune distribution depuis leur départ de Yang-Tsoun et avaient vécu sur la route avec quelques biscuits et les boîtes d'endaubage qu'ils avaient pu emporter.

Ces ressources s'épuisèrent vite, et il fallut s'ingénier pour se nourrir. On trouva bien quelques vivres à Toung-Tchéou, mais en petite quantité, et il fallait fermer les yeux quand les hommes tuaient les cochons que l'on rencontrait, en assez grand nombre, dans les environs des villages abandonnés.

Pendant les premiers jours de notre installation à Péking, il fut impossible de faire des distributions; on vécut en utilisant ce qu'on trouvait dans les maisons abandonnées par les Chinois, et l'on eut recours à M. Chamot, qui finit par découvrir des vivres et se constitua le fournisseur de la colonne.

Au bout d'une dizaine de jours, des jonques de vivres étant arrivées à Toung-Tchéou, on organisa des convois, et des distributions à peu près régulières purent être faites aux troupes.

Pendant tout le temps que je restai à Péking, c'est-à-dire du 20 août au 12 septembre, je passai mon temps à organiser l'occupation du secteur français, qui était limité :

Au nord, par une ligne partant du grand lac, passant au nord du Pé-Tang et aboutissant à la muraille ouest de la ville tartare, en conservant une direction générale est-ouest;

A l'ouest, par la muraille de la ville tartare;

Au sud, par une ligne partant de la muraille ouest de la ville et aboutissant au premier saillant sud de la ville impériale, situé au sud de la porte Si-hoa-men, en conservant une direction générale ouest-est;

A l'est, par la muraille ouest de la ville impériale, depuis le saillant précité, et par une ligne passant au sud du quartier dit du Pé-Tang, puis entre ce quartier et l'ancien Pé-Tang (occupé par les Russes) et rejoignant le grand lac au pont de marbre.

Nous avions comme voisins : au nord les Japonais; au sud, les Anglais.

Le général Frey organisa dans ce secteur un détachement de police composé de deux compagnies du 16ᵉ régiment, sous le commandement du chef de bataillon Brenot.

Pendant mon séjour à Péking, deux événements se produisirent qu'il est intéressant de signaler : d'abord l'entrée des troupes alliées dans le palais impérial, puis le *Te Deum* qui fut célébré à la cathédrale du Pé-Tang.

L'entrée des troupes alliées dans le palais impérial eut lieu le 28 août. Ce fut une parade militaire d'un caractère imposant et que n'oublieront jamais ceux qui ont eu le bonheur d'y assister.

Chaque contingent des alliés délégua pour prendre part à cette manifestation un détachement proportionné à son effectif : les Russes et les Japonais envoyèrent 800 hommes; les Anglais, les Américains et les Français, 400; les Allemands, 250; les Autrichiens et les Italiens, 100.

Avant le défilé, les troupes des différents contingents, massées dans la première grande cour sud du palais, furent passées en revue par le général russe Linévitch.

Le défilé commença ensuite.

En tête s'avançait le général russe Linévitch et son état-major, et, immédiatement derrière, le corps diplomatique en costume de ville.

Puis venaient les troupes dans l'ordre désigné ci-dessus.

Le cortège entra par la porte Sud, traversa dans toute leur longueur les cours et les salles dont j'ai donné les noms et la description dans le chapitre consacré au palais impérial (1) et sortit par la porte Nord.

Dans la cour qui précède cette porte, s'arrêtèrent successivement le corps diplomatique et tous les états-majors, pour assister au défilé des corps qui venaient derrière.

Au moment où chaque détachement débouchait dans la cour, une musique russe jouait l'air national de ce détachement.

Entre temps, les musiciens hindous des troupes indigènes anglaises jouaient de la cornemuse.

La cérémonie, commencée à 8 heures, fut terminée à 9 h. 20.

Après le défilé des troupes, le corps diplomatique et les officiers sans troupes revinrent sur leurs pas et traversèrent à nouveau le palais impérial en sens inverse. Dans cette nouvelle visite, nous pûmes revoir en détail les salles que nous avions traversées avec la troupe; mais on ne nous laissa pas visiter les bâtiments qui se trouvaient à droite et à gauche des grandes salles de réception, qui auraient été peut-être plus curieux à voir.

Cette grande manifestation fut évidemment très intéressante, car elle permit de voir des détachements de huit armées prendre part à une même cérémonie. Il est probable que ce spectacle ne s'est jamais vu dans l'histoire, et il est encore plus probable qu'il ne se reproduira plus.

Cependant, j'estime qu'il est regrettable que les ministres et

---

(1) Voir le plan du palais impérial placé dans le chapitre en question.

les chefs militaires se soient contentés d'une simple promenade dans le palais impérial.

Il y a lieu de penser que les mandarins, avec leur adresse et leur duplicité, auront trouvé le moyen d'expliquer au peuple chinois cette manifestation en la faisant tourner à son profit et de lui faire croire que les alliés n'avaient pas osé s'installer dans le palais impérial.

Une cérémonie d'un autre genre et beaucoup plus intime, car elle se passait dans un établissement français, eut lieu au Pé-Tang le 8 septembre. Mgr Favier chanta dans sa cathédrale un *Te Deum*, auquel assistèrent le ministre de France, le général commandant le corps expéditionnaire français, les ministres d'Italie, d'Espagne et de Belgique, tous les colonels et chefs de service du corps expéditionnaire français et un grand nombre d'officiers français et étrangers. La musique du 17ᵉ régiment d'infanterie de marine et un détachement en armes assistaient également à cette cérémonie, qui fut très imposante. La cathédrale portait encore les traces de la violence des attaques qu'elle avait subies.

Presque tous les vitraux étaient brisés, et beaucoup de trous d'obus se voyaient encore sur les voûtes et sur les murs de l'église.

Après la cérémonie, Mgr Favier offrit un grand déjeuner, auquel assistèrent tous les personnages désignés plus haut.

Au dessert, M. Pichon prononça un discours admirablement approprié à la circonstance, dans lequel il rappelait les événements qui s'étaient déroulés à Péking et au cours duquel il insistait particulièrement sur la défense héroïque du Pé-Tang.

Mgr Favier, tout ému, répondit à M. Pichon; il trouva dans son cœur des expressions touchantes pour remercier toutes les personnes qui avaient contribué à la défense et à la délivrance du Pé-Tang. Il rappela en particulier le dévouement et la mort de l'enseigne de vaisseau Henry et raconta l'épisode concernant l'officier de marine italien, l'enseigne de vaisseau Olliviéri, qui commandait les 10 matelots de cette nationalité qui se trouvaient au Pé-Tang, et qui, le 12 août, resta enseveli sous terre pendant trois quarts d'heure, après l'explosion de la mine qui causa la mort de plus de 80 chrétiens chinois dont 51 enfants de la crèche, qui furent enterrés pour jamais dans cet immense entonnoir de 7 mètres de profondeur sur 40 mètres de diamètre.

Par suite de l'arrivée à Péking de deux bataillons du 17ᵉ régiment de marine, sous le commandement du colonel Lalubin, et d'un bataillon du 18ᵉ régiment, sous le commandement du colonel Comte, le corps expéditionnaire français commençait à avoir un effectif raisonnable dans les premiers jours de septembre. Des commissaires, des médecins étaient arrivés avec ce premier renfort, et le général Frey donna des ordres pour que l'on se préoccupât, dès ce moment, des installations nécessaires pour passer l'hiver, de la création d'un hôpital et de la réunion de toutes les denrées que l'on pourrait trouver à Péking ou dans les environs.

On commença à créer un grand dépôt de combustible.

Depuis l'arrivée des fractions du 17ᵉ et du 18ᵉ régiment d'infanterie de marine, Mgr Favier ne cessait de demander au général d'envoyer une colonne dans la direction de Ki-Tchéou pour débloquer une chrétienté qui était assiégée depuis plusieurs semaines par des Boxeurs et par des réguliers chinois.

Le 10 septembre, le général Frey me donna l'ordre de quitter la capitale le 12, avec le bataillon Feldmann, pour aller cantonner à Toung-Tchéou et pour aller le lendemain prendre une position d'expectative sur la rive gauche du Cha- Ho, en vue d'une mission spéciale dont j'étais chargé et pour laquelle je devais recevoir ultérieurement des instructions.

Conformément aux ordres du général, je fus cantonner entre le Peï-Ho et le Cha-Ho, dans un village appelé Ing-ko-tchang, situé à 7 kilomètres au nord-ouest de Toung-Tchéou.

Le surlendemain, le bataillon Famin, du 18ᵉ régiment d'infanterie de marine, et la batterie d'artillerie de montagne Lapébie furent placés sous mes ordres, et je leur fis prendre des cantonnements dans les environs du village d'Ing-ko-tchang.

Je restai dans cette situation pendant dix longues journées, attendant tous les jours un ordre de mouvement que je ne recevais pas. Enfin, le 24 septembre, un cavalier arrive dans mon cantonnement, porteur d'un ordre de départ pour Tien-Tsin, daté de Péking le 23 septembre et signé « Gal Frey ».

Comme il était indispensable que je fusse de retour à Tien-Tsin le 30 septembre pour présider à l'installation du conseil d'administration du 16e régiment d'infanterie de marine qui devait avoir lieu le lendemain, je partis d'Ing-ko-tchang le 25 septembre. En arrivant à Toung-Tchéou, j'appris que toutes les troupes russes, ainsi que la légation russe tout entière, avaient quitté Péking, et que l'ordre avait été également envoyé par le ministère aux troupes françaises ainsi qu'à M. Pichon de se tenir prêts à partir pour Tien-Tsin.

Cet ordre ne fut pas maintenu en ce qui nous concerne. A Toung-Tchéou, je mis en route, par la voie de terre, le bataillon Feldmann et une batterie de montagne qui avait été placée sous mes ordres, et je m'embarquai, de ma personne, sur une jonque qui m'amena le 28 à Yang-Tsoun; là, je pris le chemin de fer pour Tien-Tsin, où j'arrivai le même jour à 2 heures de l'après-midi. En débarquant du chemin de fer, je fus surpris des changements survenus dans la concession française depuis mon départ.

Par suite de l'arrivée du général Voyron et de son état-major, je trouvai tous les logements occupés et j'eus beaucoup de peine à me caser.

C'est le moment où les renforts de toutes les puissances arrivaient en foule à Tien-Tsin. Les rues de toutes les concessions étaient encombrées d'une quantité de militaires de toutes les nationalités. Il est impossible de se faire une idée de l'aspect qu'avaient les rues à ce moment.

En ce qui concerne spécialement le contingent français, on ne savait plus où loger les détachements qui arrivaient à chaque instant. Après avoir restauré tant bien que mal les bâtiments qui avaient été en partie détruits par le bombardement, on installa les troupes; mais cela ne suffit pas, et l'on dut faire camper quelques fractions.

D'autre part, on dirigea sur la ligne d'étapes et sur Yang-Tsoun en particulier plusieurs bataillons de la brigade Bailloud.

Pour ma part, j'eus à m'occuper de l'installation de mon

régiment, qui fut en majeure partie cantonné dans la cité chinoise de Tien-Tsin. Deux bataillons étaient arrivés de France, les bataillons Rilba et Collinet, qui devaient remplacer deux des bataillons du 16ᵉ qui reçurent l'ordre de rentrer en Indo-Chine.

Je versai dans ces deux bataillons tous les rapatriables et tous les hommes fatigués, et il resta, de l'ancien 16ᵉ, 250 hommes environ, qui, ajoutés à 300 hommes amenés de France par le capitaine Valton, formèrent le troisième bataillon du 16ᵉ régiment. Presque tous les officiers venus de l'Indo-Chine au mois de juillet furent ou rapatriés ou renvoyés dans leurs régiments d'origine.

Moi-même, fatigué par les quatre mois de campagne que je venais de faire, je dus passer devant le conseil de santé, qui décida mon renvoi en France.

Avant de partir, j'eus à organiser mon régiment, dont la formation avait été décrétée au mois d'août, mais qui n'avait pas encore d'existence légale.

Cette existence lui fut donnée par l'installation du conseil d'administration, qui eut lieu le 1ᵉʳ octobre. A partir de ce moment jusqu'à mon départ, tout mon temps fut pris par des détails d'administration. Enfin, la machine ayant été mise en état de fonctionner, je pus quitter Tien-Tsin le 21 octobre. Je m'embarquai en rade de Takou le 23 sur l'*Eridan*, bateau qui m'avait amené en Chine.

Ce bâtiment me transporta à Nagasaki, où je pris passage sur le *Sydney*, paquebot des Messageries maritimes, qui, après l'escale de Shanghaï, me déposa à Hong-Kong.

Le général Voyron m'ayant autorisé à rentrer en France en passant par le Tonkin, où je devais retrouver ma femme, je débarquai du *Sydney* à Hong-Kong pour prendre un bateau de la Compagnie Marty qui devait me conduire à Haïphong.

Avant de terminer cette cinquième partie, je dois dire quelques mots d'une opération à laquelle prit part un détachement français sous le commandement du lieutenant-colonel Leblois, de l'infanterie de marine, officier supérieur des plus distingués, qui, au mois de novembre 1899, avait commandé un détachement de mon régiment du Tonkin (9ᵉ régiment d'infanterie de marine) au combat de Voui-Lio, sur le territoire de Quang-Tchéou-Wan.

Ce détachement se composait de trois compagnies du 2e bataillon de marche d'infanterie de marine (chef de bataillon Rilba), de deux compagnies du 3e bataillon de marche (chef de bataillon Collinet), d'un peloton du 16e régiment d'infanterie de marine (capitaine Lionnet), de la 6e batterie de montagne (capitaine Vuillard) et d'une section d'artillerie de campagne (capitaine Thomeuf) au total 800 hommes et 8 canons).

Ce détachement fut dirigé, le 19 septembre 1900, à 6 heures du soir, par voie ferrée de Tien-Tsin sur Sin-Hô et se rendit ensuite à pied au bivouac de Si-Dao-Zao, à 10 kilomètres de Peï-Tang.

Pendant l'attaque des forts de Peï-Tang par les troupes russes, le détachement français joua le rôle d'une troupe de réserve; il ne prit pas part à l'attaque qui fut prononcée par les troupes russes seules.

Le bataillon Rilba fut obligé de cheminer dans des marais, ayant de l'eau jusqu'au ventre; cette marche fut excessivement pénible.

Avant de pénétrer dans le marais, ce bataillon avait laissé ses sacs sur la digue, sous la garde du soldat Reynaud qui, quelques instants après, fut projeté en l'air par l'explosion d'une fougasse, et qui se cassa la jambe en retombant.

Cet homme fut le seul blessé de la journée.

Le bataillon Collinet et l'artillerie avaient suivi la route et purent arriver au fort chinois peu de temps après la tête de la colonne.

En somme, l'attaque des forts de Peï-Tang ne fut, pour le détachement français, qu'une journée fatigante. La place qui lui avait été donnée en réserve et la rapidité avec laquelle l'affaire fut enlevée par la première ligne russe, lui épargna toute perte.

Son artillerie n'eut pas le temps de tirer un coup de canon.

La plus grande partie de ce détachement n'eut même pas la consolation de brûler une cartouche.

Le bataillon Rilba seul envoya quelques feux de salve sur des fuyards chinois.

Le lieutenant-colonel Leblois cite, dans son rapport, un certain nombre d'officiers pour le zèle et l'activité qu'ils ont déployés ou pour la capacité dont ils ont fait preuve.

Ces officiers sont : MM. le commandant Collinet, les capitaines Heyd, Thomeuf, le lieutenant Denain, de l'artillerie, les capitaines Lionnet, Jacobi, Destre, Barachin, les lieutenants Durand, Thevenin et Rideau, de l'infanterie.

La partie descriptive que contient la cinquième partie a été puisée dans l'ouvrage si remarquable publié à Péking en 1897, par Mgr Favier, et qui a pour titre : *Péking*.

6ᵉ PARTIE

Expédition de 1860. — Comparaison entre l'expédition de 1860 et l'expédition de 1900. — Réflexions sur l'organisation du corps expéditionnaire français en 1900. — Lacunes d'organisation. — Coup d'œil sur les armées étrangères.

Expédition de 1860. — Comparaison entre cette expédition et celle de 1900.

J'ai déjà parlé, dans la troisième partie, de l'expédition de 1860; j'ai raconté le guet-apens dont avait été victime, à Toung-Tchéou, une commission anglo-française chargée de préparer, dans cette ville, une conférence qui devait régler les conditions de paix, et j'ai fait un récit sommaire des combats de Tchang-kia-ouan et de Pa-li-k'iao.

Il me semble intéressant de revenir ici sur cette expédition de 1860, et de la comparer à l'expédition de 1900.

Le traité de Nanking, qui mit fin, en 1842, à la guerre de l'opium entre l'Angleterre et la Chine, fut le premier traité qui établit des relations diplomatiques régulières entre les puissances européennes et le Céleste-Empire.

Le traité de Wam-Poa, en 1844, ouvrit cinq ports chinois au commerce de la France, des Etats-Unis et de quelques autres Etats européens.

Les Chinois ayant violé, à plusieurs reprises, les traités de 1842 et 1844 et ayant commis des assassinats sur des missionnaires chrétiens, une expédition anglo-fançaise s'empara de Canton (1857), des forts de Takou et de Tien-Tsin (1858).

Cette expédition fut terminée par le traité de Tien-Tsin (26 juin 1858), aux termes duquel de nouveaux ports chinois étaient ouverts au commerce européen et des ministres plénipotentiaires anglais et français étaient installés à Péking.

Quelques mois après la signature du traité de Tien-Tsin, les Chinois violèrent les conventions qu'il stipulait et relevèrent les forts de Takou.

Une flotte anglo-française, composée de dix-huit navires, fut immédiatement envoyée dans le golfe du Peï-Tché-li. Cette force navale voulut forcer l'embouchure du Peï-Ho, mais elle fut repoussée et dut se retirer, après avoir éprouvé des pertes sérieuses.

Dans cette affaire, trois chaloupes canonnières furent coulées et les alliés eurent 474 hommes mis hors de combat, dont 8 officiers, parmi lesquels l'amiral anglais Hope et le commandant Tricault.

Les Européens ne pouvaient rester sur cette défaite; une expédition anglo-française fut résolue.

Le général Cousin-Montauban pour la France et le général Hope-Grant pour l'Angleterre prirent le commandement.

Cette fois, tout était préparé avec soin, et, le 31 juillet 1860, les deux flottes, comprenant deux cents navires, étaient réunis près de Pei-Tang, ville fortifiée au nord-ouest de Takou.

Le lendemain 1er août, les troupes, leurs généraux en tête, souvent dans l'eau jusqu'à la poitrine, débarquèrent et enlevèrent les forts sans coup férir. Après avoir pris successivement les fortifications de Tang-Kou et de Sing-Ho, livré bataille aux troupes tartares, préparé l'attaque des grands forts de Takou le 21 août, les deux forts restèrent aux mains des alliés; ils contenaient 500 bouches à feu de gros calibre et d'innombrables munitions de guerre.

Cinq jours après, les ambassadeurs, les généraux et les troupes étaient à Tien-Tsin.

Les négociations conmmencèrent, mais n'aboutirent pas, et l'on dut marcher sur Péking.

Le départ eut lieu le 9 novembre. Cette marche sur la capitale, menée avec une sage lenteur, ne présenta aucun incident;

les Chinois n'offrirent aucune résistance jusqu'à Tchang-kia-
ouan.

J'ai raconté, dans la troisième partie, le combat qui eut lieu
le 18 septembre et dans lequel 2.000 Anglo-Français mirent
en déroute toute l'armée chinoise, forte de 30.000 hommes.

Jusque-là, rien n'avait été plus facile que l'approvisionnement de l'armée; les Chinois fournissaient abondamment et à
des prix très modérés tout ce dont l'armée avait besoin. Mais,
après le combat de Tchang-kia-ouan, le peuple, effrayé par
les menaces des mandarins, n'osa plus rien vendre à l'armée
alliée, et l'on dut avoir recours aux biscuits et aux conserves
apportés d'Europe. L'immense et riche ville de Toung-Tchéou,
dans laquelle avait eu lieu le guet-apens dont la commission
anglo-française avait été victime, était très bien approvisionnée
en vivres. Elle fut pillée.

Après le combat de Pa-li-k'iao, qui eut lieu le 21 septembre
au pont qui porte ce nom, et dans lequel la petite armée anglo-
française eut à lutter contre 50.000 cavaliers tartares qui furent mis en fuite, on fut obligé d'attendre pendant quelques
jours les convois de vivres et de munitions qui arrivaient par
le Peï-Ho.

Pendant son séjour on poussa plusieurs reconnaissances jusqu'aux portes de Péking.

Les généraux alliés, ayant appris que les débris de l'armée
tartare s'étaient reformés vers l'Ouest, résolurent de se porter
dans cette direction, où se trouvait le fameux palais d'été
appelé Yuen-ming-yuen.

Les deux armées alliées devaient partir ensemble le 6 octobre, à 4 heures du matin; mais, d'après ce qui a été raconté,
les Anglais levèrent le camp les premiers et se mirent en marche à minuit.

Quelques heures après, le général de Montauban, apprenant
leur départ, fit venir deux Chinois et leur dit :

« — Voilà 100 piastres pour vous si vous nous conduisez
directement au Yuen-ming-yuen, et voilà un revolver pour vous
casser la tête si vous nous égarez. »

Le revolver était inutile; un Chinois ne résiste pas à 100
piastres.

A 7 heures du soir, la division française atteignit le palais, tandis que la division anglaise, égarée dans la campagne, n'arriva que le lendemain.

M. de Pina, lieutenant de vaisseau, officier d'ordonnance du général, escalada les murs avec M. Vivinon, enseigne de vaisseau. Ils soutinrent d'abord seuls l'attaque de quelques Tartares, qui les blessèrent grièvement; mais des soldats vinrent bientôt à leur secours, et les portes furent ouvertes.

Cette nuit-là même du 6 au 7 octobre, l'empereur avec ses femmes et ses eunuques s'échappait par la porte qui conduit à Je-hol, en Mongolie. Un piquet de cavalerie contournant les murs du Yuen-ming-yuen aurait pris l'empereur sans difficulté; on n'y pensa pas.

Le 7 au matin, les généraux et officiers français visitèrent le palais; mais le général de Montauban eut la délicatesse de faire placer des sentinelles, afin qu'on ne touchât à rien jusqu'à l'arrivée du général Grant. Ce dernier arriva enfin, et une commission mixte entra dans le palais pour choisir les objets les plus rares, destinés à Napoléon III et à la reine d'Angleterre. Rien ne peut donner une idée des merveilles entassées, depuis plus de deux cents ans, dans les quatorze palais dont était composé le Yuen-ming-yuen.

Toutes ces richesses furent plus ou moins pillées par les soldats alliés et surtout par les Anglais.

D'ailleurs, de toutes ces splendeurs il ne devait bientôt plus rester que des ruines, car lord Elgin, ministre plénipotentiaire anglais, et le général Grant firent incendier ce fameux palais impérial, pour tirer vengeance des cruautés infligées aux prisonniers européens.

Le général en chef du corps anglais insista beaucoup, paraît-il, auprès du général de Montauban, pour le décider à envoyer des soldats français chargés d'aider les soldats anglais à incendier le palais. A cette communication par écrit, notre général en chef répondit qu'il ne retournerait pas au Yuen-ming-yuen, et qu'il considérait le fait d'incendier le palais comme une représaille inutile. Lord Elgin persista dans son projet.

L'ambassadeur d'Angleterre a donné à son gouvernement des explications pour justifier ce fait, mais il importe de dire ici que les troupes françaises n'ont coopéré en rien à cet immense incendie.

Le lendemain de l'entrée des troupes alliées dans le palais d'été, plusieurs des prisonniers qui avaient été faits à Toung-Tchéou arrivèrent au camp.

M. d'Escayrac avait les mains paralysées, des plaies aux poignets et quelques haillons sur le dos; on avait jeté de l'eau sur les cordes qui le liaient et mis des tourniquets. Un autre Français, nommé Petit, grièvement blessé et à demi fou, était avec eux.

M. Parker et M. Lock, rendus à la liberté avec M. d'Escay-rac, n'avaient pas souffert.

Les Chinois rendirent six Français sur treize ! Les autres étaient morts. Six cadavres furent rendus. On reconnut, aux bandes du pantalon, le colonel Grandchamps, le malheureux M. Dubut, un chasseur à pied, le brave Ozouf, un soldat du train et un soldat d'administration.

Qu'était devenu M. Duluc, missionnaire ? Des chrétiens chinois affirmèrent que, le 21 septembre, le général Chen-pao avait fait couper la tête à deux Européens près de Pa-li-k'iao. Leurs corps ne purent être retrouvés; ils avaient été dévorés par les chiens.

Les Anglais eurent également leurs morts. La moitié des prisonniers avaient été massacrés. Il y eut des détails atroces. On les garda quatre jours, les quatre membres amarrés ensemble, sans leur donner même à boire. Un attaché d'ambassade anglais, M. de Narman, a vécu dix-sept jours; tous ses doigts sont tombés l'un après l'autre, rongés par la gangrène. Les vers de ses blessures étaient entrés dans son corps et le dévoraient vif ! Le pauvre M. Ader avait des vers dans le nez et dans les oreilles quand il est mort. Quant aux autres, Dieu seul sait ce qu'ils ont souffert !

Le 9 octobre, les alliés abandonnèrent le Yuen-ming-yuen et vinrent camper sous les murs de Péking, en dehors de la porte Ngan-ting-men; on prit les dispositions nécessaires, mais il était évident que Péking ne voulait ni ne pouvait se défendre. L'empereur Sien-Foung, retiré, comme nous l'avons dit, à Je-hol, avait laissé le soin de traiter avec les Barbares à son frère Koung, nommé aussi sixième prince, parce qu'il était le sixième fils de Tao-Kouang. Agé de 25 ans seulement, il était plein d'intelligence et d'amabilité, mais saisi d'une crainte bien naturelle en pensant à la lourde charge qui lui incombait.

Les alliés brûleraient-ils Péking et le palais impérial, comme ils avaient fait du Yuen-ming-yuen ? N'imposeraient-ils pas des conditions inacceptables ? Et lui, quoique prince du sang, ne se verrait-il pas plus tard désapprouvé, condamné et exécuté peut-être pour avoir livré la capitale ? Aussi, lorsque le 13 octobre, il reçut l'ultimatum qui exigeait l'ouverture des portes à midi sous peine de bombardement, hésita-t-il encore jusqu'à la dernière minute. Il fallait cependant se décider, car le massacre des Européens et la vue des plaies des survivants avaient exaspéré les alliés. Enfin, le 15 octobre, à 11 h. 1/2, la porte de Ngan-ting-men fut ouverte, selon qu'il avait été convenu; 200 Français et 200 Anglais devaient en même temps occuper la droite et la gauche des murailles et y déployer à la même minute le drapeau national.

Les Anglais étant montés sur les remparts sans attendre leurs alliés, le colonel Schmitz, avec le 101° de ligne, s'avança à plus d'un kilomètre dans la ville et, après cette manifestation, monta aussi sur les remparts.

Une altercation très vive s'éleva entre lui et le général Napier, qui s'excusa de son mieux; tout rentra dans l'ordre.

Des négociations pour la conclusion de la paix furent immédiatement entamées. Ces négociations aboutirent bientôt à la signature des traités de paix par les ministres plénipotentiaires.

Le 24 octobre, lord Elgin, ministre d'Angleterre, signa le traité anglais avec le prince Koung.

Le lendemain, le traité français était signé au Yamen des Rites par le baron Gros, ministre de France, assisté du général de Montauban.

Le 28 octobre, eut lieu, dans l'ancienne cathédrale catholique de Péking, fermée depuis trente ans, une cérémonie funèbre en l'honneur des victimes.

Cette cérémonie de réouverture de la cathédrale fut célébrée, en présence du général en chef et des ambassades française, anglaise et russe, par Mgr Mouly, vicaire apostolique de Péking, assisté de son coadjuteur, Mgr Anouilh.

Ce prélat, qui depuis de longues années avait dû s'éloigner de Péking, s'était rapproché de la capitale dès le commencement des hostilités.

C'est lui qui, sur la demande du prince Koung, avait servi d'intermédiaire entre ce dernier et les alliés pour la conclusion des traités de paix.

Le 29 octobre, eut lieu une autre cérémonie, au cours de laquelle fut chanté un *Te Deum* en l'honneur de l'armée française et de l'empereur Napoléon.

Le 15 novembre, l'empereur Sien-Foung ayant approuvé définitivement les traités, l'expédition anglo-française dut précipiter son embarquement, car les glaces menaçaient de fermer l'entrée du Peï-Ho. On laissa cependant quelques troupes pour occuper les forts de Takou. Les Français gardèrent ceux du Sud et les Anglais ceux du Nord, qui ne furent évacués définitivement qu'après l'entier paiement des indemnités de guerre.

Les traités signés les 24 et 25 octobre accordaient aux gouvernements anglais et français une indemnité de guerre et de grandes facilités pour leur commerce.

Ils accordaient, en outre, la liberté des cultes dans toute la Chine et des indemnités pour les personnes qui avaient eu à souffrir des mauvais traitements des Chinois et en particulier pour les victimes du guet-apens de Toung-Tchéou.

Tel est, dans ses grandes lignes, le récit de cette expédition de 1860, qui infligea aux Chinois une dure leçon, dont ils ne surent pas profiter.

Si nous comparons cette expédition à celle effectuée en 1900, nous pouvons constater que l'armée anglo-française, dans sa marche sur Péking, en 1860, mit vingt-sept jours à partir de Tien-Tsin pour arriver jusqu'au palais d'été, alors que la colonne internationale, qui était beaucoup plus nombreuse et qui traversait un pays absolument désert, ne mit que dix jours en 1900 pour arriver jusqu'à la capitale.

Il est bon d'ajouter qu'en 1900 on avait hâte d'arriver à Péking pour délivrer les légations.

L'examen des opérations militaires, dans ces deux expéditions, montre que la valeur militaire des Chinois ne s'est pas améliorée. En 1900 comme en 1860, ils se sont montrés incapables de tenir en rase campagne contre les troupes européennes.

Les Chinois n'attaquent pas et ne résistent que lorsqu'ils sont derrière des retranchements, et encore faut-il qu'ils n'aient aucune inquiétude sur leur ligne de retraite.

Il y a lieu de signaler, en outre, qu'ils ne sont pas commandés.

En 1900, les Chinois étaient armés à l'européenne et possédaient des munitions en abondance.

Les forts de Takou étaient formidablement armés. Comment expliquer qu'après avoir pris l'initiative de l'attaque, ces forts aient été enlevés par une poignée d'hommes ?

Si les Chinois avaient tenu bon dans leurs forteresses, armées et défendues d'un façon formidable, les cinq canonnières étrangères mouillées dans le Peï-Ho, entre Takou et Tang-kou, auraient été écrasées par l'artillerie des forts.

Du reste, tout est inexplicable dans cette campagne.

A Tien-Tsin, les Chinois auraient pu, s'ils avaient eu l'audace de prononcer une attaque, anéantir les quelques centaines d'hommes qui défendaient les concessions européennes.

Ils se contentèrent de bombarder ces concessions et de brûler en partie la concession française.

On ne s'explique pas que, pendant le siège de Tien-Tsin, qui dura près d'un mois, les Chinois n'aient fait aucune tentative sur le Peï-Ho, par lequel arrivaient tous les ravitaillements des détachements alliés.

Après la délivrance de Tien-Tsin, les Chinois, qui ne sont pas poursuivis, se retirent à Peï-Tsang, où ils organisent des retranchements très fortement armés.

Cette position, si elle avait été sérieusement défendue, aurait pu arrêter longtemps les troupes alliées. Les Chinois l'abandonnent devant une attaque prononcée par quelques régiments japonais. Ils se retirent en désordre sur Yang-Tsoun, où, après un semblant de résistance, ils abandonnent la partie.

A partir de ce moment, les alliés ne trouvent plus aucune résistance jusqu'à Péking, où ils entrent sans coup férir.

. Les Chinois étaient tellement démoralisés qu'ils n'eurent jamais l'idée d'attaquer la ligne d'étapes, qui n'était pas défendue. Il leur eût été facile d'empêcher la circulation sur le Peï-Ho, par où arrivaient tous les ravitaillements en vivres et en munitions des alliés, en coulant des jonques remplies de pierres. Ils n'y pensèrent même pas.

Comment expliquer que les légations et la mission du Pé-Tang aient pu résister pendant si longtemps avec un si petit nombre de défenseurs ?

Les Chinois essayèrent de les réduire par la famine et de vaincre la résistance par l'incendie et par les mines, mais ils n'osèrent jamais se lancer à l'attaque.

En somme, j'estime qu'il faut conclure de la campagne de 1900 que, malgré leur armement européen, les Chinois n'ont fait aucun progrès comme valeur militaire et qu'ils sont absolument incapables de défendre leur immense territoire.

Château de Chavagnac, le 23 novembre 1901.

FIN

TABLE DES MATIÈRES

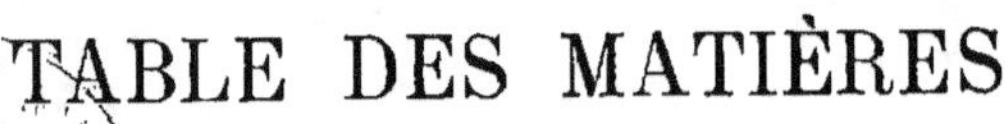

3ᵉ PARTIE.

4ᵉ PARTIE.

5ᵉ PARTIE.

6ᵉ PARTIE.

GRAVURES.

Paris et Limoges. — Imprimerie militaire Henri CHARLES-LAVAUZELLE.